U0051075

大旗出版
BANNER PUBLISHING

大旗出版
BANNER PUBLISHING

大旗出版
BANNER PUBLISHING

大旗出版
BANNER PUBLISHING

大清官宦沉浮

以歷史的細節看官場智慧

三省中，方面都作出相當的成績，「一時賢名滿天下矣」。登以公所行政，播諸歌謠，荒村野雷，細心查驗，揭露和杜絕了不少弊端，較如此認真者。」認為假如所他＠歲，正是年富力強的時「利用便民」的措施，處理了流代財政經革。他自奉清廉，辦事公正，博得地方民眾計民生中最主要的禍害鴉片問題。他對屬目主張嚴禁。早在江蘇巡撫任上，由於他的得力措一步推嚴禁政策，道光

江蘇布政使。他大災辦賑、整頓吏治曰：「林公來，我來工查驗料垛，從。劉任後，認真查任江蘇巡撫。這一些「興利除弊」總。利、心焉如方」，

歷史研究存在一個再認識的過程，每過一段時期，新的研究方法、新的觀察視角都對我們重新去認識歷史有所幫助。

歷史是有其發展定律的。不同的學者，針對不同的歷史事實，從不同的角度，闡釋不同的「歷史血酬定律」。這個「血」是血的代價，血的事實，血的記憶。

第一定律黃炎培窰洞定律。就是由於貪慾而導致失策失國，黃炎培先生曾在延安的窰洞中向毛澤東提過，因此，將這個定律稱爲「黃炎培窰洞定律」。

第二定律狡兔死，走狗烹定律。兔死狗烹的典故大家都很清楚，這樣的事，歷史上不斷地重演。

第三定律權力包圍定律。圍繞著權力，也有一個看不見的權「場」。各種意有所圖的人都會在「權場」中向著權力中心作定向移動。於是就有了「包圍」。

第四定律敵戒定律。沒有強大的敵人，失去了外部的壓力，內部自然就腐化、分解。沒有了競爭的壓力，也就失去了不斷創新進取的動力。

第五定律朋黨定律。中國歷史上 「黨（派）爭」持續不斷。當然一個人立於社會，並非是孤立的。在他的周圍有各式各樣的關係，親戚關係、鄉黨關係、同學關係、師生（徒）關係、戰友關係、同事關係、朋友關係、幫會關係、同志（道）關係等等。這些關係構成了一個人的社會資源。

第六定律黃宗羲定律。歷次改革的目的都是好的，然而治標不治本，黃宗羲稱爲「積重莫返之害」。這樣的「積累」不是能憑一人之己力或一天之

功力所能改變的。

　　第七定律五世而斬定律。當年八旗兵入關，眞是「金戈鐵馬，氣吞萬里如虎。」這隻兇猛的老虎後來爲什麼會變成令人不齒的熊樣？五世也好，三代也好，一世也罷，貧與富，是在不斷地轉換。也許這是一種自然的調節，自然的公正。

　　第八定律權大欺主定律。幾千年的中國歷史，有一個難解的結始終困擾著歷代的政治家，那就是「權大欺主」。清末權臣袁世凱，爲大清帝國送了終，人稱「權大欺主」。

　　第九定律皮毛定律。「皮之不存，毛將焉附」。整個國家已經日落西山，雖然天下興亡，匹夫有責，然而，一己之力，又能怎樣。天馬沒有了，只剩下一些依附於皮上的隨風抖動的「毛」。「毛」焉能有挺起的力量。

　　本書，就根據這歷史九大血酬定律，對大清王朝歷史上最爲赫赫有名的十九名臣重新進行歷史的認識或剖析。

　　既然稱之爲歷史的定律，那麼就不會有任何人逃脫這些定律的仲裁，大清的官宦們亦是如此。無論他們具有怎樣的經天緯地之才，怎樣的機關算盡，施展怎樣的詭詐權謀，最後都要在歷史定律的裁判席上得到公正的裁決。

　　而且，在這十九位名臣的身上，我們可以發現諸多定律的影子，但是，具體分析來看，起主要作用、決定其榮辱成敗的只有一條（本書對此作了深刻剖析），而在他們身上所體現的其他定律，不過是這最主要一條定律的延伸，起著輔助和加速成敗的作用。

　　本書旨在探討了大清歷史上上層人們的生存妙法、失敗之鑒，更爲我們揭開了古代中國社會表面現象下的眞實面貌，以及隱藏在定律背後的終極定律。

　　讀罷此書，但願能給你以一種豁然開朗的感覺，並能夠從清朝各個重臣的最後不同的結局裡，體會整個中國歷史跳動的或強或弱的脈搏，並且增強現實中的警覺和智慧。

敵戒定律下的慘殺

「兄弟同心，其利斷金」，然而兄弟反目，各立山頭，爭權奪勢，其結果往往是兩敗俱傷。努爾哈赤可謂為他的子孫開了一個「好頭」，於是這樣的慘殺悲劇在清朝的歷史上不斷上演。

沒有強大的敵人，失去了外部的壓力，內部自然就會分解直至腐化。未聞邊塞號角，但見歌舞昇平。皇朝的歷史，一代不如一代，整個社會的精神處於退化之中。

權大欺主定律的悲哀

歷史上有很多人對「權慾」的饑渴，是那樣的迫不及待，那樣的不顧一切，那樣的不知羞恥，那樣的不擇手段，那樣的心毒手狠，心心所念，就是為了權力。官海浮沉，不敗的真諦何在？為人臣者有三忌：一是功高震主，二是權大欺主，三是才大壓主。

五世而斬定律下的輪迴

富貴人家，總是難以持久，是中國歷史的規律。孟子曰：「君子之澤，五世而斬。」一個有本事的君子，得了個好位子，掙了一大份家業，想把它千秋萬代地傳下去。但「五世而斬」，甚或「一世難保」，君子的夢想終會被殘酷的現實所擊碎。

狡兔死，走狗烹定律下的鬧劇

這是一種思維定勢，世人無論是誰，只要坐（搶）到這個位置上，總會不由自主地這樣去想去做。原本搶來的東西，難保不被別人搶去。所以，歷史上兔死狗烹之事不斷重演，是完全符合邏輯的。

目　錄

權力包圍定律下的謹慎善終

　　有權力就有包圍，歷代的當權者大多如此，大清的當權者更不例外，前呼後擁，左吹右捧，暈暈乎。當然，在權力的包圍下，亦有明明乎者，也就是歷史上所說的明君。若從屬下的角度來看，則有「良臣擇主而侍，良禽擇木而棲」的道理。因此，本條定律又被稱為「良禽擇木」定律。

黃炎培窯洞定律中的警戒

很小的時候，我們就已經知道了普希金的偉大，因為我們都很喜歡他的那個《漁夫與金魚的故事》。那個醜陋的老太婆，最初只不過想要一個新木盆。第一個願望被滿足之後，第二個願望接踵而來。一個接一個，胃口越來越大。

世人的貪慾，不都是這樣？得寸進尺，得隴望蜀。沒有止境的。但要警戒老太婆最後的結果，仍舊只有一隻舊木盆。

朋黨定律下的扭曲

各朝各代，皆有朋黨、幫派，是一個很有中國特色的歷史現象。中國傳統社會的最大特點是，它是一個宗法社會。

於是在歷史上，無論處廟堂之高，江湖之遠，總能見到古老的中國人在忙著拉幫結派。像一個個勤奮的蜘蛛，編織著屬於他們自己的網路。

大清官宦沉浮

目　錄

皮毛定律裡的吶喊

> 一個個錚錚鐵骨的漢子，在一個日落西山的末世中，不停地奔走疾呼，為民請命，為國抗爭，然「皮已老矣，毛焉能立」。他們的生命是輝煌與不朽的，然而他們的生命又何嘗不是歷史的悲劇。

黃宗羲定律下的抗爭

雖然都可被稱作「中興名臣」，但那種「中興」是一種怎樣的無奈，幾根鋼鐵又怎能支撐起即將傾倒的大廈。他們是幸運的，因為亂世造就了他們的「英名」；他們是無奈的，因為個人之微力是那樣的單薄；他們是無辜的，你我處在那樣的世道和那個地位，又當如何作為。

大清官官沉浮

目　錄

大清官宦沉浮

敵戒定律下的慘殺

　　「兄弟同心，其利斷金」，然而兄弟反目，各立山頭，爭權奪勢，結果往往是兩敗俱傷。努爾哈赤為他的子孫開了一個「好頭」，於是這樣的慘殺悲劇在清朝的歷史上不斷上演。

　　沒有強大的敵人，失去了外部的壓力，內部自然就會分解直至腐化。未聞邊塞號角，但見歌舞昇平。皇朝的歷史，一代不如一代，整個社會的精神處於退化之中。

大清官宦檔案					
姓名	愛新覺羅・舒爾哈齊	職務	貝勒爺	在職時間	不詳
生年	1564	卒年	1611	享年	48歲
陵寢	東京陵				
家庭關係	(父親) 塔克世　(母親) 不詳　(子女) 不詳				
婚姻狀況	初婚：19歲結婚，佟桂氏　　配偶：16人，皇后葉赫那拉爲元妃				
人生最得意	創建後金		人生最失意		未能稱汗
人生最不幸	與兄決裂		人生最痛苦		被囚禁而死

從同仇敵愾到分崩離析

——被努爾哈赤害死的親兄弟舒爾哈齊

當努爾哈赤登上那金碧輝煌的汗宮大殿時，女眞人便打開了通往文明的大門。然而歷史的腳步卻異常的沉重，這裡亦充滿了殘忍和野蠻，在赫圖阿拉深宮內院散發著血雨腥風的氣味，籠罩著層層的迷霧。

俗語說：「天無二日，國無二主」。在那個年代一個國家出現兩個政長，難免一人有了殺身之禍。宮廷之內的骨肉相殘從來就是層出不窮的。

慾望在隨實力增長

努爾哈赤的兄弟子侄的同仇敵愾，加快了女眞統一戰爭勝利的步伐，然而伴隨著戰爭的順利發展，統治地域的擴大，征服人口的大量增加，又要求

《皇清開國方略》
乾隆五十一年（1786）阿桂等撰寫，現藏於北京故宮博物院。

建州女眞內部的權力集中和統一指揮。但女眞人氏族社會殘留的軍事民主的
傳統已經不能適應變化了的形勢。矛盾的出現，使努爾哈赤兄弟之間產生了
裂痕，裂痕的擴大導致不斷的政治陰謀和家庭內部的流血鬥爭，在這場權力
角逐中出現的第一個犧牲品，便是努爾哈赤的同胞兄弟舒爾哈齊。

　　舒爾哈齊（1564-1611），愛新覺羅·塔士克的第三子，努爾哈赤的同
母弟弟。他早年跟隨努爾哈赤外出謀生，後來又投奔明朝遼東總兵李成梁部
下，歷經了生活的艱辛和征伐的殘酷，養成了堅毅頑強、勇猛善戰的品格。
1583年，努爾哈赤的祖父和父親被明軍殺害，兄弟倆憤而離開明軍，依靠祖
父遺留下來的十三副盔甲起兵，拉起了一支百餘人的隊伍，開始了建立後金
國的偉大事業。

　　在努爾哈赤艱苦卓絕的創業歷程中，舒爾哈齊是他堅定的支持者，他以
能征善戰贏得了巨大的聲望，同時他的政治地位和軍事實力，也隨著後金國

的發展壯大而不斷提高。1587年，努爾哈赤在費阿拉稱汗，舒爾哈齊被封為貝勒。他麾下擁有精兵五千，戰將四十餘員，成為建州女真中僅次於努爾哈赤的第二號人物。

1595年8月，舒爾哈齊首次帶領後金朝貢使團來北京進貢，這使他眼界大開。他對自己屈居哥哥下屬的地位感到不滿，希望有朝一日也能位極人君之尊，當上後金帝國的最高統治者。

1597年7月，舒爾哈齊第二次進京朝貢，再次受到了明朝廷熱烈隆重的接待，並被賞賜給豐厚的金銀綢緞等禮物。同時，明廷還授予他都指揮的高級武職。作為一種戰略對策，明朝盡力拉攏、收買努爾哈赤的對手，在兩者之間進行挑撥，以激化彼此的矛盾，達到一箭雙雕的目的。對於舒爾哈齊這樣的人物，明朝則更希望能拉攏過來為己所用，以便在努爾哈赤集團內部打進一個楔子，以分化、削弱女真人的力量。而舒爾哈齊也確實感激明朝的恩寵，在政治態度上越來越傾向於明朝。

舒爾哈齊除了積極發展與明朝的密切關係之外，還透過政治聯姻的形式加強與其他女真部落的聯繫，藉以擴大他個人的實力和影響。1596年，他娶烏拉部族酋長布占泰的妹妹為妻，兩年後他又把女兒額實泰嫁給布占泰，與烏拉部落就結成了牢固的同盟，他個人的政治影響也逐漸與努爾哈赤平分秋色了。

經過十餘年的征伐，舒爾哈齊已經威名遠揚，明朝人稱其為二都督，朝鮮人稱努爾哈赤為老乙可赤，稱他為小乙可赤，顯然在外人眼裡他與努爾哈赤不相上下，所以並稱。明萬曆二十三年（1595）十月，曾經親赴佛阿拉城的朝鮮使臣何世國說：「當年努爾哈赤部下有精兵萬餘人，戰馬700餘匹，舒爾哈齊部下有精兵5000餘人，戰馬400餘匹」。他到建州後，先拜見努爾哈赤，又拜見舒爾哈齊，努爾哈赤殺牛設宴，舒爾哈齊也宰豬設宴。兩人的居舍雖在兩處，但規模相同，四周圍以木柵，各造大門，還有磚瓦結構的閣樓。舒爾哈齊宴請朝鮮使臣時說：「日後你們再來建州饋送禮物的話，應給我們兄弟倆各一份，不要分出等級，我們都會同樣款待你們。」朝鮮使者申

舒爾哈齊墓碑亭

忠所見到的舒爾哈齊，服色一如其兄。二人都是頭戴貂皮帽，脖圍貂皮巾，
身腰系金絲帶，佩悅巾、刀婦、礪石、獐角，腳登鹿皮靴。

　　盡管舒爾哈齊的實力略遜其兄一籌，但兄弟倆各轄部屬，各自爲政，儼
然是聯盟組織內的「兩頭政長」。舒爾哈齊鋒芒畢露，不甘居其兄之下，爭
權奪勢，慢慢到了爲努爾哈赤所不能容忍的程度。因而藉端冷落，有意貶低
舒爾哈齊的事情開始發生了。

矛盾在私慾裡激化

　　伴隨女眞各部落的統一，努爾哈赤已擁有足夠的力量與明朝攤牌，對明
朝的敵視態度也日益明顯，他的部下經常和明軍發生小規模的摩擦衝突。明
朝對遼東局勢的惡化深感憂慮。1601年，重新起用了因實行綏靖政策而被罷
免的遼東總兵李成梁，希望他能扭轉那裡日益惡化的局勢。

21

李成梁上任後，仍舊採用先前實行的分化瓦解政策，即以夷制夷。他們利用了努爾哈赤與舒爾哈齊兩人之間的矛盾，大力拉攏舒爾哈齊，對他恩禮有加，格外器重。李成梁讓兒子李如柏娶了舒爾哈齊的女兒爲妾，使雙方的關係更加親密。1605年，舒爾哈齊的妻子病故，李成梁父子準備了豐厚的祭禮前去弔唁，備極隆重。面對明廷的恩寵，舒爾哈齊更加感激，他決心依靠明朝爲後臺，樹立自己的女眞領袖地位。舒爾哈齊日益明目張膽地樹立個人的權威，顯然是對努爾哈赤地位的挑戰，兩人的關係也日益緊張，在諸貝勒共同參加的議政會議上，兩人常常因爲意見相左而發生激烈的爭吵。努爾哈赤決心要清除掉這個潛在的對手。

　　機會終於來了。1607年3月，居住在蜚悠城的一小支女眞部落，因不堪鄰近的烏拉部落的奴役，想來歸附努爾哈赤。努爾哈赤自然非常高興，他就派舒爾哈齊和他自己的兒子褚英、代善一同領兵三千，前往蜚悠城去收編。

　　舒爾哈齊一行人乘著夜色出發。沒走多遠，他滿懷狐疑地對同行的諸將說：「我看見隊伍前面的旗幟上發出一層淡淡的幽光，我跟隨汗王行軍作戰

舒爾哈齊墓山門

多年，從沒見過這種奇怪的現象，恐怕這不是好兆頭吧？」顯然，這是他為退兵尋找的藉口，因為他本來就不願執行這一使他為難的任務。但褚英和代善堅決不同意退兵，舒爾哈齊也只得隨眾人前行。到了蜚悠城，該部落酋長策穆特黑帶領五百戶人丁早已作好了出發準備。一切如預定的那樣順利，這支人馬很快踏上了返回的道路。

烏拉部落的貝勒布占泰得知這一消息後，立即帶領一萬名騎兵趕來攔擊，雙方軍隊擺出了交戰的陣勢。這時，舒爾哈齊卻領著自己的屬下五百人退到了一旁，他不想傷害姻親布占泰。只有褚英和代善領軍奮力拼殺，舒爾哈齊的部將常書、納齊布也未加入戰鬥。正由於他的消極退避，褚英和代善只是殺開一條血路來，並沒有給布占泰多大的殺傷。

他們回來之後，努爾哈赤準備以臨陣逃脫為罪名殺掉常書、納齊布兩將，以剪除舒爾哈齊的左膀右臂。舒爾哈齊憤然而起，厲聲說道：「你殺掉他們就等於是殺掉我！」大有決一死戰的陣勢。努爾哈赤為了避免公開的衝突，便作出了讓步。他罰了常書一百兩黃金，剝奪了納齊布屬下的人馬，剝奪了舒爾哈齊指揮軍隊的權力，將他排擠出最高軍事領導層。

最後死於幽禁之中

舒爾哈齊的地位一落千丈，他變成了一個有名無實的人物，這使他憤恨難平，痛感自己與努爾哈赤勢難並存。

於是，他決定鋌而走險，醞釀了與努爾哈赤分庭抗禮的計畫。他找來3個兒子，阿爾通阿、阿敏和紮薩克圖，談他擁兵自立的打算。他說：「吾豈能為了衣食所得而受制於人。」明萬曆三十七年（1609）初，舒爾哈齊憤然離開赫圖阿拉，移居渾河上游的黑扯木（今遼寧清原縣黑石木村），公開與其兄努爾哈赤決裂。

努爾哈赤再也無法容忍自己弟弟的分裂行為。他先是責令弟弟放棄自立為王的念頭，在勸說無效的情況下，斷然採取了強硬措施，於1609年3月，殺

害了舒爾哈齊的兩個兒子阿爾通阿和紮薩克圖，並處死了他的部將武爾坤。努爾哈赤餘怒未消，仍打算殺害他的第二子阿敏，只是在皇太極等人的極力求情下，阿敏才免於一死，但他的一半家產被沒收。

面對努爾哈赤咄咄逼人的姿態，舒爾哈齊失去了繼續抗爭的勇氣，他知道自己的實力遠不如對方，而且他所指望的靠山在遼東的明軍，也已處在岌岌可危的境地，根本不是努爾哈赤的對手。在絕望的情況下，舒爾哈齊又回到了哥哥麾下。但這回努爾哈赤卻不認兄弟情義了，沒有寬恕這位親兄弟，而待他剛一回來，便立即將他投入監獄囚禁起來。在暗無天日的牢房內，僅有「通飲食，出便溺」的兩個洞口，舒爾哈齊感到雖生猶死。兩年之後（1611）八月，舒爾哈齊死於赫圖阿拉大獄，終年48歲。

儘管努爾哈赤不希望以後再發生骨肉相殘之事，並且對神祇進行了發誓。但在後金及之後的清代，圍繞著皇位的殘酷鬥爭，從來就沒有停止過，總是一再重演。

權大欺主定律的悲哀

歷史上有很多人對「權慾」的饑渴，是那樣的迫不及待，那樣的不顧一切，那樣的不知羞恥，那樣的不擇手段，那樣的心毒手狠，心心所念，就是為了權力。宦海浮沉，不敗的真諦何在？為人臣者有三忌：一是功高震主，二是權大欺主，三是才大壓主。

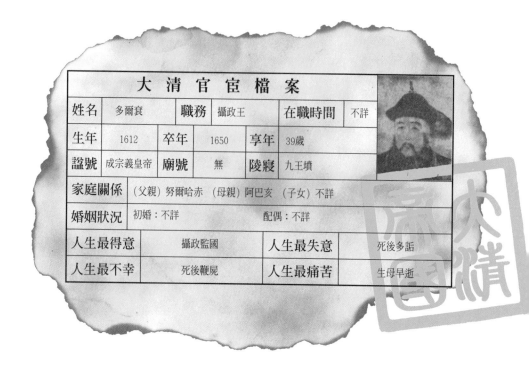

大 清 官 宦 檔 案						
姓名	多爾袞	職務	攝政王	在職時間	不詳	
生年	1612	卒年	1650	享年	39歲	
諡號	成宗義皇帝	廟號	無	陵寢	九王墳	
家庭關係	(父親) 努爾哈赤　(母親) 阿巴亥　(子女) 不詳					
婚姻狀況	初婚：不詳　　　　　　配偶：不詳					
人生最得意	攝政監國		人生最失意		死後多話	
人生最不幸	死後鞭屍		人生最痛苦		生母早逝	

從隻手遮天到被毀墓掘屍

——爲大清立國作出卓越貢獻的多爾袞

　　大清帝國的實際締造者多爾袞，怎麼在一夜之間，被焚骨揚灰，成了罪惡滔滔的罪人？100年後，乾隆帝怎麼爲他重新作出評價，清洗多爾袞被「誣爲叛逆」的冤案？又過了200多年，多爾袞怎麼被一再搬上螢幕，成爲議論紛紛的人物？「眞乃天地一場戲」（章太炎語）。封建歷史舞臺的幕後，有多少鮮血淋淋的角鬥與殘殺！是也，非也！人們從不同的處境與遭遇中咀嚼其中的滋味。

小小年紀韜光養晦

　　多爾袞生於1612年，是後金大汗努爾哈赤的第十四子，他不滿15歲時即

被封爲八旗中的正白旗旗主，在十大貝勒中排位爲「九貝勒」。1626年努爾哈赤死去，排位「四貝勒」的第八子皇太極繼爲後金大汗。英武年少的多爾袞於1628年即隨皇太極出征蒙古察哈爾部，因戰功卓著，受封爲「墨爾根代青」，蒙古語意爲「聰明之王」。

1616年，努爾哈赤建立後金國，年號天命，兩年後以「七大恨」告天，發動了對明朝的進攻。在對明戰爭節節勝利中，後金內部的矛盾鬥爭也不斷發生。天命五年（1620）九月，努爾哈赤宣布廢黜大貝勒代善的太子名位，而「立阿敏台吉、莽

清人繪《多爾袞像》

多爾袞（1612～1650），努爾哈赤十四子，功勳顯赫，順治帝年幼時，曾攝政監國。

古爾泰台吉、皇太極、德格類、嶽托、濟爾哈朗、阿濟格阿哥、多鐸、多爾袞爲和碩額眞」，共議國政。從此時起，多爾袞以八齡幼童躋身於參預國政的和碩額眞行列。這樣一個改變後金政治格局的重大行動，是從當年努爾哈赤休棄滾代皇后富察氏開始的。給富察氏頭上加的四條罪狀，大多缺乏足夠的根據，例如四大罪之一，便是代善與富察氏關係曖昧，實際上是有人有意陷害。據說這個陷害者就是皇太極。

富察氏被休棄之後，取代她作爲大福晉的正是多爾袞之母阿巴亥。這樣，努爾哈赤愛屋及烏，多爾袞及其兄弟阿濟格、多鐸地位上升便在情理之

27

中了。此外，代善由於處處計較而失去乃父的歡心，又聽信後妻的讒言而虐待己子，這就為覬覦其地位的人們帶來了反對他的口實。這樣，在努爾哈赤共治國政的制度下，多爾袞兄弟便第一次成為均衡力量的鼎足之一。

多爾袞當時還不是旗主貝勒，而僅與其弟多鐸各領十五牛錄，他畢竟還是一個未成年的孩子，政治地位不如阿濟格，甚至不如多鐸。在天命年間許多重大活動中，都不見多爾袞的蹤影。

天命元年（1616）正月初一的朝賀典禮中，可以親自叩拜努爾哈赤的宗室顯貴中，阿濟格與多鐸分列第六、第七位，還沒有多爾袞的份兒。儘管如此，除四大貝勒和乃兄乃弟之外，多爾袞是領有牛錄最多的，超過了德格類、濟爾哈朗、阿巴泰等人，算是頗有實力的一位台吉了。

但是，好景不長。努爾哈赤在天命十一年（1626）去世，臨終前召見愛妻烏拉氏阿巴亥，似乎要授以遺命。但眾貝勒早就擔心多爾袞三兄弟力量迅速壯大，便在擁戴皇太極繼位為汗之後九個時辰，迫令阿巴亥自盡殉夫，聲稱是太祖的「遺命」。這時候，多爾袞三兄弟的處境最為艱難，他們既失去了政治依靠，又面臨著兄弟們對其所領旗分的攘奪，誰知道今後又會有什麼災禍降臨？

皇太極繼位之後，雖未向他們開刀，但也藉由三份效忠的誓詞把他們的地位貶低很多，特別是皇太極處處壓制他們的兩白旗勢力。連代善、阿敏和莽古爾泰三大貝勒也受到排擠，多爾袞兄弟又怎能倖免。不過，皇太極知道，若要削弱最威脅皇權的三大貝勒的權力，自己的實力還不夠，還必須拉攏和扶植一些跟他無甚利害衝突的兄弟子姪，這其中就有多爾袞。天聰二年（1628）三月，皇太極廢黜了恃勇傲物的阿濟格，以多爾袞繼任固山貝勒。這時，多爾袞剛滿十五歲。

少年多爾袞在夾縫中求生存，開始顯示出他善於韜晦的過人聰明。他一方面緊跟皇太極，博取他的歡心和信任，而絕不顯示自己的勃勃野心；另一方面則在戰場上顯示出超人的勇氣和才智，不斷建樹新的戰功。多爾袞少年得志，為他將來的進取開始奠定基礎。

大清宮宦沉浮

《清太宗皇太極吉服像》

清廷畫家繪，絹本，設色，現藏於北京故宮博物院。

天聰三年（1629），皇太極率軍攻明，多爾袞在漢兒莊、遵化、北京廣渠門諸役中奮勇當先，斬獲甚眾，一年半後，他又參加了大凌河之役，攻克堅城的功勞也有他一份。天聰八年（1634），皇太極再度攻明，多爾袞三兄弟入龍門口，在山西擄掠，結果「宣大地方，禾稼踐傷無餘，各處屋舍盡焚，取台堡、殺人民更多，俘獲生畜無數」。

　　當然，使他名聲大振的是征服朝鮮和攻擊蒙古察哈爾部之役。朝鮮和察哈爾被皇太極視為明朝的左膀右臂，是後金攻明的後顧之憂。皇太極雖大敗察哈爾部，林丹汗走死青海大草灘，但其殘部仍散布在長城內外，於是天聰九年（1635），皇太極便命多爾袞率軍肅清殘敵。結果他首遇林丹汗之妻囊囊太后及瑣諾木台吉來降，又趁大霧包圍林丹汗之子額哲所部，使人勸其歸順，雙方盟誓而回。這一次出征，多爾袞不費一刀一槍，出色地完成了皇太極的使命。更有意義的是，多爾袞從蘇泰太后（林丹汗之妻）那兒得到了遺失二百餘年的元朝傳國玉璽，玉璽「交龍為紐，光氣煥爛」，成了皇太極獲得稱帝根據及收買人心的工具。果然，皇太極聞訊大喜，親率王公大臣及眾福晉等出瀋陽迎接凱旋之師，對多爾袞等亦大加褒獎。皇太極親征朝鮮，多爾袞也在行伍之中。他率軍進攻朝鮮王子、王妃及眾大臣所居之江華島，一方面竭力勸降，一方面「戢其軍兵，無得殺戮」。對投降的朝鮮國王「嬪宮以下，頗極禮待」。這使朝鮮君臣放棄繼續抵抗，減少了雙方的殺戮。

　　這兩役之後，戰局頓時改觀，皇太極除去了後顧之憂，便可全力對付明朝。他在天聰十年（1636）改國號為清，年號崇德，南面稱帝，與明朝已處在對等地位。多爾袞在這兩大戰役中所立的戰功，也使他的地位繼續上升。正月初一新年慶賀大典時，多爾袞首率諸貝勒向皇太極行禮，這與十二年前的情形相比，可謂天壤之別。當年四月皇太極稱帝，論功行封，多爾袞被封為和碩睿親王，已列六王之第三位，時年僅二十四歲。

　　在此之後，多爾袞幾次率師攻明，均獲輝煌戰績。崇德三年（1638）他被授予「奉命大將軍」，統率大軍破牆子嶺而入，於巨鹿大敗明軍。然後兵分兩路，攻打山東、山西，多爾袞所部共取城36座，降6座，敗敵17陣，俘獲

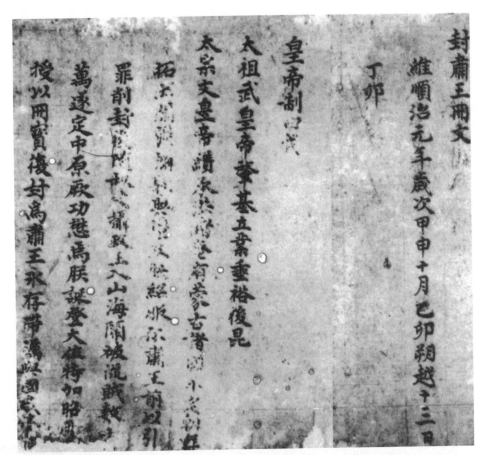

《復封豪格為肅親王冊文》
順治元年（1644）豪格因冒犯多爾袞被削爵，順治舉行登基大典後復其爵。

人畜25.7萬，還活捉明朝一親王、一郡王，給明朝以沉重打擊。班師之後，多爾袞得到了馬五匹、銀二萬兩的賞賜。崇德五至六年，多爾袞又作為松錦決戰的主將之一走上戰場。起初，他由於違背皇太極的部署，私遣軍士探家而遭到皇太極的責罰，但他仍以郡王的身分留在軍中。一方面他屢次上奏提出作戰方略，一方面率領四旗的護軍在錦州到塔山的大路上截殺，並在攻破松山後率軍圍困錦州，迫使明守將祖大壽率部至軍前投降。松錦之戰後，明朝關外只剩下寧遠孤城，清軍入關已是時間問題。

31

多爾袞並不是一介武夫，這點連皇太極也看得很清楚，因而在更定官制時，便把六部之首的吏部交給他統攝。因他的舉薦，皇太極將希福、範文程、鮑承先、剛林等文臣分別升遷，利用他們的才智治國。因他的建議，皇太極又對政府機構作了重大改革，確定了八衙官制。此外，文臣武將的襲承升降、甚至管理各部的王公貴胄也要經他之手任命。在統轄六部的過程中，多爾袞鍛煉了自己的行政管理能力，爲他後來的攝政準備了條件。

更需注意的是，多爾袞一直秉承其兄皇太極意旨，對加強中央集權發揮了重大作用。崇德元年和二年，皇太極兩度打擊嶽托，意在壓制其父代善正紅旗的勢力，多爾袞等人揣摸帝意，故意加重議罪。崇德三年遣人捉拿叛逃，代善略有不平，便被多爾袞抓住大做文章，上報皇太極。這些舉動，正

多爾袞府原址
位於今北京市南池子小學院內。

合皇太極心意，他一方面對忠君的兄弟表示讚賞，另一方面又減輕被議者的處罰，以冀感恩於他。透過這一打一拉，來穩固自己的獨尊地位。

可皇太極並沒有料到，多爾袞正利用皇帝的信任，逐漸削弱昔日打擊過他與母親之人的勢力，等待時機，覬覦權柄。

皇位爭奪避害從利

崇德八年（1643），皇太極「暴崩」於瀋陽清寧宮。由於他的突然死去，未對身後之事作任何安排，所以王公大臣在哀痛背後，正迅速醞釀一場激烈的皇位爭奪戰。這時候，代善的兩紅旗勢力已經遭到削弱，他本人年過

花甲，早已不問朝政。諸子中最有才幹的嶽托和薩哈廉則已過世，剩下碩托也不爲代善所喜，滿達海初露頭角，還沒有什麼發言權。第三代的阿達禮和旗主羅洛渾頗不甘爲人後，但崇德年間卻屢遭皇太極壓抑。可見，兩紅旗老的老，小的小，已喪失競爭優勢。但以代善的資歷、兩個紅旗的實力，卻能左右事態的發展。皇太極生前集權的種種努力和滿族社會日益的封建化，自然也使皇太極長子豪格參加到競爭中來。從利害關係而論，兩黃旗大臣都希望由皇子繼位，以繼續保持兩旗的優越地位。他們認爲，豪格軍功多，才能較高，崇德元年晉肅親王，掌戶部事，與幾位叔輩平起平坐。皇太極在世時，爲加強中央集權，大大削弱了各旗的勢力，又把正藍旗奪到自己手中，合三旗的實力遠遠強於其他旗。因此，這三旗的代表人物必然要擁戴豪格繼位。另一個競爭者便是多爾袞。他的文武才能自不必說，身後兩白旗和勇猛善戰的兩個兄弟則是堅強的後盾，正紅旗、正藍旗和正黃旗中也有部分宗室暗中支援他，就更使他如虎

添翼。還有一個人也不容忽視，他就是鑲藍旗主濟爾哈朗。雖然他不大可能參與競爭，但他的向背卻對其他各派系有重大影響，無論他傾向哪一方，都會使力量的天平發生傾斜。

平心而論，皇太極遺留下的空位，只有三個人具備繼承的資格：代善、豪格、多爾袞。但實際上競爭最激烈的是後兩人。豪格居長子地位，實力略強，這不僅因為他據有三旗，而且代善和濟爾哈朗已經感到多爾袞的咄咄逼人，從而準備站到豪格一邊了。果然，皇太極死後不久，雙方就開始積極活動，進而由幕後轉為公開。兩黃旗大臣圖爾格、索尼、圖賴、錫翰等議立豪格，密謀良久，並找到濟爾哈朗，謀求他的支持。而兩白旗的阿濟格和多鐸也找到多爾袞，表示支持他即位，並告訴他不用害怕兩黃旗大臣。雙方活動頻繁，氣氛日益緊張，首先提出立豪格的圖爾格命令親兵弓上弦、刀出鞘，護住家門，以防萬一。

很快，諸王大臣在崇政殿集會，討論皇位繼承問題。這個問題是否能和平解決，直接關係到八旗的安危和清皇朝的未來。兩黃旗大臣已經迫不及待，他們先是派人包圍了崇政殿，隨後又闖入大殿，率先倡言立皇子，但被多爾袞以不合規矩喝退。這時，阿濟格和多鐸出來勸多爾袞即位，但多爾袞觀察形勢，沒有立即答應。多鐸轉而又提代善為候選人，代善則以「年老體衰」為由力辭。豪格見自己不能順利被通過，便以退席相威脅。兩黃旗大臣也紛紛離座，按劍向前，表示「如若不立皇帝之子，我們寧可死，從先帝於地下！」代善見有火拼之勢，連忙退出，阿濟格也隨他而去。多爾袞見此情形，感到立自己為帝已不可能，迅速提出他的意見，主張立皇太極幼子福臨為帝，他自己和濟爾哈朗為左右輔政，待其年長後歸政。這一建議，大出眾人所料。立了皇子，兩黃旗大臣的嘴就被堵上了，豪格心中不快，卻又說不出口。多爾袞以退為進，自己讓了一步，但作為輔政王，也是實際掌權者。濟爾哈朗沒想到自己也沾了光，當然不會反對。代善只求大局安穩，個人本無爭位之念，對此方案也不表示異議。

這樣，這個妥協方案就為各方所接受了，由此而形成的新的政治格局對

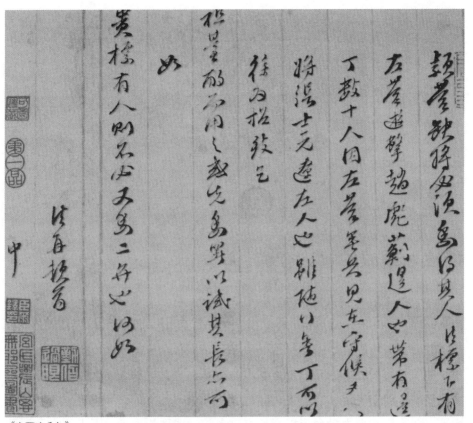

《史可法手札》

紙本，長25.1公分，寬34.12公分，現藏於北京故宮博物院。

今後的政局起著巨大影響。

多爾袞之所以選中福臨為帝，被有些文人墨客扯到他與皇嫂莊妃的「風流韻事」上。實際上，多爾袞之所以選中福臨，一是由於他年甫六齡，易於控制；二是由於莊妃深得皇太極之寵，地位較高，選其子為帝更易為諸大臣所接受。當然，麟趾宮貴妃的名號雖高於莊妃，但她的實際地位並不高，所以她才兩歲的幼子博穆博果爾也不可能被選中。同時，輔政王的人選也代表了各方勢力的均衡。既然黃、白二旗是主要競爭對手，福臨即位便已代表了兩黃和正藍旗的利益，多爾袞出任輔政則是必然之事。但他一人上臺恐怕得

大清官宦沉浮

35

不到對手的同意，所以便拉上濟爾哈朗。在對方看來，他是抑制多爾袞的中間派，而在多爾袞看來，此人又比較好對付。至於朝中其他大臣，多爾袞和濟爾哈朗是皇太極晚年最信任、最重用的人，許多政務都由他們二人帶頭處理，所以對他們出任輔政王也並不感意外。

就這樣，多爾袞妥善地處理了十分棘手的皇位爭奪問題，自己也向權力的頂峰邁進了一步。這就在客觀上避免了八旗內亂，保存了實力，維護了上層統治集團的基本一致。當然，他是在自己爭奪皇位不易得逞，同時又是在兩黃旗大臣「佩劍向前」的逼人形勢下作出了這樣的抉擇，而並非是他一開始就高瞻遠矚、具有極廣闊的胸襟。

攝政如親政的權力頂峰

在不到一年裡，多爾袞爲清朝立下了兩件大功：一是擁戴福臨，鞏固了新的統治秩序；二是山海關之戰中運籌帷幄，擊敗了農民軍，佔領了北京城，開啓了清皇朝入主中原的歷史一頁。特別是在佔領北京之後，他下令嚴禁搶掠，停止剃髮，爲明崇禎帝朱由檢發喪，博得了漢族士紳的好感，從而很快穩定了局勢。這些功績，在順治元年開國大典上得到了表彰，不僅給他樹碑立傳，還賜他大量金銀牲畜和衣物，並封他爲叔父攝政王，確立了他不同於其他任何王公貴族的顯赫地位。

李自成退入山陝之後，仍積極準備反攻，他坐鎮平陽（今山西臨汾），分兵三路北伐。另一支農民軍在張獻忠率領下統一了全川。其他小規模的農民軍也活動頻繁，使近畿地區常常飛章告急。除此之外，殘明勢力又擁戴福王朱由崧爲帝，定都南京，改年號爲弘光。雖然它君昏臣暗，但畢竟尚擁有中國南部的半壁富庶江山，兵多糧足，構成清朝統一中國的障礙。

在這種情況下，多爾袞的戰略是：對農民軍的主要力量堅決消滅，其中對地方小股起義、「土賊」則剿撫並用；而對南明政權則是「先禮後兵」。他先後派葉臣、石廷柱、巴哈納、馬國柱、吳惟華攻陷太原，進而包圍陝

西。同時，又派出大量降清的明官對南明君臣招撫，並寫信給南明閣臣史可法，提出「削號歸藩，永綏福祿」。南明派出左懋第使團來北京談判，卻又被他軟禁起來。幾乎同時，清軍佔領山東，後又進據蘇北，與史可法的軍隊沿河相峙。在這種形勢下，多爾袞認為全面進攻農民軍和南明政權的時機已經成熟，便於十月先後命阿濟格和多鐸率軍出征，向農民軍和南明福王政權發起了戰略總攻。

至順治二年（1645）初，農民軍連戰失利，五月，李自成犧牲於湖北通山之九宮山。這時多鐸軍已克揚州，史可法殉難。接著，清軍渡長江，南京不戰而克，朱由崧被俘，弘光政權滅亡。這一連串的勝利不禁使多爾袞喜出望外，他以

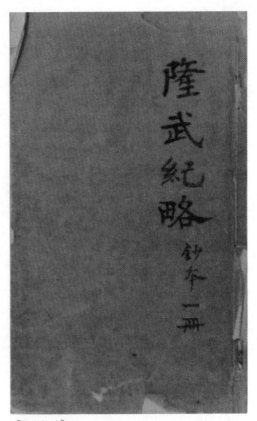

《隆武記略》
清人著　記述了南明隆武朝從建立到滅亡的史實。

為天下就此平定，江山已歸於一統。六月初，正式向全國發布剃髮令。這好像是一條導火線，一下點燃了各地的抗清烽火。本來，清軍南下就打破了南明官紳「聯清抗闖」的美夢，這一下更激化了民族矛盾，使各階級各階層的漢族人民紛紛起來抗爭，憤怒的情緒如火山噴發。正如一首詩寫道：「滿洲衣帽滿洲頭，滿面威風滿面羞。滿眼干戈滿眼淚，滿腔忠憤滿腔愁。」魯王朱以海政權於十月給清軍以重創，被時人評論為「真三十年來未有之事」。唐王朱聿鍵政權也在仙霞嶺一線設防備戰。只因這兩個政權的腐朽，內訌不斷，而先後被清軍各個擊破。

《攝政王諭官吏軍民人等令旨》
現藏於山西博物館。

大清對多爾袞的評價

　　多爾袞以輔政王的身分,全力處理國家政務。同時,他又不可避免地陷於各種各樣錯綜複雜的矛盾漩渦之中。

　　因皇太極死後爭位的餘波未息,豪格仍是多爾袞最需嚴加防範的政敵。他剛當上輔政王不久,豪格就對何洛會、楊善、俄莫克圖等人發洩對多爾袞的不滿。後來還屢次說多爾袞不是有福之人,沒有幾天的壽命。多爾袞自然對他懷恨在心,先後派他征山東、攻四川,儘管連戰連捷,卻並沒有給予應得的獎賞,反而找藉口幽禁了豪格。沒有多久,豪格便死於獄中。這樣,主

要政敵正黃旗勢力群龍無首，譚泰、拜尹圖、鞏阿岱、錫翰、冷僧機也被多爾袞拉了過去，剩下幾個像圖賴、索尼、鰲拜等強硬分子，則無一例外遭到了殘酷打擊。

多爾袞還不遺餘力地分化中間派。豪格死後，所領正藍旗已轉給多鐸，他拉攏旗中宗室博洛，封為端重親王。正紅旗中代善家族已經衰落，滿達海和勒克德渾被多爾袞所籠絡，且長年在外打仗，至攝政末期才參預議政。鑲紅旗是不同勢力的混合體，作為代善系統的羅洛渾、喀爾楚渾等，年輕而逝，構不成威脅；而作為皇太極系統的碩塞和褚英的後代，大多已投靠多爾袞而受到提拔。鑲藍旗的濟爾哈朗倒是個潛在的威脅，少不了要受到多爾袞打壓，連輔政王的職位都被多鐸取代了。

多爾袞真正依賴的後盾還是自己兄弟的兩白旗。

在入關前後的戰爭中，他多次讓阿濟格和多鐸充任主帥，讓他們建立功勳，地位難以動搖。多鐸是個文武全才，很受多爾袞重用，成爲他的左膀右臂。但多鐸並不像人們想像的那樣緊跟多爾袞，有時還頗受多爾袞的斥責。阿濟格是一勇之夫，脾氣暴躁，容易壞事，多爾袞不敢十分重用。然而，儘管他們互有齟齬，在對付外來勢力時卻是團結一致的。就這樣，多爾袞一方面分化中間派，一方面狠狠打擊異己，使他在錯綜複雜的矛盾中始終立於不敗之地，逐漸闖出了一條通向巔峰之路。

順治元年十月，多爾袞被封爲叔父攝政王後，俸祿、冠服、宮室之制均

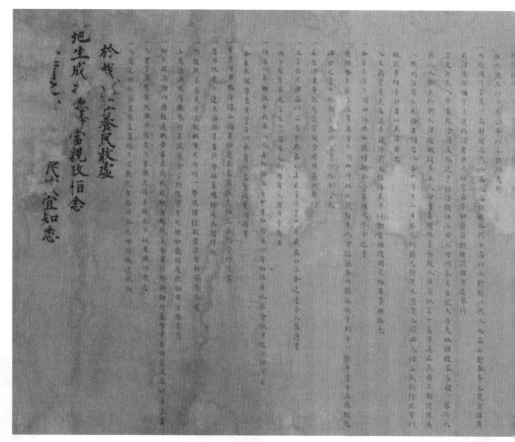

順治親政詔書
現藏於中國第一歷史檔案館

40

超過一般親王。據說他的府第「惲飛鳥革，虎踞龍蟠，不惟凌空掛斗，與帝座相同，而金碧輝煌，雕鏤奇異，尤有過之者」。次年五月，根據趙開心的建議，多爾袞稱「皇叔父攝政王」，重新規定了各項儀注，如跪拜等等，幾同於皇帝。順治四年，他又根據群臣的意見，朝賀時不再對福臨跪拜。剛過一年，又加封爲「皇父攝政王」。至此，他的權勢地位已達到無以復加的程度。多爾袞大權在握，「凡一切政事及批票本章，不奉上命，概稱詔旨。擅作威福，任意黜陟。凡伊喜悅之人，不應官者濫升，不合伊者濫降，以至僭妄悖理之處，不可枚舉。不令諸王、貝勒、貝子、公等入朝辦事，竟以朝廷自居，令其日候府前」。

奉
天承運
皇帝詔曰朕得以冲齡即位削平寇亂垂衣端拱統一多方皆
皇父攝政王之功也朕令躬親大政總理萬幾深思
天地
祖宗付託甚重海內臣庶望治方殷自惟涼德夙夜祇懼天下至
大政務至繁非朕躬所能獨理分欲宣力內賴諸王貝勒大
臣內三院六部都察院理藩院卿寺等衙門外賴諸藩王貝
勒等及各大臣併督撫司道府州縣衛所等衙門提督鎮守
將領等官一應滿漢內外文武大小官員皆有政事兵民之
責務各殫忠盡職潔己愛人任怨任勞不得推避天下利弊
必以上聞朝廷恩意期於下究庶政舉民安早臻平治凡我

隨著權力的迅速增長，多爾袞個人的生活窮奢極欲日益發展。做「皇叔父攝政王」之初，他就想仿明制爲己選宮女，後來又「於八旗選美女入伊府，並於新服喀爾喀部索取有夫之婦」。他還逼朝鮮送公主來成婚，但發洩慾望之後，又嫌其不美，讓朝鮮再選美女，搞得朝鮮國內雞犬不寧。後來他又下令加派白銀250萬兩，在承德修建避暑之城，還親臨其地勘

察，不料竟死在這裡，工程才告停頓。

多爾袞雖然英雄蓋世，但是體質欠佳。順治七年（1650）歲末，他在喀喇城打獵時墜馬受傷，病重而死，年僅39歲。他被追尊爲「成宗義皇帝」，葬於北京東直門外。因其早年排位爲「九貝勒」，所以墳墓被稱爲「九王墳」。

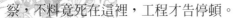

多爾袞死後不久，政敵便紛紛出來翻案，揭發他的大逆之罪。首先議了阿濟格的罪，然後恢復兩黃旗貴族的地位，提升兩紅旗的滿達海、瓦克達、傑書、羅可鐸等。白旗大臣蘇克薩哈等人見苗頭不對，也紛紛倒戈。在這種形勢下，順治正式宣布多爾袞罪狀，追奪一切封典，毀墓掘屍。接著，又接連處罰了剛林、巴哈納、冷僧機、譚泰、拜尹圖等，多爾袞多年培植的勢力頃刻瓦解。

多爾袞死後兩個月，突然從榮譽的頂峰跌落下來，完全是統治階級內部矛盾鬥爭的結果。但是，多爾袞對於清皇朝所立下的不世之功也絕不是政治對手們的幾條欲加之罪所能掩蓋的。

順治十二年，吏科副理事官彭長庚、一等子許爾安分別上疏，稱頌多爾袞的功勳，幾乎句句在理，但被濟爾哈朗罵了個狗血噴頭，流放寧古塔充軍。遲至一百年後，乾隆帝當政時，發布詔令，正式爲多爾袞翻案，下令爲他修復墳塋，恢復封號，「追諡曰忠，補入玉牒」。如此鐵案又再度被翻了過來，有清一代對多爾袞的評價算有了定論。

千秋功罪後人評說

政治舞臺的幕後，隱藏的是鮮血淋漓的殘殺。以權力爭奪爲中心內容的宮廷矛盾，沉寂數年之後，又以多爾袞之死爲突破口，猶如火山一樣爆發出來。

多爾袞彌留之際，他的同胞兄長阿濟格就在身邊，兩人有過密談。多爾袞剛一斷氣，他立即派自己統帥的三百騎兵飛馳北京，頗像要有發動軍事政

變的動作。大學士剛林身爲多爾袞的心腹，洞悉此中底細，立即上馬飛奔進京，布置關閉城門，通知諸王做好防變準備。順治帝聽從王爺們的建議，將三百飛騎收容在押，誅殺殆盡。阿濟格隨多爾袞的靈柩進京時，立即成了囚犯，被送入監牢幽禁，旋被賜令自盡。這個舉動剪除了多爾袞的嫡派勢力，清算多爾袞也從此開始。

順治八年正月，多爾袞的貼身侍衛蘇克薩哈向順治皇帝遞上一封檢舉信，揭發多爾袞生前與黨羽密謀，企圖率兩白旗移駐永平（今河北盧龍縣），「陰謀篡位」；又說他偷偷製成了皇帝登基的龍袍，家中收藏有當皇帝用的珠寶。

這時只有13歲的順治皇帝，第一次親理朝政。他召集王爺大臣密議，公布鄭親王濟爾哈朗等的奏摺，歷數多爾袞的罪狀，主要是「顯有悖逆之心」。這位少年天子向諸位王爺宣告說：「多爾袞謀逆都是事實。」多爾袞被撤去帝號，他的母親及妻子的封典全都被削奪了。

時在北京的義大利傳教士衛匡國後來在《韃靼戰紀》中追憶說：「順治帝福臨命令毀掉阿瑪王（多爾袞）華麗的陵墓，他們把屍體挖出來，用棍子打，又用鞭子抽，最後砍掉腦袋，暴屍示眾，他的雄偉壯麗的陵墓化爲塵土。」1943年夏天，盜墓者將多爾袞陵墓的正墳挖開，只見地宮中擺放一隻三尺多高的藍花壇子，裡面放著兩節木炭。看管墓地的汪士全向盜墓者解釋說：「九王爺身後被論罪，其中的金銀圓寶都被掘去，據說墳地遭過九索（挖抄九次）。壇子是骨灰罐，是一個虛位（象徵性的屍棺）。」

福臨對多爾袞的仇恨，自然是有原因的。

多爾袞是想當皇帝的，暫時沒當皇帝只是策略而已，這對小皇帝是個寢食難安的威脅。當時人寫的《湯若望傳》說：「他穿的是皇帝的服裝。」順治七年七月二十五日，他操縱追封自己的生母、努爾哈赤的大妃納喇氏爲太皇太后，他自己完全以皇帝的面目出現。順治十二年，福臨對諸王大臣回憶當時的事說：「那時墨爾根王攝政，朕只是拱手做點祭祀的事，凡是國家的大事，朕都不能參與，也沒有人向朕報告。」多爾袞一旦機會得手，親自登

《多鐸入南京圖》
清人繪，現藏於中國歷史博物館。

大清官宦沉浮

上皇帝寶座，沒有任何理由排除這種可能。

逮殺豪格後強占他的妻子，是多爾袞引起福臨憤怒的一個焦點。順治元年四月，以往支持豪格的正黃旗頭子何洛會，向多爾袞告發豪格圖謀不軌，說豪格後悔當初在繼位大事上有失謀算。其中有一句侵犯多爾袞的話說：「我豪格恨不得扯撕他們的脖子。」多爾袞以「諸將請殺虎口王（豪格）」為理由欲殺豪格，只因同胞弟弟順治小皇帝哭泣不食才得以免死。順治五年，反對豪格的人建議將他處死，多爾袞假裝說：「如此處分，實在不忍！」便將豪格幽禁起來，等於判了無期徒刑。數月後，豪格就不明不白地死在獄中。順治七年正月，多爾袞強迫豪格的福晉（妻子）博爾濟錦氏做自己的妃子，又害怕此事貽笑後人，秘密布置大學士剛林在文檔中不要留下任何痕跡。

娶皇嫂孝莊皇后，是福臨痛恨多爾袞的難言之隱。孝莊皇后是皇太極的妃子、順治皇帝的生母，蒙古人，姓博爾濟吉特氏，名叫布木布泰。

多爾袞是個好色之徒，他一共娶了多少個王妃妻妾，沒有史籍能夠說得清楚。他的原配福晉博爾濟錦氏剛剛去世，很快就強占侄兒豪格之妻為妾，後來屢在朝鮮境內選美，又在八旗區域搜嬌，至於漢家婦女更是任他隨意糟蹋。他不放過寡居深宮的皇嫂孝莊太后，便是情理之中的事了。

乾隆四十三年，弘曆閱看實錄，以為多爾袞「定國開基，以成一統之業，厥功最著」，明示平反昭雪，還其原爵，成為清代八家鐵帽子王之一。從清廷愛新覺羅氏家族看，多爾袞是大清帝國的實際創建者，乾隆帝為他重新作出評價，是件非常正常的事。但乾隆多心，避免日後惹起宮廷是非，上諭中說：「為後世徵信計，將從前關於此事之上諭，均不得載入國史。」於是有關多爾袞的檔案概行銷毀，以至《八旗通志》中的多爾袞傳，記他死後的事也只寥寥數筆，後人很難弄清多爾袞死後遭到清算之事的本來面目。

多爾袞得禍的原因，史書歸罪為他想當皇帝。乾隆帝以為，這是「誣為叛逆」。他明白，中國歷史上那些當了皇帝的人，包括他的父親雍正帝在內，在他們沒有當皇帝之前，有誰沒有想當皇帝的念頭和動作？想當皇帝的

人，爲什麼當了皇帝就沒有罪，沒有當上皇帝就有罪呢？問題就在於做皇帝的怎樣對待反對派。彭孫貽以爲，多爾袞「初稱攝政，次稱皇父，繼而稱聖旨」，他擁有至高無上的權力，是沒有稱謂的皇帝。但多爾袞「無成謀，擁戴者騎虎難下。」認爲多爾袞不是毀於政敵，而是擁戴者拍馬招搖所致。中國第一歷史檔案館存有一件當年審問多爾袞心腹剛林的檔案，其中說：「剛林晝夜不斷往默爾根王處阿諛奉迎」。多爾袞死後，他在以往的一片「皇父之恩浩蕩」的呼聲中敗下陣來。對於反對派，如果多爾袞能像李世民收用魏徵那樣，那就稱得上胸有成謀了。或者退一步說，他生前能在反對派的挑剔監視下，嚴於律己，謹愼從事，與朝廷大臣之間的距離不要拉得太遠，反對他的人就不會那樣蜂擁而上，落得個讓他死亦難安的結局。

大清宮宦沉浮

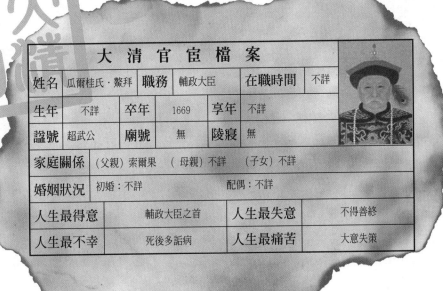

大 清 官 宦 檔 案						
姓名	瓜爾桂氏・鰲拜	職務	輔政大臣	在職時間	不詳	
生年	不詳	卒年	1669	享年	不詳	
諡號	超武公	廟號	無	陵寢	無	
家庭關係	(父親) 索爾果		(母親) 不詳		(子女) 不詳	
婚姻狀況	初婚:不詳			配偶:不詳		
人生最得意		輔政大臣之首		人生最失意		不得善終
人生最不幸		死後多詬病		人生最痛苦		大意失策

從輔政功臣到巨奸大憝
——勵精圖治的「滿清第一勇士」鰲拜

鰲拜（1699），姓瓜爾佳氏，出生於一個武將世家。伯父費萬東在明萬曆十六年（1588）隨其父索爾果投奔努爾哈赤，歷任固山額眞、「眾額眞」，天命建後金國前，列位五大臣之一。他英勇善戰，曾被努爾哈赤譽爲「萬人敵」。

勇猛善戰的「巴圖魯」

在努爾哈赤統治時期，鰲拜尚未嶄露頭角。他的名字在官修《清實錄》中首次出現，是在皇太極天聰六年（1632），鰲拜等人「自明界捉生還。獲蒙古人五、漢人三十、牲畜三十二。上命即以所獲賞之」。

到天聰八年（1634），鰲拜已成為「管護軍大臣」，具體職銜是護軍參領，即皇太極所領鑲黃旗的巴牙喇甲喇章京，所以崇德元年（1636）皇太極征朝鮮時，稱鰲拜為「內直甲喇章京」。在皇太極第二次征朝鮮的戰爭中，鰲拜顯示出他勇猛無畏的性格。在攻下朝鮮京城之後，皇太極派碩托、孔有德、耿仲明、尚可喜等率軍攻打皮島。皮島在鴨綠江口外，距中國大陸很近，是一個戰略要地，明將毛文龍曾據守此島，使皇太極經常感受到威脅，因而對它十分重視，認為「此島可比大城」。但碩托等進攻不利，皇太極又派阿濟格前去增援。渡海之前，鰲拜向阿濟格表示：「我等若不得此島，必不來見王面！」於是他大呼奮力而上，「冒矢石直前搏戰」，然後舉火為號，引來後續部隊，攻下了皮島。皇太極對鰲拜的表現十分高興，提升他為三等梅勒章京，賜號「巴圖魯」（勇士），加世襲六次，准再襲十二次。

以後，鰲拜在松錦之戰以及入關後統一全國的戰爭中屢立戰功。崇德七年（1642），鰲拜又升為護軍統領，即巴牙喇纛章京，實際相當於都統，即固山額真之職，成為八旗將領中具有較高地位的人物。

皇太極取得松錦大捷後，奠定了入關奪取全國統治權的基礎。這年底，他派阿巴泰率兵入關，經河北直趨山東，殺掉明魯王，擄獲大批人口牲畜。鰲拜也隨軍作戰，他曾在北京和山東三敗明軍，攻克四城，在密雲附近大敗範志完和吳三桂的軍隊。他以此次戰功，再次被提升為三等昂邦章京。順治二年（1645），清朝為奪取全國政權敘功時，鰲拜一躍而成為一等昂邦章京。

入關前後的鰲拜，戰功赫赫，升遷頻頻，似乎一帆風順。可這次他鎮壓農民軍卻不但沒有獲得升官的機會，反而因為一些微不足道的小事而被藉口「停其賞賚」，還險些丟掉了性命。原因就在於，他作為兩黃旗的中堅力量，在滿洲貴族的內部爭鬥之中，採取了反對與之抗衡的白旗勢力的立場，這就勢必遭到當時身為輔政王的多爾袞的打擊。

在皇位爭奪戰中，鰲拜身為鑲黃旗貴族、皇帝的護軍頭目，他堅決支持皇太極的兒子繼承皇位。皇太極在位時便對鰲拜很信任，有人對鰲拜專橫提

出意見，但他卻受到皇太極的偏袒。崇德二年，嶽托派人於夜晚向皇太極進獻馬匹，鼇拜以「此暮夜就寢時，非獻馬時」爲理由擋了駕，說：「上已安寢，欲令驚動，秉燭觀馬耶？」事後，皇太極頗爲高興，將獻馬一事作爲「違法妄行」，「命法司分別議罪」。鼇拜忠於皇太極，自然希望由他的兒子即位，而兩黃旗仍是「天子自將之旗」，地位較高，利益較大。這也是鼇拜竭力支持豪格即位的原因之一。所以在這個關鍵時刻，鼇拜與圖賴、索尼等六人「共立盟誓，願生死一處」。在諸王大臣于崇政殿商議冊立時，「兩黃旗大臣盟於大清門，命兩旗巴牙喇兵張弓挾矢，環

《尚可喜像》

尚可喜（1604～1676），遼東人，明末降清，戰功卓著。

立宮殿」，對會議施加武力威脅，而「索尼及巴圖魯鄂拜（即鼇拜）首言立皇子」。朝鮮國王的世子李宗也記載：「帝之手下將領之輩，佩劍而前曰：『吾等屬食於帝，衣於帝，養育之恩，與天同大，若不立帝之子，則寧死從帝於地下而已。』」當時的形勢確有劍拔弩張、一觸即發之勢。

多爾袞是一個素有大志而文武雙全的人，他絕不是像他在日後向群臣所表白的那樣，在「諸王、貝勒、大臣率屬意於予，跪請予即尊位」的情況下，從內心深處「誓死不從」，這從他在攝政前後的許多作爲中可以一目了

然。他之所以退而充當輔政王，扶持皇太極的幼子福臨登基，則在於以鼇拜爲骨幹的兩黃旗勢力的激烈反對，害怕兩者相爭，削弱整個清國家的力量，影響入統中原的基業。1644年清兵入關，打敗了李自成永昌政權，佔據了北京，進而統一全國，正是在多爾袞緩和內部矛盾、上下團結一心的基礎上完成的。

但是，以濟爾哈朗、多爾袞爲輔政王，福臨繼位爲帝的暫時妥協，並不能徹底消除八旗內部敵對勢力的矛盾。豪格對這樣一種妥協就很不滿，他說：「和碩睿親王非有福人，乃有疾人也，其壽幾何，而能終其事？設不竟終事，爾時以異姓之人主國政，可乎？」清朝遷都北京後，鼇拜與譚泰、圖賴、錫翰、鞏阿岱、索尼等兩黃旗貴族依然在暗地裡與多爾袞等作對，而多爾袞也一再打擊和壓制他們。順治五年，「睿親王多爾袞與豪格有夙隙，遂陷豪格於獄」，最後豪格死於獄中。多爾袞又以吞齊等人的「訐告」，將濟爾哈朗降爲郡王，罰銀五千兩。鼇拜也以同盟擁立豪格，與鄭王同謀，以及爲豪格鳴冤叫屈等四大罪，落得個「免死贖身」的下場。順治七年（1650）七月，多爾袞生病在家，他對前來探病的錫翰等人抱怨順治帝不來看望他，又不准錫翰去奏報順治帝。結果錫翰等還是請來了順治帝，多爾袞十分生氣，要殺錫翰，而鼇拜則因爲「目睹錫翰等罪狀，不即執鞫」，從一等精奇尼哈番降爲一等阿思哈尼哈番。鼇拜遭到打擊，許多黃旗大臣人人自危，有的向兩邊討好，以圖自保。鞏阿岱、錫翰並逼鼇拜、索尼等「悔棄前誓」，但鼇拜家族仍不向多爾袞屈服，多爾袞恨恨地說，「若以我爲君，以今上居儲位，我何以有此病症？今索尼、鼇拜輩意向參差，難以容留。」便「將索尼遣發，鼇拜問罪」，並拆毀了圖賴死後的享堂。錫翰等還建議說：「鼇拜、巴哈不宜留上左右，當俱逐退，勿令近禦。」

順治七年十二月，多爾袞病死，順治皇帝親政。不久，多爾袞的封諡被追奪，阿濟格被賜死，兩白旗群龍無首，一蹶不振。曾遭到壓制的兩黃旗貴族及以濟爾哈朗爲代表的藍旗勢力又重掌要職。順治八年，以「鼇拜巴圖魯、巴哈爲議政大臣」，又「以軍功升三等侯鼇拜巴圖魯爲一等侯」。鼇

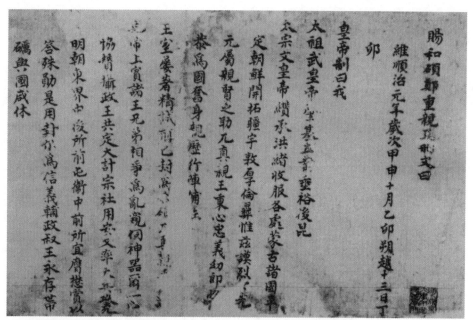

《封濟爾哈朗為信義輔政叔王冊文》

拜還以譚泰「營私及黨附睿親王」，提出控告，殺掉譚泰。順治九年初，鼇拜認為自己軍功甚多，但前些年對他待遇不公，因而向順治帝提出申訴。順治帝特意批復吏部：「這所議是。鼇拜著優升一等侯兼一拖沙喇哈番為二等公」。很快，順治帝頒布諭旨，命諸王大臣會審舊附多爾袞、陷害鼇拜的鞏阿岱、錫翰、冷僧機、席訥布庫等，並將他們全部處死，「家產籍沒」。這一升一黜，說明了順治八年以後清初政局的重大變化，標誌著八旗內部、特別是上三旗與下五旗之間實力對比的轉折，但這其中的矛盾與鬥爭卻遠遠沒有結束。

從此以後，鼇拜作為內大臣之一，常在順治帝左右，直接參與管理國家各類事務，如商討本章批復程式、聯絡蒙古科爾沁部，將太后旨意傳達給皇帝、祭奠故世王公妃嬪，並倡議「大閱以講武」，自教武進士騎射，協助會審案獄，等等，儼然成為一個能文能武的幹臣！而正是由於他始終不渝地效

明黃緞繡金龍皮朝服
康熙年製，現藏於北京故宮博物院。

命於福臨，順治帝對其他十分信任。順治十三年鼇拜舊傷復發，臥床不起，「上親臨視之」。而皇太后有病，鼇拜則「晝夜勤勞，食息不暇」。順治帝也感到「深可嘉悅」，將鼇拜等「俱加太傅兼太子太傅」。

就在鼇拜日益得到皇帝信任，地位不斷上升之時，順治十八年正月丁巳夜子刻，福臨病死於養心殿。從此，無論是清皇朝，還是處於末世的中國封建社會都開始了一個新的歷史時期，鼇拜個人的歷史也進入了一個全新的階段。

猖狂的鰲拜輔政

福臨去世後，其子玄燁即位，開始了在中國乃至世界歷史上都享有盛名的康熙帝統治時期。但是，玄燁登基時不過是個年甫七齡的幼童，還沒有控制大局的能力，管理國家的重擔便落到順治帝遺詔指定、孝莊太后博爾濟吉特氏暗中贊助的四位輔臣的肩上。

順治帝遺詔云：「特命內大臣索尼、蘇克薩哈、遏必隆、鰲拜爲輔臣。伊等皆勳舊重臣，朕以腹心寄託，其勉矢忠藎，保翊沖主，佐理政務。」儘管鰲拜在四輔臣中名列最後，但史學家們卻往往稱當時爲「鰲拜輔政時期」。究其原因，實與鰲拜個人的獨掌輔政大權有關。在四位輔臣中間，索尼能文能武，順治年間總管內務府，是四朝元老，地位很高；蘇克薩哈和遏必隆在皇太極晚年才初露頭角，能力有限。鰲拜雖然名列最末，但實際地位卻與索尼不相上下。輔政初期，「索尼老病，鰲拜多專政，與蘇克薩哈不相能，遏必隆不能自異」。在這種情況下，鰲拜的作用絕不像他的輔臣次序一樣是最微小的，而實際恰好相反。從另一個角度說，這四位輔臣都是上三旗的大臣，他們除了旗與旗之間的內部爭鬥之外，在輔政期間實行的政策基本上是一致的，也就是說，鰲拜的主張基本上也同樣代表著其他輔臣的意見。這樣，從順治十八年到康熙八年的輔政時期的歷史，實際也就是鰲拜輔政的歷史。

輔政開始以後不久，南明最後一個政權永曆小朝廷及其支持者李定國部爲清軍消滅了，鰲拜之弟穆裡瑪等又率軍鎮壓了大順農民軍的餘部夔東十三家軍。儘管只是繼續完成順治時期的軍事行動，但這些行動的後果已足以使鰲拜等採取相對保守的軍事政策。夔東十三家軍的英勇抗擊，一直使統治者心有餘悸，「京師中諺語有其事險難者，則曰：『又上茅麓山耶？』」。但更重要的是由於財政方面的困難軍事開支的浩大，不僅使鰲拜等難以繼續展開大規模的軍事行動，而且使人民負擔極重，不得休息，有可能因此而使輔臣們恢復經濟的努力付諸東流。於是在滅亡了永曆政權之後，他們就急不可

53

待地宣布：「從此大兵得以休息，糧餉不致糜費。宣詔中外，咸使聞知。」基於此，他們在對東南沿海的鄭氏政權的行動中，就奉行了一條以防爲主、以攻爲輔，以撫爲主、以剿爲輔的方針。

康熙元年，鄭成功病死，其子鄭經繼立，在臺灣以及金廈一帶與清皇朝抗衡。鄭成功死後，鄭氏政權因繼位問題而發生內訌，矛盾異常激化，許多文官武將都對鄭經表示不滿。鰲拜等利用這個機會，對鄭氏人員誘以高官厚祿，招撫他們降清。如楊學皐來歸，授其左都督，加太子太保，「仍給三等阿思哈尼哈番」；鄭成功之族兄鄭鳴駿被授遵義侯，族侄鄭纘緒爲慕恩伯。鰲拜等還重用這些人來打擊鄭氏政權，以示對他們的信任。康熙三年命征臺灣，統率水師的施琅、周全斌、楊富、林順、何義等，無一不是鄭氏故將。在清政權的「感召」之下，從順治末到康熙初，較大規模的投降者有十六、七批，其中包括被稱作鄭經「腹心」、「左右臂指得力之人」的大量官員將領，還包括鄭纘緒、鄭世襲、鄭芝豹生母黃氏以及鄭氏的「子侄眷屬」，與他們同來降清的官員不下千餘，軍隊百姓共有十數萬，還有大量船隻、盔甲器械等物，這就大大削弱了鄭氏政權的力量。

鰲拜等乘鄭氏政權的內訌，又輔之以攻，派兵先後攻克金、廈、銅山等地。鄭經退守臺灣。康熙四年，「廷議罷兵」，並派慕天顏赴台諭降，力圖和平收復臺灣。但鄭經卻企圖裂土割據，「請稱臣入貢如朝鮮」，遭到輔臣的拒絕。康熙六年，施琅再請攻打臺灣，因「朝議循於招撫」而未果。從此雙方對峙有八年之久。

鰲拜輔政時期採取的「以撫爲主」的統一方針，應該說對恢復經濟、與民休息、緩和財政危機都有好處，直到康熙二十一年，大臣馮溥爲了「清心省事，與民休息」，還請玄燁「勿輕剿臺灣」，繼續鰲拜時期的政策。鰲拜等人的上述行動，也取得了積極的效果，爲後來統一臺灣準備了良好的條件。至於順治初年給廣大人民的生命財產帶來很大危害的劣政，諸如逃人法、圈地與投充、遷海等，在鰲拜輔政時期雖仍存在，但逐漸有所緩和。

由於遷海政策使沿海居民流離失所，順治十八年，輔臣下令對遷海居民

福佑寺康熙神碑
現藏於北京故宮博物院。

「速給田地房屋，使小民盡沾實惠」。康熙四年，山東青、登、萊等處沿海居民「因海禁多有失業」，鰲拜等遂允許「令其捕魚，以資民生」。康熙七年，兩廣總督周有德報告當地「沿海遷民，久失生業」，建議於海口「一面設兵防守，一面安插遷民」。這個建議得到鰲拜等批准。康熙八年正月，「奉旨盡弛海禁」，這對沿海居民是有好處的。

順治年間，由於圈地和投充等弊政，迫使大量不甘淪為農奴和包衣的人四散逃亡，順治十一年「逃人幾至三萬，緝獲者不及十分之一」。清廷便制訂了更為嚴酷的逃人法，除捉拿逃人之外，還嚴懲窩主，牽連四鄰，許多惡棍無賴又趁火打劫，使許多人身家性命難保。康熙三年底，專事緝捕逃人的兵部督捕衙門右侍郎馬希納指出逃人法之弊害，請求「免提案內牽連之人質審」，以免「牽連多人」。次年正月，鰲拜等歷數逃人法之弊，認為「此等株連蔓引，冤及無辜，餓死道途，瘐斃監獄，實屬可憫」，下令有關部門制定一個「逃人可獲，奸棍不得肆惡，小民不受詐害」的政策。康熙六年，又

下令各地政府對騷擾地方的解役和逃人嚴加管束,如有「同謀挾詐」之事,要治以重罪,對這些解役約束不嚴的官吏,也要「嚴治其罪,必不寬恕」。儘管他們把逃人問題看作與本族利益息息相關的問題,而不能根本改變逃人法,但由於注意了它的弊害並試圖加以解決,使這一問題引發的矛盾日趨緩和。

順治年間兩次大規模圈地之後,康熙五年,在鰲拜的直接干預下,京畿地區又發生了一次較大規模的土地圈換,這是輔政時期的一大弊政。鰲拜提出,順治初年,多爾袞爲了自己利益,把鑲黃旗應得的保定等府好地據爲己有,而把正白旗的壞地換給鑲黃旗,因此要求「呈請更換」。這一提議遭到正白旗戶部尙書蘇納海等人的反對。他們認爲「地土分撥已久,且康熙三年奉有民間地土不許再圈之旨」,要求將此議駁回。雖然此事之起是由於八旗內部矛盾所致,但畢竟蘇納海的主張有利於社會安定,也有利於生產的恢復發展。

但是,鰲拜恃威專斷,不顧蘇納海以及直隸總督朱昌祚、巡撫王登聯等人的反對,確定「鑲黃旗遷移壯丁共四萬六百名,該地二十萬三千垧,將薊州、遵化、遷安三處正白旗壯丁分內地、民地、開墾地、多土地、投充漢人地派給。不敷,又將永平、灤州、樂亭、開平民地酌量取撥」。從以上記載看,正白旗遷出後的十一萬多垧土地是遠遠不夠鑲黃旗二十餘萬垧的需要的,其他就要新圈民地。而正白旗遷走的壯丁也並未遷往畿南即鑲黃旗遷出的地方,反去新圈玉田、豐潤、永平等府縣的民地,這樣,所謂換地實際上就成爲順治以來的第三次大規模的圈地,給畿輔人民帶來了極大的災難。

儘管鰲拜等在兩個月後「撥換地土將完」之時,下令「此後各旗有具呈請撥換者,概行禁止」。但鰲拜等人不顧百姓「扶老攜幼,遠徙他鄉」之苦,不管「秋收之後」,薊州、遵化等地「周遭四五百里,盡拋棄不耕」的惡果,強行換地圈地,對人民的生命財產帶來極大損失,也危及農業生產和社會安定,實是禍國殃民的一大弊政。

御用雨服

不過是一山難容二虎

康熙八年（1669）五月，權傾朝野威風凜凜的輔政大臣、一等公鰲拜，被康熙帝玄燁捉拿問罪。究其原因，是鰲拜結黨營私，擅權專橫，他的所作所為阻礙了皇權的高度集中，不利於玄燁的乾綱獨斷，而不是所謂的鰲拜欲圖謀叛篡位。

康熙五年（1666），鰲拜利用圈換土地沉重打擊了以正白旗為首的反對勢力，他的勢力急劇增長。次年六月，索尼病死。七月，蘇克薩哈由於鰲拜的威脅而請求退出政界，「往守先皇帝陵寢」，被鰲拜定為不滿康熙帝親政的大罪，處死籍沒。至於那個遏必隆，向來只會唯唯諾諾，鰲拜的勢力就在這一時期達到了頂峰。從他個人來說，他被授一等公，並加太師（有清一代大臣加太師者，唯鰲拜與遏必隆而已）；其子那摩佛承襲了二等公，並加授太子少師；其侄訥爾都尚公主，封為和碩額駙。就其集團成員而言，班布林

大
清
官
宦
沉
浮

《康熙帝讀書像》
清宮廷畫家繪，現藏於北京故宮博物院。

善爲大學士，濟世爲工部尚書，馬邇賽爲戶部尚書等，基本上把持了朝政。「一切政事先於私家議定，然後施行，又將部院啓奏官員帶往私門商酌」，甚至「紅本已發科抄，輔政大臣鰲拜取回改批」。正如法國傳教士白晉所記，「在他（康熙帝）十五六歲時，四位攝政王中最有勢力的宰相，把持了議政王大臣會議和六部的實權，任意行使康熙皇帝的權威，因此，任何人都沒有勇氣對他提出疑義」。

但與此同時，玄燁個人也隨著年齡的增長而日益成熟，在鰲拜力主嚴懲蘇納海及蘇克薩哈時，他明確表示了自己的不同意見。雖因鰲拜勢大而難以硬頂，但卻堅定了他清除鰲拜的決心。特別是鰲拜常常在「御前呵叱部院大臣，攔截章奏」，甚至在玄燁面前「攘臂上前，強奏累日」，極大地損害了玄燁作爲一個皇帝的尊嚴。玄燁在康熙六年七月宣布親政，鰲拜更成爲他大權獨握的障礙。因此，他在捉拿鰲拜的諭旨中稱，「鰲拜在朕前理宜聲氣和平，乃施威震眾，高聲喝問，又凡用入行政，鰲拜欺朕無權，恣意妄爲」，這對於一代英主康熙帝來說顯然是不能容忍的。他利用「布庫遊戲」擒捉鰲拜，結束了清史上的「鰲拜輔政時期」。

從鰲拜的三十條罪狀看，與結黨擅權有關的有二十三條，不尊重太皇太后的二條，對冊立皇后妒忌、私買奴僕等有五條。與康熙、雍正、乾隆三朝其他權臣或朋黨集團如明珠、索額圖、年羹堯、隆科多及和珅等相比，鰲拜既無嚴重的違法亂紀又無惡性之貪污受賄，更無圖謀不軌的勃勃野心，反之卻做了一些有利於社會發展的事。對此，玄燁是很清楚的，他在捉拿鰲拜之後，只是將他「革職籍沒，仍行拘禁」。不久死去，時間不詳。康熙五十二年，玄燁已到了晚年，猶記起鰲拜的功勞。一次，他召集諸王貝勒大臣，說：「憶及數事，朕若不言，無敢言之人，非朕亦無知此事者。」他還特別提到，「我朝從征效力大臣中，莫過於鰲拜巴圖魯者，鰲拜功勞顯著，應給世職」。諱而不言者，當年捉鰲拜系不得已之舉。雍正帝執政後，「賜鰲拜祭葬，複一等公，世襲更替」，並於雍正九年加封超武公。這些身後隆典，說明鰲拜並非是極其危險的巨奸大憝，而仍是清帝褒獎的有功之臣。

59

從鼇拜敗國看功臣心態

　　這是現實的課題，有著深層的意義。有些潛規則似乎拿到桌面來不合時宜，但它客觀存在著，也使人困惑著。1.在創業階段的功臣，其實也極容易成為事業升級的絆腳石，和新制度的瓦解者。鼇拜如此，連聖人關羽亦是如此。功勞是滋生腐敗的土壤。2.一個成熟的管理者不會拉小時候的玩伴上來。當事業上了一個新臺階，為了生存渴望建立新規則、建立駕馭全局的新威嚴時，發現功臣竟不是維護者，而是破壞者和挑戰權威者。3.功臣的心態是複雜、敏感、患得患失的，是適合表揚的，但有錯千萬說不得。否則會心理失衡，會有情緒，而有了情緒的功臣是比不上一個普通的部下的。4.魯迅說：一大群元老、權威老氣橫秋的論調充斥著，擠佔了新人的空氣，挪一把椅子都要流血才行。5.功臣的正確心態是：成績代表過去，不是懈怠的理由，要像老闆一樣有壓力而如履薄冰一樣的生存；要多從大局和別人的角度去看事物，而非功臣的角度；跟隨新事物，一定要變，唯一不變的只有變化。

大清官宦沉浮

大 清 官 宦 檔 案					
姓名	袁世凱	職務	內閣總理大臣	在職時間	不詳
生年	1859	卒年	1916	享年	58歲
字	慰亭	號	容庵	墓葬	河南安陽
家庭關係	(父親) 袁保中　　(母親) 劉氏　　(子女) 袁克定等				
婚姻狀況	初婚：不詳　　　　　　　　　配偶：不詳				
人生最得意	就任民國總統		人生最失意		復辟帝制失敗
人生最不幸	綽號「癩蛤蟆」		人生最痛苦		眾判親離

從「癩蛤蟆」到登基坐殿

——「癩蛤蟆」投胎轉世的袁世凱

　　光緒皇帝臨死之前，用手在空中寫的兩個字是「斬袁」。他何以對袁世凱如此痛恨。從天津小站練兵開始，袁世凱的發跡印證了槍桿子裡面出政權的定律。「須知高處多風雨，莫到瓊樓最上層。」對袁的過分倚重，可說是他決策的最大過錯。然而，從國家利益來講，則是斬幾個袁都不能贖回的。

　　袁世凱究竟是一個什麼樣的人物？為什麼在戊戌變法時會為維新派所倚重？袁世凱的告密和戊戌政變有沒有直接關係？袁世凱在晚清新政中有什麼貢獻，為什麼會得到立憲派的信任？

　　在辛亥革命中袁世凱又有什麼表現？為什麼最終能夠以全票當選民國臨時大總統？袁世凱在清末民初到底扮演了什麼樣的角色？

「癩蛤蟆」投胎轉世

袁世凱，字慰庭（又作慰廷、慰亭），別號容庵，河南項城人，又稱袁項城。生於咸豐九年（1859）。他五短身材，頸粗腿短，走路正八字步，民間傳說他是「西山十戾」中的「癩蛤蟆」投胎轉世。

同治五年（1866），袁世凱隨嗣父袁保慶至濟南任所，開始讀書。後遷江寧。同治十二年袁保慶病逝後返回原籍，與嗣母牛氏一起生活。

同治十三年（1874），袁保恒將袁世凱帶到北京，聘請嚴師授讀。但袁世凱紈褲子弟的習性甚深，以讀書為虛應之事，故成績不佳。光緒二年（1876）秋回籍應鄉試，結果落第而歸。次年夏，隨袁保恒至河南辦理賑務，歷練做官本領。光緒五年（1879）秋，他又一次應考鄉試，仍名落孫山。繼之，捐納實缺，未果，於是決心投筆從戎，於光緒七年（1881）至山東登州投奔嗣父的至交、淮軍統領吳長慶，獲得幫辦文案之職，開始踏入仕途。

光緒八年，與清廷有宗藩關係的朝鮮發生兵變，國王李熙和閔妃集團被圍攻，向受閔妃排斥的大院君李昰應（李熙之父）重握朝政。署直隸總督張樹聲命令吳長慶率淮軍六營至朝平亂。七月東渡前，幕府名流張謇推薦袁世凱任執行前敵營務處事。平亂後，吳長慶對袁的表現十分讚賞，為之上報請獎。經回直隸總督兼北洋大臣任的李鴻章奏准，九月袁以同知補用，並賞戴花翎。

不久，應朝鮮請求，吳長慶命袁幫助朝鮮整頓軍隊。光緒十年（1884），當法軍將戰火由越南引向中國邊界時，李鴻章為加強邊防，奏調吳長慶率兵三營駐防奉天金州，其餘三營留駐漢城，由記名提督吳兆有統帶，命袁世凱總理營務處，會辦朝鮮防務。由此袁在朝鮮成為一個握有軍事實力的人物。十月，朝鮮以金玉均為首的開化黨在日本配合下發動政變，逼迫李熙改組了政府。袁世凱說服吳兆有統兵擊退日軍，趕走親日派。此次勝利大大助長了袁的政治野心，他自作主張，搬進王宮，以監國大員自居。吳

兆有反對其企圖獨掌軍權，揭發其挪用軍餉等罪狀，加之日本揚言要清軍從朝鮮撤退，袁心灰意冷，於光緒十年冬請假回國，返回原籍。

為了進一步控制朝鮮，李鴻章採取了兩項具體措施，一是釋放被軟禁在保定的李昰應回朝，利用其影響和力量抵制閔妃集團依賴俄國的傾向；二是以袁世凱接替駐朝商務委員陳樹棠的職務。光緒十一年，李鴻章奏准袁世凱為駐紮朝鮮總理交涉通商大臣，讓他參與外交事務，補缺後以道員升用，賞加三品銜。從此，他開始嶄露頭角，成為中外所知的人物。

袁世凱舊照
袁世凱（1859～1916），河南項城人，1912年逼清帝退位，當上中華民國大總統。

清朝對朝鮮本來只有宗主之名，而無其實。而袁世凱自抵新任後，為維護「上國」尊嚴和「屬邦體制」，時時擺出監國大員的架勢，專橫武斷，盛氣凌人，事事插手，並於光緒十二年（1886）兩電李鴻章，請廢黜李熙，另立新君。袁世凱的行為促使朝鮮宮廷產生更大的離心傾向，嚴重損害了中朝關係。

日本自確定霸佔朝鮮，進而侵略中國的大陸政策後，一直積極備戰。袁世凱起初對日防備甚力，但後來即為盲目樂觀、麻痺輕敵思想所支配，對日

本的動向懵無所知。

　　光緒二十年（1894），朝鮮東學黨起義爆發。四月，朝鮮政府請求中國派兵助剿。袁大力支持，屢電李鴻章出兵，且云日本並無出兵之意。當日本出兵朝鮮後，袁仍對形勢的危機無所認識，一心想著鎮壓起義。直至日本大兵壓境，始請求增兵備戰。五月下旬，戰爭一觸即發，袁為脫離險境，再三電李請求回國。經清廷批准，袁於六月改裝易服偷偷回到國內。

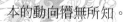

小站練兵培植勢力

　　中日甲午戰爭爆發後，李鴻章奏派袁世凱仍任總理交涉通商大臣兼辦輯撫事宜，令其馳赴平壤一帶聯絡官軍，協籌糧運。袁對這場戰爭毫無信心，始終主張議和，一聞敗訊，立即逃竄。清軍的屢次敗北，徹底暴露出舊有軍隊的腐朽，朝野上下群起呼籲必須改革舊軍，建立新軍。袁世凱也向盛宣懷建議改革軍制，募練新軍，並毛遂自薦要當監督。光緒二十一年，他上書軍機大臣李鴻藻，提出同樣意見。六月袁被召見，奉派督辦軍務處差委。他用鑽營請託等手段，並擬訂新軍營制餉章和聘請外國軍官合同，請人譯撰兵書，博得知兵之名，終於受到權貴榮祿等人的激賞，十月獲得到天津小站督練新建陸軍的權柄。

　　十一月初，袁世凱至小站接管原定武軍4000餘人，旋派人選募2000餘人，全軍共7000人。軍隊設督練處，袁自領督練官。新建陸軍採取德國和日本建制，營制分左右兩翼，每翼分統步、炮、馬、工程、輜重各兵種；教官多自德國聘任，新式武器多從德國購置，全軍一律習洋操，實開中國陸軍近代化的先河。袁世凱在軍隊中大樹特樹個人絕對權威，透過官祿利誘，嚴刑峻法，以及灌輸封建倫理、升官發財和宿命論的思想，很快培植起一批親信死黨，把軍隊訓練成帶有濃烈人身依附性質的武裝。

　　由於袁世凱作風跋扈，嗜殺擅權，營私受賄，光緒二十二年（1896），受到禦史胡景桂的參劾。查辦此案的榮祿極力包庇袁世凱，使其渡過了難

關。於是，袁越發投靠榮祿，依榮而自固。

次年，清廷以袁世凱練兵有功，晉升他為直隸按察使，仍專管練兵事宜。

光緒臨死要「斬袁」

光緒二十四年（1898）四月，光緒帝頒布《明定國是詔》，變法正式開始，因為這一年為農曆戊戌年，史稱「戊戌變法」。變法期間，光緒帝發布了上百道新政諭詔，除舊布新，內容涉及政治、經濟、軍事、文化諸方面。但是，改革措

聶士成舊照
聶士成在甲午戰爭中，在遼東半島給日軍以重創。

施遭到了頑固守舊勢力的反對和阻撓，很多上諭都成了一紙空文，光緒帝和慈禧太后之間的矛盾也逐漸激化。七、八月間，形勢進一步惡化，守舊勢力預謀政變。光緒帝在給維新派的密詔中說：「朕位且不能保，何況其他？」要維新派籌商對策。康有為、梁啟超、譚嗣同等維新派的核心人物讀到密詔後，痛哭失聲，誓死營救皇帝，並決定實行兵變，包圍頤和園，迫使慈禧太后交權。八月初三深夜，譚嗣同隻身前往袁世凱的寓所法華寺，託以出兵相救的重任，說服袁舉兵殺榮祿，包圍頤和園，對慈禧太后則或囚或殺。

八月初六日，慈禧太后發動政變，宣布訓政，光緒帝也被囚禁起來。隨後，大肆搜捕維新人士。康有爲、梁啓超逃亡日本，譚嗣同等「戊戌六君子」遇害。變法運動最終失敗。

傳統說法認爲，袁世凱的告密直接導致了慈禧太后發動政變。袁世凱是個兩面派，他用假話哄走了譚嗣同，見慈禧的勢力遠遠超過光緒皇帝，決定投靠後黨。八月初五日向皇帝請訓，當天乘火車回天津，向榮祿告密，出賣了光緒帝和維新派。當夜，榮祿趕回北京稟報慈禧。

但是，這種說法經不起推敲。

第一，政變之初，慈禧太后沒有下令捉拿譚嗣同。

因爲譚嗣同是勸說袁世凱「圍園劫後」的人，屬於「逆首」，慈禧太后絕不會放過他。因此，如果是袁世凱的告密導致政變，那麼在八月初六日慈禧發動政變時，上諭中應該會指名逮捕譚嗣同。但上諭中只命令捉拿康有爲、康廣仁兄弟，並沒有譚嗣同。而給康定的罪名是「結黨營私，莠言亂政」，罪名相對較輕。

第二，榮祿不可能連夜乘火車趕回北京。

袁世凱在《戊戌日記》追憶說，「抵津，日已落」，可知袁到榮祿處告密，應該已在夜間。榮祿得知圍園消息後，不可能在當夜乘車趕到北京，把消息反饋給慈禧太后。因爲當時北京、天津之間的火車通行不久，只有白天行車，沒有夜車，也缺乏夜間行車的設備、經驗和技術，即使榮祿以直隸總督的身分也不可能下令加開一次夜車。所以，榮祿在八月初五日夜間很難趕到北京，而慈禧太后實行訓政卻在初六日上午，可見慈禧太后發動政變並非由袁世凱告密所引起的，政變時也不知道維新派有「圍園劫後」的計畫。政變是新舊兩派勢力長期矛盾鬥爭積累的結果，守舊派大臣認爲維新派亂政妄行，請求慈禧太后訓政，也是他們的一個既定步驟，與袁世凱的告密沒有關係。

那麼，袁世凱的告密在戊戌政變中起了什麼作用呢？近年來，多數學者認爲：雖然戊戌政變不是因袁世凱告密而發生，但袁世凱告密卻大大加劇了

慈禧太后聽政處———頤和園樂壽堂

政變的激烈程度。

　　慈禧太后重新訓政後，發布政令捉拿康有爲、康廣仁兄弟，並將保舉維新人士的宋伯魯予以革職，永不敘用，此外並沒有涉及處理其他參與變法的人員，也沒有發布停止新政的諭旨。

　　八月初五日，袁世凱回天津後沒有立即向榮祿告密。八月初六日晚，當聽到政變消息後，袁世凱以爲事情已經洩露，爲保全自己，這才向榮祿和盤托出了「圍園劫後」的密謀。八月初七日，慈禧太后得知維新派有罷黜太后之意後，惱怒至極，對事件性質的認定有了重大轉變，因而下令大肆捕殺維新人士，致使事態擴大。

　　袁世凱爲什麼會得到維新派的信任呢？在變法初期，袁世凱與維新志士交往密切，表現出傾向於變法、積極推動變法的熱忱。

　　光緒二十一年（1895）閏五月，當康有爲的上清帝第四書苦於投遞無門

時，袁世凱主動幫忙交給督辦軍務處，請求當時手握重權的榮祿代遞，雖然為榮祿所拒絕，卻反映出他對維新志士的態度。康有為因而很感激他。

七月，維新派成立強學會，袁世凱被列為發起人之一，他還捐資作為會金。

十一月，袁世凱受命在天津小站編練陸軍時，與維新人士嚴複等定期相聚，在一起談論維新事宜。

光緒二十四年（1898）四月，戊戌變法的重要支持者翁同龢被罷官路經天津時，袁世凱冒險派人持函送禮，以示慰問之意。

七月，變法運動達到高潮，袁世凱派徐世昌到北京與維新派聯繫，並透

《實行「新政」諭旨》（局部）
現藏於中國第一歷史檔案館。

68

過徐與康有為、梁啓超等不斷接觸，表示自己對變法事業的關切。

袁世凱對戊戌變法的關心，贏得了維新志士的信任，康有為對袁世凱也有很好的印象，因此，在變法危急時才敢把重任託付於他。經維新派的舉薦，八月初一日，光緒帝在頤和園召見袁世凱，破格提升他為候補侍郎，繼續專辦練兵事務。第二天，在袁世凱進宮謝恩時，光緒帝誇獎他說：「人人都說你練的兵、辦的學堂甚好，此後可與榮祿各辦各事。」這其實是在暗示他以後不要受榮祿的節制。

八月初三日，維新派的幾位核心人物聚在一起，商議救光緒的辦法，袁世凱的心腹徐世昌也在場。要不是袁已對維新派做出全力支持的承諾，維新派也不會讓徐世昌參加這一秘密活動。

但是，袁世凱作為浮沉宦海多年的政客，他不會不明白，維新勢力與守舊勢力鬥爭的雙方一邊是皇帝，一邊是太后。隨著兩方面鬥爭的加劇，他越來越感到自己的立場傾向不僅關係到頂戴，甚至關係到身家性命。也許他內心並不反對變法，但從殘酷的政治現實考慮，他覺得光緒帝和維新派的力量遠遠不是慈禧太后和頑固派的對手。光緒皇帝

光緒二十六年十二月初十日內閣奉

上諭世有萬古不易之常經無一成不變之治法窮變通久見於大易損益可知著於論語蓋不易者三綱五常昭然如日星之照世而可變者令甲令乙不妨如琴瑟之改絃伊古以來代有興革即我朝

列祖

列宗因時立制屢有異同入關以後已殊瀋陽之時嘉慶道光以來蓋雜雍正乾隆之舊大抵法積則敝敝則更要歸於強國利民而已自播遷以來皇太后宵旰焦勞朕尤痛自刻責深念近數十年積習相仍因循粉飾以致成此大釁現正議和一切政

69

下了那麼多的變法詔書，卻基本上停留在紙面上就證明了這一點。權衡再三，他才決定投靠後黨。

因此，他被提升為候補侍郎後，對這樣的超擢「自知非分」，唯恐引起後黨的猜疑，於自己不利，在八月初一日被召見的當天下午，就急急忙忙四處拜訪後黨權貴人士，如協辦大學士、兵部尚書剛毅，軍機大臣、戶部尚書王文韶等人，再三解釋，以表白自己的心跡。

八月初三日深夜，譚嗣同走後，袁世凱一夜未睡，「反復籌思」，知道自己面臨著生死抉擇，對自己在譚嗣同面前表態說「誅榮祿乃殺一狗耳」的話非常懊悔，生怕譚嗣同會將與他的密談向後黨揭發，這樣就使自己牢牢地與維新派捆在一起了。為了保全自己，袁世凱最終下決心出賣維新派。

袁世凱因告密有功，受命署理了幾天直隸總督，新建陸軍還得了4000兩的賞銀。慈禧太后為表示對他的信任，還特准他在西苑門內騎馬。此後，袁世凱便以慈禧太后和榮祿為靠山，走上了飛黃騰達的捷徑。

當時社會上流傳著一首三言歌謠，諷刺了袁世凱這種出賣維新派的做法：

六君子，頭顱送。袁項城，頂子紅。賣同黨，邀奇功。康與梁，在夢中。不知他，是梟雄。

1908年，光緒帝和慈禧太后相繼病逝後，三歲的溥儀繼承皇位，攝政王載灃監國，執掌政權。新朝優賞軍機大臣，袁世凱加太子太保銜。載灃深切痛恨袁世凱出賣其兄光緒帝，對其貪權置勢亦極疑忌，極想把袁除掉。因遭到奕劻堅決反對和軍機大臣張之洞勸阻，光緒三十四年（1909）十二月十一日，載灃藉口袁患足疾，下令將其開缺，命回原籍休養。袁世凱攜眷返河南，最後定居彰德（今安陽市）城北門外的洹上村。表面上過著隱逸生活，實際上時刻準備東山再起。

袁世凱被載灃排擠後，回到河南彰德（今安陽市）的洹上村閒居，觀察時世，伺機而動。

譚嗣同舊照

譚嗣同是戊戌變法的重要人物，變法失敗後，慘遭殺害，為「戊戌六君子」之一。

袁世凱垂釣舊照

東山再起簒奪江山

　　袁世凱表面上要給人們遺忘世事的印象，實則是在韜光養晦，靜待時機。他在養壽園中設有一個電報房，時常與在京城和全國各地的心腹通消息。從北京到地方，「政無大小畢報」，「唯世凱意旨是瞻」。據他女兒回憶，他那時每天要收到很多從各方面發來的信件和電報。爲了處理這些信電，他每天上午要用一兩個小時來辦理「公務」。雖然身居鄉村，卻經常有一些朝野要人來看望他，詢問他對時局的看法。同時，他還牢牢控制著北洋軍。袁世凱向各方面都伸出了觸角，等待著東山再起的時機。武昌起義給了

他這個機會。

宣統三年（1911）武昌起義爆發後，革命黨人連克武漢三鎮，建立湖北軍政府，推舉原清軍第二十一混成協統領黎元洪為都督。清廷舉朝惶惶，命陸軍大臣蔭昌督率陸軍兩鎮前往鎮壓。袁世凱見時機已到，立即活動布置。帝國主義也廣造「非袁不能收拾」的輿論。內閣總理大臣奕劻、協理大臣那桐、徐世昌一向與袁沆瀣一氣，同時提議起用袁世凱，向載灃施加壓力。載灃起初不允，他們便以辭職不上朝議事相要脅，迫使載灃於八月任命袁世凱為湖廣總督，督辦剿撫事宜。

蔣翊武舊照

蔣翊武（1885～1913），湖南澧縣人，武昌起義策劃者之一。

清廷重新起用袁世凱，要他率北洋軍去鎮壓革命。但袁世凱對此並不滿意，藉口「足疾未癒」，故意拖延。此後，革命形勢發展得更快，而湖北前線的清軍卻一直停滯不前。清廷慌了手腳，速將蔭昌調回，任命袁世凱為欽差大臣，節制湖北水陸各軍及長江水師。這下，袁世凱的「足疾」全好了，即赴湖北誓師。11月1日，他所指揮的馮國璋部攻入漢口。同一天，清廷任命袁世凱為內閣總理大臣。

為什麼袁世凱當時能居於如此舉足輕重的地位呢？分析起來大致有以下原因：

一來，當時國內最精銳的軍隊北洋六鎮是他一手訓練出來的。各鎮軍官都是他提拔起來的舊部，他們一向「只知有袁宮保，不知有大清朝」。儘管

73

張謇舊照

張謇曾中過狀元，為清朝末年著名實業家。

袁世凱被罷黜回籍，但是他的影響力一點也沒有降低。

二來，袁世凱長期掌握清朝的外交事務，和西方列強有著密切的關係。他的對外態度和精明幹練也深受西方列強的器重，稱他為「強有力」的人物。武昌起義爆發後，為了維護在華的侵略權益，列強各國急需物色一個既能撲滅革命又能替代清政府的人物，他們認為最合適的人選就是袁世凱，使館區便發出了一片「非袁不能收拾」的呼聲，並透過各種管道向清廷施加影響。英、美、俄公使還直接向清政府施加壓力，催促起用袁世凱。

三來，袁世凱同立憲派也有很多關係，這在很大程度上是得益於他在直隸總督任內推行的新政。他同立憲派領袖張謇的關係尤為密切。

11月13日，袁世凱到達北京。兩天後，英國政府致電駐北京公使朱爾典說：「我們對袁世凱懷有很友好的感情和敬意。我們希望看到，作為革命的一個結果，有一個強有力的政府，能夠與各國公正交往，並維持內部秩序和有利條件，使在中國建立起來的貿易獲得進展。這樣一個政府將得到我們能提供的一切外交上的支持。」

28日，袁世凱電奏招募防軍1.25萬名。次日，電奏段祺瑞、王士珍、段芝貴等北洋高級將領歸己指揮。革命形勢迅猛發展，湖南、陝西同時光復。載灃被迫再作讓步，授袁為欽差大臣，節制調遣所有赴援水陸各軍。山西獨

立後，陸軍第二十鎮統制張紹曾屯灤州，提出速開國會，改定憲法，組織責任內閣等十二條政綱，清皇朝在迅速崩潰。而袁世凱又在責任內閣的名義下逼迫載灃辭去攝政王，不再預政，最終奪取清廷政權。

袁世凱出山后即確定了利用革命勢力要脅清廷交出政權，以清廷為工具逼迫革命勢力就範，最後由自己竊取全國政權的總方略。他對革命勢力軟硬兼施，又打又拉，主動提出議和，12月2日，同南方達成武漢地區停戰三天的協定。清廷授袁世凱為對民軍和談全權大臣，他即日委唐紹儀為總代表率代表團南下議和。雙方代表伍廷芳達成召開國民會議公決國體的協定。袁世凱認為，孫中山已當選總統，國民會議召集辦法於己不利，竊取總統無望，不承認唐、伍達成的協定。他批復唐辭職，使議和瀕臨破裂。1912年1月1日，孫中山宣誓就職。袁世凱唆使部將馮國璋、段祺瑞等40餘名高級將領叫囂維持君主立憲，反對共和政體。1月3日，南方選舉黎元洪為副總統，透過各部總長，組成中華民國臨時政府，袁世凱向伍廷芳提出無理質問，被伍駁得理屈辭窮。唐紹儀探詢南方清帝退位後舉袁為總統有何把握，孫中山等作了絕對肯定的回答。袁世凱遂下定決心，逼迫清帝退位。表明政治態度，承認「共和為最良國體」，表示「永不使君主政體再行於中國」。2月12日，溥儀在養心殿宣布退位。次日，孫中山向南京臨時參議院辭職，舉薦袁世凱自代。15日，臨時參議院議決建都南京，一致選舉袁世凱為臨時大總統。但他怕受革命勢力挾制，不願南下就職，指令曹錕的第三鎮士兵29日晚在北京東城發動「兵變」，製造拒絕南下口實。南方讓步，允其在北京受職。3月10日，袁世凱在北京宣誓就職。月底，唐紹儀內閣組成。4月，臨時政府和臨時參議院遷至北京，南北統一。

復辟帝制，自取滅亡

在袁世凱復辟時，京城一位名叫崔啓勳的警官這樣評價袁世凱：

匹夫創共和，孫中山不愧中華先覺；

總統做皇帝，袁項城眞乃民國罪人。

雖然崔啓勳被袁世凱處決了，但這副對聯卻眞實地勾畫了袁世凱這位「共和英雄」的本來面目。

魯迅先生曾這樣評價袁世凱：袁世凱在辛亥革命之後，大殺黨人，從袁世凱那方面看來，是一點沒有殺錯的，因爲他正是一個假革命的反革命者。

錯的是革命者受了騙，以爲他眞是一個筋斗，從北洋大臣變了革命家了，於是引爲同調，流了大家的血，將他扶上總統的寶座去。到二次革命時，表面上好像他又是一個筋斗，從「國民公僕」變成了吸血魔王似的。其實不然，他不過又顯了本相。

於是殺，殺，殺。北京城裡，連飯店客棧中，都滿布了偵探；還有「軍政執法處」，只見受了嫌疑而被捕的青年送進去，卻從不見他們活著出來。

不久就證明了袁世凱殺人沒有殺錯，他要做皇帝了。

1914年7月，袁世凱公布文官官秩，分爲上卿、中卿、少卿、上大夫、中大夫、少大夫、上士、中士、少士9等，恢復封建時代官制，這便是他復辟帝制的先聲。

9月28日，袁世凱親率文武百官至北京孔廟祭孔。早在1913年6月22日，袁世凱發布尊孔令，其後屢發告令，制定《崇聖典例》、《祀孔典禮》，規定祀孔禮儀應與祭天一律，借宣揚孔孟之道，攻擊資產階級民主革命，企圖從思想上動搖瓦解人民的民主信念，要人民絕對服從他的統治，爲復辟帝制服務。這是民國以來第一次祀孔活動。

10月，袁世凱成立直接隸屬於大元帥統率辦事處的模範團，自兼團長，企圖在軍隊中建立專供自己指揮的特別系統和絕對忠實於自己的軍隊，排斥陸軍總長段祺瑞的勢力。

12月23日，袁世凱效法封建皇帝至天壇祭天，爲稱帝作準備。

同月29日，公布約法會議修訂的《大總統選舉法》。該法規定，大總統任期10年，可連選連任；參政院認爲政治上有必要時，得以2/3以上的多數議決現任大總統留任；選舉前，大總統推薦3名候選人，選舉時，選舉會對現任

孫中山與同盟會骨幹在上海議事舊照
圖為孫中山與黃興等人合影。

大總統及3名候選人均可投票。此法可使袁世凱成為終身總統，並可造成袁氏家族的總統世襲。

　　1915年1月18日，日本駐京公使日置益代表日本政府，乘袁世凱陰謀稱帝之機，提出滅亡中國的二十一條秘密條款。袁世凱為爭取帝國主義支持，換取一姓尊榮，不顧國家民族利益，命外交總長陸征祥同日置益等進行談判。5月7日，日本提出最後通牒，要求除第五號日後另行協商外，其餘必須速行應諾，否則將執必要之手段。袁世凱甘心賣國，9日將答復書送交日本使館，滿足了日本的要求，並於25日雙方正式簽約。

　　對日交涉結束，日本當權人物出於不可告人的目的對袁世凱稱帝深表同情，美、德等國亦熱情鼓勵，袁世凱認為將來得到國際上的承認已無問題。這時，國內新的農民革命的危機尚未到來，革命黨人絕大部分亡命海外，一時不能對之構成直接威脅。為控制穩定全國政局，順利登上皇帝寶座，袁世

凱著重防範反對其稱帝的實力派。在中央最有實力的是他昔日的幹將、陸軍總長段祺瑞。段自被袁削奪陸軍部權力後，與袁矛盾逐漸激化，反對袁稱帝亦較堅決、露骨。袁世凱玩弄陰謀權術予以排斥打擊，逼段於1915年5月辭職。地方實力派多為袁的親信黨羽，但雲南、貴州、四川、廣西的實力派則非其嫡系；即使嫡系當中，也有極個別的人如督理江蘇軍務馮國璋是反對帝制的。對馮國璋，袁世凱百般籠絡、欺騙，使其相信自己無帝制思想。對西南各省，袁世凱除命廣東的龍濟光監視廣西的陸榮廷外，又任命心腹、參謀次長陳宦會辦四川軍務，率3個北洋混成旅進川，不久改授陳督理四川軍務、成武將軍，令其坐鎮西南，準備隨時消滅異己。另外，袁世凱還指使肅政廳發動「三次長慘案」和「五路慘案」，誘脅以梁士詒為首的交通系官僚政客充當帝制活動的中堅。

經過以上措置，袁世凱認為稱帝時機已經成熟，指使楊度組織籌安會，以研究國體何者適於中國為名，公開鼓吹復辟帝制，並秘密組織起一個由內務總長朱啓鈐、稅務督辦梁士詒、鎮安上將軍段芝貴、農商總長周自齊、參政張鎮芳等10人組成的組織，作為發動帝制的中樞，同時確定了假借民意公舉其為帝的辦法，密電各省做好準備。人人知帝制即將復活，舉國惶恐。袁世凱卻裝腔作勢，矢口否認，說什麼「從來無不亡之朝，帝王末路有求為平民而不可得者。余老矣，將營菟裘於海外，外間紛紜，滋非余意。苟相迫者，余當乘桴浮於海」。9月2日，籌安會組織所謂公民請願團上書參政院，請求改變國體，實行帝制。改變國體就是徹底背叛中華民國，袁世凱不得不虛偽地向參政院表示「改革國體」「不合事宜」；然而又說「如徵求多數國民之公意，自必有妥善之上法」，授意參政院盜用民意，作為帝制自為的遮羞布和謀叛民國的盾牌。19日，梁士詒成立全國請願聯合會，發動請願，製造民意。段芝貴等亦聯合各軍警頭目向袁勸進。10月下旬至11月中旬，袁世凱強姦民意，召開所謂國民代表大會，投票一致贊成帝制，並推戴其為「中華帝國皇帝」。12月11日，參政院以國民總代表的名義上推戴書，請求袁稱帝。袁世凱為免人譏評，名正言順地君臨天下，當日下達申令，故作謙讓，

說他從政30年無所「建樹」，未有功業「足以稱述」；清末曾居要政，「今若驟躋大位」，「余道德不能無慚」；民國初年曾向參議院宣誓發揚共和，「今若帝制自爲，則是背棄誓詞」，「余信義無可自解」，請另行推戴。下午參政院二上推戴書，爲袁世凱歌功頌德，稱其有「經武」、「匡國」、「開化」、「靖難」、「定亂」、「交鄰」六大「功烈」，「邁越百王」；並爲其洗刷了有慚清室、背棄共和的惡名，再請正位登極。12日，袁世凱申令承認帝位，籌備登極。次日，在中南海居仁堂接受了百官朝賀。15日，冊封副總統黎元洪爲武義親王（黎未接受）；16日，宣布清室優待條件永不變更；18日，重申滿、蒙、回、藏各族人民待遇條件繼續有效；20日，申令以徐世昌、趙爾巽、李經羲、張謇爲「嵩山四友」；21日，冊封軍政各界親信黨羽和實權派以公侯伯子男等爵位，爭取各方面的支持。同時，宣布從速制定憲法和召集立法院，整頓厘卡，永遠革除太監和采選宮女，藉以表示他的開明，以收攏失散的人心。預定1916年元旦登極。

　　1915年12月25日，蔡鍔、唐繼堯等舉起護國大旗，宣布雲南獨立，通電討伐袁世凱破壞共和，背叛民國。袁不思悔改，謀求帝位愈急，於12月31日申令改元，以翌年爲「洪憲元年」。1916年元旦，將總統府改稱新華宮，對內稱「中華帝國」，改用「洪憲」紀元，接受百官朝賀，擅自稱帝。1月5日，派曹錕統兵從四川和湖南進剿雲南護國軍。又命龍觀光從廣東經廣西進攻雲南。雲南護國軍進軍四川、湘西，屢敗袁軍。1月27日，貴州獨立。革命黨人也在全國各地發動武裝起義。再加爭取日本的失敗和其他列強提出警告，袁世凱被迫於2月23日宣布：帝制活動從緩辦理，早正大位文電不許呈遞；並通知各國公使，雲南事未平以前決不登極。3月15日，陸榮廷宣布廣西獨立，並消滅了龍觀光的征滇軍。馮國璋此時也聯合各省將軍請速取消帝制。袁世凱知稱帝無望，急忙召集高級官員開會討論帝制問題，22日發表撤銷承認帝制令，發還推戴書，所有籌備事宜立即停止。23日，申令廢止洪憲年號，以本年爲中華民國五年。他僅僅當了83天閉門天子，即被全國人民趕下了台。

袁世凱不肯退出歷史舞臺，繼續進行垂死掙扎。4月21日，他宣布實行責任內閣制，公布《政府組織令》，規定國務員輔弼大總統負其責任，國務卿總理國務。5月8日，改政事堂為國務院，幻想以此騙取人民信任。他還派阮忠樞到南方諷勸馮國璋帶頭，聯合未獨立各省通電擁袁，向護國軍示威，並指使內務總長王揖唐公開為其辯護。但袁世凱枉費心機，全國討袁鬥爭更加高漲。5月1日兩廣都司令部成立，誓師北伐，向湖南、福建進軍。8月，滇、黔、桂、粵4省在肇慶成立軍務院，推唐繼堯為撫

岑春煊舊照

軍長，岑春煊為副撫軍長，梁啓超等為撫軍，發表宣言，擁黎元洪為總統，軍務院負責指揮全國軍政，籌辦善後。繼之，陝西獨立，中華革命軍在山東迭獲勝利。迫於全國討袁鬥爭的大勢，袁世凱的心腹、四川將軍陳宧於5月22日宣布四川獨立，並特別聲明與袁斷絕個人關係。袁世凱本擬籌措軍費，作困獸之鬥，於5月29日公布《帝制始末案》，一面推卸罪責，一面威脅反對者。不料同一天，他的另一心腹湖南將軍湯薌銘亦被迫宣布了湖南獨立。袁世凱見帝制失敗，眾叛親離，羞憤交加，原患腎結石立即轉為尿毒症，經搶救無效，於1916年6月6日上午10時病死。

一介失敗奸雄而已

袁世凱身為清末第一重臣，從孤兒寡婦手裡奪了天下，自己做上民國大總統，本來不夠光彩，但有「民主共和」光環縈繞，在歷史上還算站得住。此時又出爾反爾，要廢除共和稱孤道寡。儘管是做「立憲」皇帝，但無論從封建君臣倫理到民主遊戲規則，均屬背信棄義，道德上已處於兩難境地。自古無信不立，當時討伐他的檄文中有「既為清室之罪人，複為民國之叛逆」一語，就是明證。

《民報》
創辦於光緒三十一年（1905），為中國同盟會的機關報。

袁某人非等閒之輩，也不是沒有一點新知識，但是缺乏新思想，至多只能算一個新舊之間的人物。其向西方學到的，只是先進的軍事管理經驗，卻始終沒學會政治遊戲規則。其才幹肯定在末代皇帝溥儀之上，但太醉心於政治權術和眼前利益，見識遠不如封建時代的曹操。他是傳統與現代交替的特殊歷史環境造就的一介失敗奸雄。

袁世凱背上千古罵名，彌留之際最後一句話是：「他害了我」。學者們反復考證所指「害」他者為誰，有說「二陳湯」（指袁氏親信陳樹藩、陳和、湯薌銘宣布獨立）的，有說袁克定的，雖莫衷一是，但都在最親近者的範圍內。

數十年機關算盡，靠欺騙民意登上極峰；又被偽造的民意捧殺，83天就

跌入萬劫不復的深淵。可謂現世現報。

歷史本不在乎當事者的人品，有時也能將小人推上前臺，遂成豎子之名。只要大節不虧，盡可安貴尊榮度過一生。

僭臨朝袁氏者，小人也。從小不愛讀聖賢書，不明春秋大義，到老更不知珍惜自己的名節。歷史能給一個人兩次大機會，已是特殊眷顧，他卻欲壑難填，連「見好就收」的民間常理都忘記了。

分明是自己害了自己，又何怨他人？

宋教仁舊照

宋教仁（1882～1913），湖南桃源人，華興會創始人之一，後被袁世凱派人刺殺。

大清官宦沉浮

五世而斬定律下的輪迴

　　富貴人家，總是難以持久，是中國歷史的規律。孟子曰，「君子之澤，五世而斬」。一個有本事的君子，得了個好位子，掙了一大份家業，想把它千秋萬代地傳下去。但「五世而斬」，君子的夢想終會被殘酷的現實所擊碎。

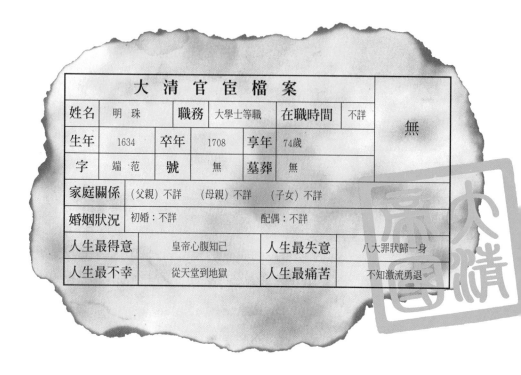

大 清 官 宦 檔 案					
姓名	明 珠	職務	大學士等職	在職時間	不詳
生年	1634	卒年	1708	享年	74歲
字	端 范	號	無	墓葬	無
家庭關係	(父親) 不詳	(母親) 不詳	(子女) 不詳		
婚姻狀況	初婚：不詳		配偶：不詳		
人生最得意	皇帝心腹知己		人生最失意	八大罪狀歸一身	
人生最不幸	從天堂到地獄		人生最痛苦	不知激流勇退	

（右上角「無」為合併欄位）

從心腹知己到獲罪倖免

——康熙的左膀右臂明珠

　　明珠，字端範，姓納喇氏，生於後金天聰八年（1634）。祖父金台石於明萬曆四十一年（1613）繼其兄納林布祿爲葉赫部首領，天命四年（1619）時，被英明汗努爾哈赤斬殺。其子尼雅哈、德勒格爾歸順後金，隸滿洲正黃旗。

消除鼇拜集團的智囊

　　康熙三年明珠升爲內務府總管大臣，「掌內務政令，供禦諸職，靡所不綜」，成爲宮廷事務的最高長官。康熙五年（1666），任內弘文院學士，參與國政。

康熙六年（1667），玄燁親政，明珠更被重用。次年，任刑部尚書。他奉命和工部尚書馬爾賽調查淮揚水患，會同漕運總督、河道總督等官，到興化縣白駒場地方查勘。返回後，向康熙帝報告說：舊有閘口四座，所出之水，由牛灣河入海。後因禁海填塞，水路受阻，淹沒田地。因為白駒場離海甚遠，並非沿海地方，不應堵塞，應速疏通河道，將四閘開通，積水可盡放出。另外，仍可設置板欄，一遇發水，即行開放，地方不致淹沒，居民也不必遷移。明珠等人又查明清口是淮河、黃河匯合處，如果黃河水氾濫，勢必越過淮河，而淮河水弱，黃河水中泥沙，將阻塞河道。因此，他建議：將黃河北岸挑挖引河，以備蓄泄，使泥土逐水而下，保證運道暢通無阻。康熙帝採納了他的建議，對解除水患，保護運道暢通，具有積極作用。十二月，傳教士南懷仁認為，吳明烜推算的康熙八年曆書中差錯很多。明珠與其他大臣奉命測驗的結果，證明吳明烜推算錯誤，南懷仁推算正確，都符合天象。康熙帝決定採用南懷仁的曆書，並任命他為欽天監監副，掌管天文曆法事務。

康熙八年（1669），懲辦了鼇拜以後，為消除鼇拜集團及其影響，明珠為朝廷提出了一系列新的建議。康熙九年，明珠改任都察院左都御史。康熙十年充經筵講官。八月，建議停止鹽差御史巡曆地方之例。十一月，調為兵部尚書。康熙十二年（1672）正月，康熙帝在晾鷹台檢閱八旗甲兵。在明珠的指揮下，軍容整肅。康熙帝稱讚道：「此陣列甚善，其永著為令。」

平藩複台安俄建奇勳

清初，平西王吳三桂，平南王尚可喜，靖南王耿精忠並列為「三藩」。在對待「三藩」撤與不撤這個重大問題上，唯有明珠與戶部尚書米思翰、刑部尚書莫洛等極少數人，堅決主張撤藩，與帝意完全一致。康熙帝認為：「吳、尚等蓄謀已久，今若不及早除之，使其養癰成患，何以善後？況其勢已成，不若先發制之可也。」

當吳三桂發動叛亂時，朝廷有些人嚇得驚慌失措。大學士索額圖等人主

張處死倡議撤藩的明珠等人，康熙帝嚴詞拒絕。明珠竭誠效力，積極參與平定三藩叛亂的活動。康熙十九年，在處理尚之信屬下兵丁時，給事中余國柱認為：尚之信標下官兵，應即撤回，三總兵官標下兵丁應予分散。議政王大臣會議認為：尚之信標下官兵應分入上三旗中，令駐廣東，另設將軍、副將軍管轄。三總兵官標下兵丁，有願為兵者為兵，願為民者為民。康熙帝則認為：尚之信標下官兵均分八旗，另設將軍、副都統管轄，分散其力量，日後或撤或遷比較容易。二總兵標下官兵仍駐廣東，歸將軍管轄。裁去另一總兵標下官兵。他便徵求明珠之意如何？明珠主張：尚之信標下官兵共十五佐領，分入上三旗，每一旗五佐領，為數不多，不必分隸八旗。以後若撤回遷移，亦不論旗分調取，由滿洲大兵押送，分入上三旗辦法可行。康熙帝表示同意：「既如此，不必分入八旗。爾等可改票來奏。」在處理耿精忠等人時，依照刑律應凌遲處死，其同夥董國瑞等十九人應立斬。明珠上奏：「耿精忠之罪，較尚之信尤為重大。尚之信不過縱酒行兇，口出妄言；耿精忠深負國恩，擅自稱帝，且與安親王內多有狂悖之語，甚為可惡。」隨後又奏：「此內有陳夢雷、金鏡、田起蛟、李學詩四人，犯罪固應處死，然於應死之中，尚有可宥之處。」康熙帝命議政王大臣會議集議。於是陳夢雷等四人免死，給與披甲新滿洲為奴。

三藩之亂的平定，鞏固了清朝在全國範圍內的統治，維護了全國的統一，在此期間，明珠的工作是有積極意義的。

康熙十四年，明珠調任吏部尚書，兩年後，晉升武英殿大學士。從此明珠與索額圖勢均力敵，共理朝政。到康熙十九年索額圖解任，由明珠一人佐理朝政，一直延續到康熙二十七年。在這九年時間裡，恰值清朝承「三藩」之亂後恢復經濟，明珠發揮了他的政治才能。

平定「三藩」叛亂以後，康熙帝開始解決臺灣問題。康熙二十一年（1682），福建水師提督施琅奏請自行進剿臺灣。康熙帝徵詢大臣意見，明珠認為：「若以一人領兵進剿，可得其志。兩人同往，則未免彼此掣肘，不便於行事。照議政王所請，不必令姚啓聖同往，著施琅一人進兵，似乎

《吳三桂鬥雞圖》
明人繪，現藏於北京故宮博物院。

可行。」明珠指出當時的形勢：「鄭經已死，賊無渠魁，勢必衰微。」康
熙帝同意明珠對形勢的分析，表示「施琅相機自行進剿，極為合宜」。施
琅攻佔臺灣後，便疏陳善後意見：臺灣有地數千里，人民十萬，其地十分重
要，如果放棄，必為外國佔據，奸宄之徒可能竄匿其中，應該設官兵防守。
康熙帝認為：不能棄而不守，但鎮守之官三年一易，亦非至當之策。於是命
議政王大臣會議。明珠代表議政王大臣奏報：施琅請守已得之地，設兵防守
為宜；鄭克塽、劉國軒、馮錫範、陳允華等頭目及近族家人，不便安置在外

清軍渡海戰船模型
現藏於福建泉州晉江縣博物館施琅紀念館。

省，應帶來編入旗下。康熙帝表示同意。明珠還上奏：施琅之功實大，應加封爲侯，授爲將軍，其屬下官兵應加等議敘。康熙帝認爲「此議甚當，即依行」。在統一臺灣的戰爭中，明珠是康熙帝的得力助手。

　　明珠任大學士時，參與籌畫抗擊沙俄侵略，並親自與沙俄使者交涉。康熙二十年（1681），蒙古正紅旗副都統缺員，明珠推舉彭春，「人亦頗優，不但副都統，即將軍亦可」。康熙二十二年，明珠認爲：「薩布素甚優，與將軍職任相宜。」彭春、薩布素在首次抗擊沙俄侵略，收復雅克薩城的戰爭中立下了戰功。康熙二十五年，清朝再令薩布素率兵包圍被沙俄第二次佔據的雅克薩城。沙俄派使臣到北京請求解圍，明珠奉命在午門前接收文書，並負責談判。康熙帝決定和平解決，令薩布素將包圍雅克薩城之兵撤回駐地，爲簽訂《尼布楚條約》之準備。

八大罪狀歸於一身

　　康熙帝崇尚理學，用以改變滿族貴族缺少文化素養的武夫形象，並作爲統治漢人的思想武器。在皇帝周圍聚集了如熊賜履、湯斌、李光地等理學名臣。明珠作爲新一代的滿族貴族，注意與理學名臣建立良好的關係，不失時機地顯示自己「好書畫，凡其居處，無不錦卷牙籤，充滿庭宇，時人有比鄴架者，亦一時之盛也」。其子性德爲清代著名文學家，在徐乾學幫助下編印《通志堂經釋》，儼然以宿儒自居。

　　當時，理學名臣之間，門戶之見甚深，互相攻擊。明珠「則務謙和，輕財好施，以招徠新進，異己者以陰謀陷之」。徐乾學原先請李光地引見給明珠，認爲明珠是「可與爲善之人，還有心胸」，因此想要請明珠幫助，重新起用熊賜履。明珠對徐乾學說，你報老師之恩很好，但熊賜履對你未必好。他對皇上說你學問好，其他都不好。於是，徐乾學懷恨而別。後來徐乾學與索額圖聯合，索額圖與熊賜履拋棄前嫌，重歸於好。明珠、余國柱相當懼怕，陰謀誣陷熊賜履。徐乾學與明珠的關係更加緊張了。

　　康熙二十四年，江寧巡撫余國柱告訴繼任巡撫湯斌，朝廷蠲免江南賦稅，乃明珠盡力促成，意欲勒索，遭到湯斌拒絕。考核官員時，外任官員向明珠饋送金銀者絡繹不絕。二十五年按察使于成龍與靳輔爭論治河方案，朝

寧古塔將軍駐地舊城遺址
遺址位於黑龍江黑河瑗琿。

《康熙帝便服寫字像》

清宮廷畫家繪，絹本，設色，現藏於北京故宮博物院。

臣均仰承明珠鼻息，支持靳輔，湯斌則陳訴勘查結果，贊成于成龍主張。凡明珠集團行事，湯斌多加梗阻。明珠、余國柱懷恨在心，奏陳湯斌有誹謗皇帝之語，建議罷免湯斌，但未獲批准。時人認爲：「明珠、國柱輩嫉斌甚，微上厚斌，前途難料」。湯斌病死後，徐乾學又激其門生郭琇彈劾明珠、余國柱。在原先依附明珠的徐乾學、高士奇的密謀策劃下，明珠降職。明珠本爲廣植黨羽，招徠新進，聯絡理學名臣，但由於理學名臣間的學派糾紛，明珠、索額圖集團之間的矛盾，卻使他自己失去了左右朝政的地位。

康熙二十六年，李光地還鄉探母，臨行之前，明珠對他說：事勢有變，江浙人可畏（郭琇曾爲江南道禦史，徐乾學，江南昆山人，高士奇，浙江錢塘人），不久我亦危險，無所逃避。冬季，康熙帝謁陵，于成龍在路上便對他說：當今官已被明珠、余國柱賣完了。康熙帝問有何證據？于成龍回答：請皇帝派親信大臣去檢查各省布政司庫銀，若有不虧空者，便是臣妄言。康熙帝訊問高士奇，高士奇盡言其狀。康熙帝問：爲何無人揭發？高士奇回答：誰不怕死！康熙帝又問：有我，他們勢重於四輔臣乎？我欲除去，就除去了。有何可怕？高士奇說：皇上作主有何不可！於是，高士奇與徐乾學密謀，起草參劾疏稿。先呈皇帝改定，康熙二十七年二月，由僉都禦史郭琇參劾明珠八大罪狀。

皇帝開恩幸保命

郭琇所列明珠八大罪狀，直欲將明珠置於死地。在處理明珠問題上，康熙帝因「不忍遽行加罪大臣，且用兵之時，有效勞績者」，故採取寬容的處理方式，革去明珠大學士職務，授爲內大臣。明珠同黨余國柱、科爾坤、佛倫等革職。康熙二十九年，康熙帝命裕親王福全統兵征噶爾丹，明珠與領侍衛內大臣索額圖等參贊軍務，因未及追擊敗逃的噶爾丹，降四級留任。以後，康熙帝又兩次親征噶爾丹中，明珠都隨從大軍督運糧餉，因此敍功，恢復原級。康熙四十三年，明珠與大臣阿密達等奉命賑濟山東、河南流民。於

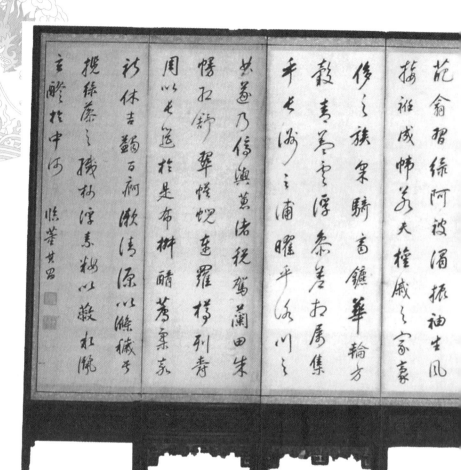

康熙帝《行書洛神殿》屛風
絹本，現藏於北京故宮博物院。

康熙四十七年（1708）四月病死，終年七十四歲。

　　乾隆帝在審閱國史館新纂《明珠傳》後，認爲：明珠主要的罪狀是「徇利太深，結交太廣，不能恪守官箴」。但是因康熙帝「念其於平定『三藩』時曾有贊理軍務微勞」，而沒有「暴示罪狀」，嚴加懲罰，「是非功過不相掩」，僅是降職使用。

　　康熙朝前期，在分裂與統一的激烈的鬥爭中，以及滿族政治經濟變革的

形勢下，明珠參與朝政，協助康熙帝清除鰲拜、平定「三藩」、抗擊沙俄、收復臺灣、平定噶爾丹、治理黃河、接受漢族影響建立清朝政治經濟制度，都有利於祖國統一，經濟發展，應予肯定。明珠結黨營私，貪污賄賂等不法事，都是封建專制下的必然產物。康熙帝對郭琇彈劾明珠諸罪，並未公布於眾，顯然尚有曲全之意，這比索額圖幸運多了。

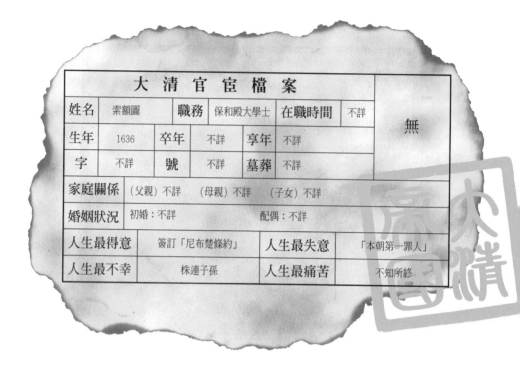

大 清 官 宦 檔 案						
姓名	索額圖	職務	保和殿大學士	在職時間	不詳	無
生年	1636	卒年	不詳	享年	不詳	
字	不詳	號	不詳	墓葬	不詳	
家庭關係	(父親) 不詳　　(母親) 不詳　　(子女) 不詳					
婚姻狀況	初婚：不詳　　　　　　　　　配偶：不詳					
人生最得意	簽訂「尼布楚條約」		人生最失意	「本朝第一罪人」		
人生最不幸	株連子孫		人生最痛苦	不知所終		

從權勢大臣到「第一罪人」

——下場淒慘的權相索額圖

索額圖，姓赫舍裡氏，滿洲正黃旗人，出生年代推算當在崇德元年（1636）前後，生於盛京（瀋陽）。他生活在滿族貴族奪取全國政權，進而統一全國的時期，即為滿族從馬上得天下，轉變為統治天下的時代。

最有權勢大臣的密術

索額圖先世原隸哈達部。明萬曆二十八年（1601），努爾哈赤滅哈達，他的祖父碩色、叔祖希福攜帶家口歸附。努爾哈赤獲悉碩色、希福兼通滿、蒙、漢文字，命同值文館，賜號「巴克什」，並屢次遣使蒙古諸部。崇德元年，希福任內弘文院大學士，進二等甲喇章京，順治九年（1652）卒，

贈太保，諡文簡。索額圖之父索尼在天命年間（1616-1626）爲一等侍衛，其後屢立戰功。天聰五年（1631）升任吏部啓心郎。

崇德八年（1643），晉升爲三等甲喇章京。皇太極病逝，他以擁立皇子福臨繼位，成爲維護八旗內部穩定局面的重要人物。順治八年（1651），累進爲世襲一等伯，擢內大臣，兼議政大臣、總管內務府。順治帝褒獎他「克盡忠義，以定國亂，誠爲□臣。」順治十八年，福臨病逝，新君玄燁即位。索尼與蘇克薩哈、遏必隆、鰲拜同爲輔政大臣，又授世襲一等公。康熙六年（1667）六月索尼去世，諡文忠。索尼的長子噶布喇任領侍衛內大臣，康熙四年，太皇太后挑其第二個女兒，冊立爲皇后。十三年，皇后生皇二子胤礽後不久便去世，諡孝誠仁皇后。次年，胤礽被立爲皇太子。索尼的第五子心裕「尚公主，遭遇之隆，古今罕覯」，先襲一等伯，後又世襲一等公，官至領侍衛內大臣。六子法保襲一等公。索額圖乃索尼第二子，他正是以其皇親國戚的特殊地位而躋身於朝廷。

索額圖初爲侍衛，康熙七年，任吏部右侍郎。康熙八年五月，辭去侍郎

清軍水師兵器

大清官宦沉浮

職務，任一等侍衛。當時，身爲四輔臣之一的鰲拜，廣植黨羽，「文武各官，盡出伊門下」，把他的心腹之人安插在內三院和各部院擔任要職，隨意罷免他不中意的大臣。鰲拜的專權跋扈，引起康熙帝的強烈憤怒，索額圖也十分不滿。康熙八年五月，康熙帝「以弈棋故，召索相國額圖入謀畫」，採取突襲的方式，逮捕鰲拜，懲其黨羽，康熙帝始得真正主持朝政。八月，索額圖升任國史院大學士。九年恢復內閣制，索額圖改爲保和殿大學士，一直到十九年八月離任。在這十年中，他成爲朝廷裡最有權勢的大臣，在平定「三藩之亂」，穩定全國動盪的局面中，發揮了重大的作用。

統一全國建立功勳

當吳三桂、耿精忠發動叛亂而天下騷動之時，索額圖認爲這是因爲撤藩激變，請將建議撤藩的人處死，遭到康熙帝斥責。索額圖並未以此懷怨，在平定「三藩」的叛亂中，仍是積極出謀劃策，協助皇帝運籌帷幄。康熙十八年十月，雲貴總督周有德請求在進兵時應該專任一人，康熙認爲：周有德好爲大言。索額圖說：他在陝西時，也曾條奏。「若一路進兵，從之猶可？分道並進，如何可

《平定三逆方略》
康熙二十一年（1682年）編撰，記述平定「三藩」叛亂的全過程。

行？」同時，廣西撫巡傅弘烈請求親率兵進剿雲、貴，兵部不准。康熙帝令大臣商討進兵方略。

索額圖認爲：「今大兵已經遣發，若又令其前進，多用官兵，必致勞困矣！」同年十二月，傅弘烈爲進兵掣肘，請求辭去巡撫職務。康熙帝不同意，索額圖建議說：「前此弘烈奏，俱從其請。今若以言行不相顧，不令

威遠將軍炮

進兵，則彼反得藉口解釋前非。應仍令照常募兵，向所指之處前進。」以上意見都被康熙帝採納，付諸實行，對平定「三藩」叛亂，具有積極作用。後來，禮親王昭槤在《嘯亭雜錄》中追述說：「索（額圖）相當權時，多謀略，三逆叛時，公料理軍書，調度將帥，皆中肯要。」索額圖在平定叛亂、統一全國的事業中，建立了不可磨滅的功勳。

當時，武英殿大學士熊賜履與索額圖為莫逆之交。熊賜履為湖北孝感人，順治十五年（1658）進士，後為康熙朝著名的理學名臣之一。康熙十五年，熊賜履票擬有誤，欲嫁禍同官杜立德，取原草簽，嚼後毀掉，引起糾紛，康熙帝命明珠審理。熊賜履一言不發，索額圖勸說：「這本無大事，就是審賊犯，也畢竟要他自己親供，方可定罪，老先生不言，如何定案。」又說：「老先生不要怕，就是如今吳三桂、耿精忠自己說出真情來降，皇上也只得歇了，赦了他，何苦不言！」熊賜履窘辱備至，承認錯誤後，被免去大學士職務。

97

當時，熊賜履在社會上聲望甚高，世人都以爲他是被索額圖誣陷。明珠同黨徐乾學對熊賜履說：「熊老師不出，天下何以治之！其去之事，全是椒房（索額圖）害之。」其實不然，熊賜履被免職後，康熙帝詢問可用之人，「索（額圖）必以熊對，熊（賜履）必以索對」。這種親密關係是與他們的共同政治思想聯繫在一起的。索額圖熟悉儒家學說，協助皇帝建立起清朝政治經濟制度，俱載於康熙二十六年修《大清會典》中。不僅如此，索額圖受漢族文化薰陶甚深，還是一位鑒別文物的專家。他「好古玩，凡漢唐以來，鼎□盤盂，索相見之，無不立辨眞贗，無敢欺者」。康熙十八年七月地震，北京官署民房倒塌很多，百姓死傷甚眾。左都禦史魏象樞乘機上奏索額圖「怙權貪縱狀」，請求重譴。康熙帝斥責索額圖說：「今見所行，愈加貪酷，習以爲常」，告誡他要痛改前非，否則加以重處。

每逢康熙帝傾聽部院面奏政事時，索額圖經常首先上奏，陳訴己見，事關用人吏治，出征用兵等大事，多採納其議。康熙十八年十一月二十三日，康熙帝因病不能上朝，便命部院官員，將其奏章俱送內閣大學士索額圖等人核辦。索額圖權勢隆盛，時人注目。

康熙十九年八月，索額圖以病請求解任，蒙皇帝優旨褒稱：「卿輔弼重臣，勤敏練達，自用兵以來，翼贊籌畫，克合機宜。」命在內大臣處上朝，不久授議政大臣。後來康熙帝又說：索額圖因貪惡，革退大學士。康熙二十二年三月，他對議政王大臣，列舉索額圖不端行爲說：其一，索額圖之弟心裕素行懶惰，屢次空班，皇帝交給索額圖議處，索額圖從輕處置，只罰俸一年。其二，索額圖之弟法保懶惰，被革去內大臣職務，隨旗行走，但仍不思效力贖罪，在外校射爲樂，索額圖未能盡教訓之責。其三，索額圖自恃巨富，日益驕縱。於是朝廷決定：革心裕鑾儀使、佐領，仍襲一等伯，革法保一等公，革索額圖議政大臣、內大臣、太子太傅，仍任佐領。這是索額圖宦海生涯中的最低點。康熙二十五年（1686），索額圖複起，任領侍衛內大臣。

尼布楚教堂

與俄談判簽訂條約

　　康熙二十七年，索額圖奉命擔任清與沙皇俄國談判東北邊界問題的首席代表，並簽訂了第一個中俄條約《尼布楚條約》。早在崇德八年（1643），沙皇俄國就派瓦西裡‧波雅科夫越過外興安嶺，侵入黑龍江流域，其後，又有哈巴羅夫一夥匪徒越過外興安嶺，佔領了達斡爾頭人阿爾巴西住地雅克薩，建築城塞，改名為阿爾巴津。他們還陸續沿江竄至黑龍江下游，到處燒殺淫掠，不斷擴大對黑龍江流域的侵略。康熙二十年平定「三藩」叛亂後，康熙帝便集中力量準備反擊沙俄的侵略。從康熙二十四年到二十五年，清軍發起兩次雅克薩反擊戰，挫敗了沙俄的侵略，收復了雅克薩。沙俄被迫向清政府求和，遣使臣到北京，要求談判。

　　康熙二十七年五月二十日，清在商討與沙俄談判方針時，索額圖提出：「察鄂俄羅斯所據尼布楚，本系我茂明安部遊牧之所，雅克薩系我達呼兒總

99

管倍勒兒故墟，原非羅剎所有，亦非兩界隙地也。」「尼布楚、雅克薩、黑龍江上下，及通此江一河一溪皆屬我地，不可棄之於鄂羅斯」。他認爲：如果沙俄能歸還逃人，承認尼布楚、雅克薩、黑龍江是清朝領土，即「與之畫疆分界，貿易往來。否則，臣當即還，不與彼議和矣」。

康熙帝同意這一談判方針，遂命索額圖、佟國綱出發，前往色冷格，與沙俄使臣費・阿・果羅文談判。六月，索額圖等使臣行至喀爾喀地方，獲悉噶爾丹正在叛亂，侵犯了喀爾喀蒙古，道路被阻，便退回了北京。康熙二十八年四月，經中俄兩國代表重新商定，談判地點改在尼布楚。索額圖等人在出發前向康熙帝奏陳：「尼布潮（楚）、雅克薩既系我屬所居地，臣等請如前議，以尼布潮爲界，此內諸地均歸我朝。」康熙帝指示：「爾等初議時，仍當以尼布潮爲界。彼使者若懇求尼布潮，可即以額爾古納爲界。」康熙帝考慮到，噶爾丹正在進攻喀爾喀，希望儘早與沙俄劃定國界，騰出手來對付噶爾丹，爲此作出了重大讓步。

索額圖率領使團啓程前往尼布楚，經過兩個多月的艱苦跋涉，六月抵達尼布楚，駐紮在尼布楚河南岸，與尼布楚城相距三里。七月初五日，中俄兩國代表在尼布楚郊外開始談判，果羅文首先發言，誣衊中國挑起戰爭，提出「兩國以黑龍江至海爲界」的無理要求。索額圖當即予以駁斥：「敖（鄂）嫩河、尼布楚皆爲我茂明安等部原來居住之地，雅克薩爲我虞人阿爾巴西等居住之地」，俄國人侵入中國領土，並強行佔據。俄國應退到色楞格以西，歸還侵佔的中國領土。第二天會上，果羅文提議兩國以布列亞河或結雅河爲界。索額圖根據出發前康熙帝的指示，與沙俄代表艱苦談判，終於簽訂了以格爾必齊河和額爾古納河，以及沿大興安嶺爲兩國邊界爲主要內容的《尼布楚條約》。索額圖忠實地執行了康熙帝的旨意，維護了國家的利益。《尼布楚條約》是中俄兩國在平等協商的基礎上締結的，清朝雖然未能收回茂明安遊牧地，卻阻止了沙俄的進一步侵略，保證了兩國邊境居民的安寧生活，鞏固了北方邊疆。

康熙四十年九月，索額圖以自己年老，奏准退休，離開了朝廷。

神威無敵大將軍炮
銅質，參加過雅克薩之戰。

「本朝第一罪人」被懲

康熙四十一年（1702），康熙帝南巡到德州，皇太子得病，召索額圖至德州侍疾。留居月餘，皇太子病癒，一起回北京。這次康熙帝突然召索額圖到德州的原因，表面上是令探視皇太子，真實含意卻並非如此。索額圖為皇太子生母孝誠仁皇后的叔父，太子與索額圖關係又很密切。後來康熙帝逐漸對太子行事不滿，索額圖也被牽連在內。先是，康熙三十九年即有人告發索額圖，康熙帝沒有處置。傾陷索額圖的人，首先令人注目的是高士奇。高士奇家道貧困，但長於詩文書法，被推薦給索額圖。索額圖常以「椒房之親，且又世貴，侍士大夫向不以禮，況高是其家奴狎友，其召之幕下也，頤指氣使，以奴視之」。以後高士奇被康熙帝破格提拔，高官顯貴，但見索額圖時，「猶長跪啓事，不令其坐。且家人尚稱為高相公，索則直斥其名，有不如意處，則跪之於庭，而醜詆之」。索額圖有時還「切齒大罵，辱及父母

101

妻子」。為此，高士奇懷恨在心，「遂頓忘舊恩，而思刃於其腹中」。康熙四十二年，高士奇隨駕北上，這時他已背叛索額圖，投靠明珠。明珠與索額圖「權勢相爭，互相仇視」。康熙帝回京後，於四十二年（1703）將索額圖處死。

康熙四十七年（1708），康熙帝對大臣們列舉了皇太子的「種種惡端」，又說：「從前索額圖助伊（皇太子）潛謀大事，朕悉知其情，將索額圖處死。今胤礽（皇太子）欲為索額圖復仇，結成黨羽。」據禮親王昭槤，說：索額圖在獄中時，有「客潛入獄餽飲食，及公伏法，客料理喪殮事畢，痛哭而去，不知所終」。索額圖的同黨多被殺、被拘禁、被流放；同祖子孫都被革職，其二子格爾芬、阿爾吉善被處死。康熙帝對索額圖一生所參與的重要軍政大事，除與沙俄在尼布楚的談判外，全面給予否定，並說「索額圖誠本朝第一罪人也」。這是不符合歷史事實的，也是極不公正的評價。

狡兔死，走狗烹定律下的鬧劇

這是一種思維定勢，世人無論是誰只要坐（搶）到這個位置上，總會不由自主地這樣去想去做。原本搶來的東西，難保不被別人搶去。所以，歷史上兔死狗烹之事不斷重演，是完全符合邏輯的。

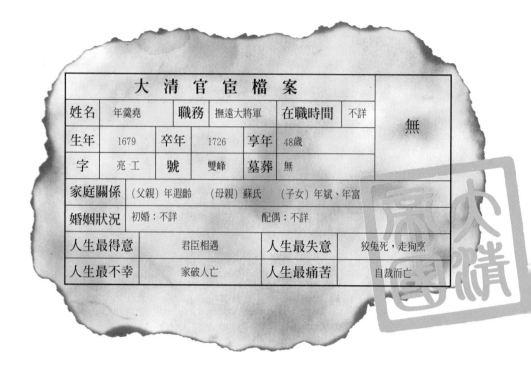

大清官宦檔案						
姓名	年羹堯	職務	撫遠大將軍	在職時間	不詳	無
生年	1679	卒年	1726	享年	48歲	
字	亮工	號	雙峰	墓葬	無	
家庭關係	(父親) 年遐齡		(母親) 蘇氏	(子女) 年斌、年富		
婚姻狀況	初婚:不詳			配偶:不詳		
人生最得意	君臣相遇			人生最失意	狡兔死,走狗烹	
人生最不幸	家破人亡			人生最痛苦	自裁而亡	

從叱吒一時到家破人亡

——撫遠大將軍年羹堯

　　凡看過電視連續劇《雍正王朝》的朋友,一定會對年羹堯留下深刻印象。這位顯赫一時的年大將軍曾經屢立戰功、威鎮西陲,滿朝文武無不服其神勇,同時也得到雍正帝的特殊寵遇,可謂春風得意。但很快又風雲驟變,彈劾奏章連篇累牘,各種打擊接踵而至,直至被雍正帝削官奪爵,列大罪92條,賜自盡。一個叱吒風雲的大將軍最終落此下場,實在令人扼腕歎息。那麼,歷史上的年大將軍究竟是一個什麼樣的人?又是什麼原因導致雍正要下決心除掉這個自己曾經倚為心腹的寵臣?

「年大將軍」威名崛起

年羹堯，字亮工，號雙峰，漢軍鑲黃旗人，生於康熙十八年，（1679）。其父年遐齡官至工部侍郎、湖北巡撫，其兄年希堯亦曾任工部侍郎。他的妹妹是胤禛的側福晉，雍正即位後封為貴妃。年羹堯的妻子是宗室輔國公蘇燕之女。所以，年家可謂是地位顯貴的皇親國戚、官宦之家。

人們都知道年羹堯後來建功沙場，以武功著稱，但很少有人知道他還自幼讀書，頗有才識。他康熙三十九年（1700）中進士，不久授職翰林院檢討。翰林院號稱「玉堂清望之地」，庶起士和院中各官一向絕大多數由漢族士子中的佼佼者充任，年羹堯能夠躋身其中，也算是非同凡響了。康熙四十八年（1709），年羹

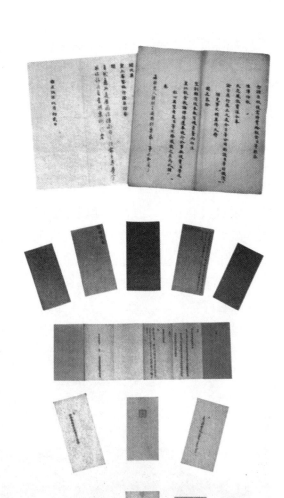

雍正帝朱批奏摺

堯遷內閣學士，不久升任四川巡撫，成為封疆大吏。據清人蕭奭所著的《永憲錄》記載，這時的年羹堯還不到30歲。對於康熙的格外賞識和破格提拔，年羹堯感激涕零，在奏摺中表示自己「以一介庸愚，三世受恩」，一定要

大清官宦沉浮

「竭力圖報」。到任之後，年羹堯很快就熟悉了四川通省的大概情形，提出了很多興利除弊的措施。而他自己也帶頭做出表率，拒收節禮，「甘心淡泊，以絕包庇」。康熙對他在四川的作為非常讚賞，並寄以厚望，希望他「始終固守，做一好官」。

後來，年羹堯也沒有辜負康熙帝的厚望，在擊敗準噶爾部首領策妄阿拉布坦入侵西藏的戰爭中，為保障清軍的後勤供給，再次顯示出卓越才幹。康熙五十七年（1718），授年羹堯為四川總督，兼管巡撫事，統領軍政和民事。康熙六十年（1721），年羹堯進京入覲，康熙御賜弓矢，並升為川陝總督，成為西陲的重臣要員。這年九月，青海郭羅克地方叛亂，在正面進攻的同時，年羹堯又利用當地部落土司之間的矛盾，輔之以「以番攻番」之策，迅速平定了這場叛亂。康熙六十一年十一月，撫遠大將軍、貝子胤禵被召回京，年羹堯受命與管理撫遠大將軍印務的延信共同執掌軍務。

雍正即位之後，年羹堯更是倍受倚重，和隆科多並稱雍正的左膀右臂。

先農壇
在每年仲春吉亥，皇帝親饗先農，以示「重農務耕」。

《年羹堯關於羅卜藏丹津奏摺》
現藏中國第一歷史檔案館。

年羹堯是胤禛的大舅哥，在胤禛繼位前已爲他效力多年，二人的親密程度自
不必多言。1723，雍正發出上諭：「若有調遣軍兵、動用糧餉之處，著邊防
辦餉大臣及川陝、雲南督撫提鎮等，俱照年羹堯辦理。」這樣，年羹堯遂總
攬西部一切事務，實際上成爲雍正在西陲前線的親信代理人，權勢地位實際
上在撫遠大將軍延信和其他總督之上。雍正還告誡雲、貴、川的地方官員要
秉命於年羹堯。同年十月，青海發生羅卜藏丹津叛亂。青海局勢頓時大亂，
西陲再起戰火。雍正命年羹堯接任撫遠大將軍，駐西寧坐鎮指揮平叛。

到了雍正二年初，戰爭的最後階段到來，年羹堯下令諸將「分道深入，
搗其巢穴」。各路兵馬遂頂風冒雪、晝夜兼進，迅猛地橫掃敵軍殘部。在這
突如其來的猛攻面前，叛軍魂飛膽喪，毫無抵抗之力，立時土崩瓦解。羅卜
藏丹津僅率200餘人倉皇出逃，清軍追擊至烏蘭伯克地方，擒獲羅卜藏丹津
之母和另一叛軍頭目吹拉克諾木齊，盡獲其人畜部眾。羅卜藏丹津本人化裝

成婦人而得逃脫，投奔策妄阿拉布坦。這次戰役歷時短短15天，大軍縱橫千里，以迅雷不及掩耳之勢橫掃敵營，犁庭掃穴，大獲全勝。「年大將軍」的威名也從此震懾西陲，朝野聞名。

平定青海戰事的成功，實在令雍正喜出望外，遂予以年羹堯破格恩賞：在此之前，年羹堯因爲平定西藏和平定郭羅克之亂的軍功，已經先後受封三等公和二等公。此次又以籌畫周詳、出奇制勝，晉升爲一等公。此外，再賞給一子爵，由其子年斌承襲；其父年遐齡則被封爲一等公，外加太傅銜。此時的年羹堯威鎮西北，又可參與雲南政務，成爲雍正在外省的主要心腹大臣。

君臣知遇而如魚得水

年羹堯不僅在涉及西部的一切問題上大權獨攬，而且還一直奉命直接參與朝政。他有權向雍正打小報告，把諸如內外官員的優劣、有關國家吏治民生的利弊興革等事，隨時上奏。他還經常參與朝中大事的磋商定奪。比如耗羨歸公政策的推行，最早在康熙末年就有官員上疏建議，年羹堯也曾提出，但爲康熙所斥責而未果。到了雍正上臺後，山西巡撫諾岷等人又奏請實行，朝野上下一時議論紛紜。在此情況下，雍正特地徵詢年羹堯的意見：「此事朕不洞徹，難定是非，和你商量。你意如何？」律例館修訂律例，雍正閱後發給年羹堯看，要他提出修改意見。

雍正二年（1724）冬，年羹堯入京覲見之前，雍正命各省地方大員赴京集會，四川巡撫蔡珽以沒有可以會商的事務提出不同看法，雍正又就此向年徵詢意見。以年的行止來定其他地方督撫的行動，可見雍正把年羹堯的地位置於其他督撫之上，以使其政見具有決定性的作用。

在有關重要官員的任免和人事安排上，雍正則更是頻頻與年羹堯交換意見，並給予他很大的權力。在年羹堯管轄的區域內，大小文武官員一律聽從年的意見來任用。元年四月，雍正命范時捷署理陝西巡撫，不久想要改爲實

《雍正帝半身西服像》
清宮廷畫家所繪,現藏於北京故宮博物院。

授，把原任巡撫調為兵部侍郎，雍正特和年商討這項任命。另一次雍正在安排武職官員時「二意不決」，就徵詢年羹堯的意見，問他如果將陝西官員調往他省升用「你捨得捨不得」，要他「據實情奏來，朕依爾所請敕行」。

四川陝西以外官員的使用，雍正也經常徵求年的意見。一次河南開歸道一職缺出，雍正一時「再想不起個人來」可以任用，就與年羹堯商量其人選。還有一次，雍正聽到對京口將軍何天培的為人有不同意見，就問年羹堯是否也有所耳聞，並希望他據實上奏，以決定其去留。年羹堯密參署直隸巡撫趙之垣庸劣紈褲，不能擔當巡撫重任，雍正遂將趙革職。江西南贛總兵缺出，朝廷擬用宋可進，年羹堯奏稱他不能勝任，請以黃起憲補授，雍正便依從了年羹堯的意見。

青海平定之後，雍正在給年羹堯奏摺的朱批中寫道：「爾之真情朕實鑒之，朕亦甚想你，亦有些朝事和你商量。」年羹堯進京期間，即與總理事務大臣馬齊、隆科多一同處理軍國大政。雍正還因為他「能宣朕言」，令其「傳達旨意，書寫上諭」。年羹堯儼然成了總理事務大臣。

雍正跟年羹堯的私交也是相當融洽，並且給予特殊的榮寵。雍正覺得，有年羹堯這樣的封疆大吏是自己的幸運，如果有十來個像他這樣的人的話，國家就不愁治理不好了。平定青海的叛亂後，雍正極為興奮，把年視為自己的「恩人」，他也知道這樣說有失至尊的體統，但還是情不自禁地說了。

為了把年羹堯的評價傳之久遠，雍正還要求世世代代都要牢記年羹堯的豐功偉績，否則便不是他的子孫臣民：「不但朕心倚眷嘉獎，朕世世子孫及天下臣民當共傾心感悅。若稍有負心，便非朕之子孫也；稍有異心，便非我朝臣民也。」

至此，雍正對年羹堯的寵信到了無以復加的地步，年羹堯所受的恩遇之隆，也是古來人臣罕能相匹的。雍正二年十月，年羹堯入京覲見，獲賜雙眼孔雀翎、四團龍補服、黃帶、紫轡及金幣等非常之物。年羹堯本人及其父年遐齡和一子年斌均已封爵，十一月，又以平定卓子山叛亂之功，賞加一等男世職，由年羹堯次子年富承襲。

親賢愛民璽及其璽文
壽山石質,瑞獸鈕。現藏於北京故宮博物院。

在生活上,雍正對年羹堯及其家人也是關懷備至。年羹堯的手腕、臂膀有疾及妻子得病,雍正都再三垂詢,賜送藥品。對年父親遐齡在京情況,年羹堯之妹年貴妃以及她所生的皇子福惠的身體狀況,雍正也時常以手諭告知。至於奇寶珍玩、珍饈美味的賞賜更是時時而至。

其時的年羹堯,可謂志得意滿。

自我陶醉而忘乎所以

年羹堯的失寵是以雍正二年第二次進京陛見為導火線的。在赴京途中,他令都統范時捷、直隸總督李維鈞等跪道迎送。到京時,黃韁紫騮,郊迎的王公以下官員跪接,年羹堯安然坐在馬上行過,看都不看一眼。王公大臣下馬向他問候,他也只是點點頭而已。更有甚者,他在雍正面前,態度竟也十分驕橫,「無人臣禮」。年進京不久,雍正獎賞軍功,京中傳言這是接受了年羹堯的請求。又說整治阿靈阿(皇八子胤禩集團的成員)等人,也是聽了年的話。這些話大大刺傷了雍正的自尊心。

年羹堯結束陛見回任後，接到了雍正的諭旨，上面有一段論述功臣保全名節的話：「凡人臣圖功易，成功難；成功易，守功難；守功易，終功難，若倚功造過，必致反恩為仇，此從來人情常有者。」可見，雍正改變了過去嘉獎稱讚的語調，警告年要慎重自持，此後年羹堯的處境便急轉直下。

分析年羹堯失寵獲罪的原因，大致有以下幾點：

第一，擅作威福。年羹堯自恃功高蓋世，驕橫跋扈之風日甚一日。他在官場往來中趾高氣揚、氣勢凌人：贈送給屬下官員物件，「令北向叩頭謝恩」；發給總督、將軍的文書，本屬平行公文，卻擅稱「令諭」，把同官視為下屬；甚至蒙古紮薩克郡王額駙阿寶見他，也要行跪拜禮，這簡直是凌辱皇親。

對於朝廷派來的御前侍衛，理應優待，但年羹堯把他們留在身邊當作「前後導引，執鞭墜鐙」的奴僕使用。按照清代的制度，凡上諭到達地方，地方大員必須迎詔，行三跪九叩大禮，跪請聖安，但雍正的恩詔兩次到西寧，年羹堯竟「不行宣讀曉諭」，這是對雍正皇帝權威的蔑視。

更有甚者，由他出資刻印的《陸宣公奏議》，雍正打算親自撰寫序言，尚未寫出，年羹堯自己竟擬出一篇，並要雍正帝認可。年羹堯在雍正面前也行止失儀，「御前箕坐，無人臣禮」，使雍正頗為不快。

第二，結黨營私。凡是年羹堯所保舉之人，吏、兵二部一律優先錄用，號稱「年選」。這與康熙初年吳三桂的「西選」似有相似之處。他還排斥異己，任用私人，形成了一個以他為首，以陝甘四川官員為骨幹的小集團。許多混跡官場的拍馬鑽營之輩眼見年羹堯勢頭正勁、權力日益膨脹，遂競相奔走其門。而年羹堯也是個注重培植私人勢力的人，每有肥缺美差必定安插其私人親信，「異己者屏斥，趨赴者薦拔」。比如他彈劾直隸巡撫趙之垣「庸劣紈褲」、「斷不可令為巡撫」，而舉薦其私人李維鈞。趙之垣因此而丟官，於是轉而投靠年羹堯門下，先後送給他價值達20萬兩之巨的珠寶。年羹堯借雍正二年進京之機，特地將趙帶到北京，「再四懇求引見」，力保其人可用。遭年參劾降職的江蘇按察使葛繼孔也兩次送上各種珍貴古玩，年羹堯

雍正皇帝御用銀馬鞍
現藏於北京故宮博物院。

於是答應日後對他「留心照看」。此外，年羹堯還借用兵之機，虛冒軍功，使未出籍的家奴桑成鼎、魏之耀分別當上了直隸道員和署理副將的官職。

第三，貪斂財富。年羹堯貪贓受賄、侵蝕錢糧，累計達數百萬兩之多。雍正朝初年，整頓吏治、懲治貪贓枉法是一項重要改革措施。在這種節骨眼上，一貫標榜廉政的雍正是不會輕易放過的。

雍正對年羹堯的懲處是有計劃、有步驟進行的。

第一步，在雍正二年十一月年羹堯陛見離京前後，雍正已作出決定，要打擊年羹堯。年羹堯離京後接到的那份朱諭就是對他的暗示。

第二步，給有關官員打招呼。一是雍正的親信，要求他們要與年羹堯劃清界限，揭發年的劣跡，以爭取保全自身；二是年羹堯不喜歡的人，使他們知道皇帝要整治年了，讓他們站穩立場；三是與年關係一般的人，讓他們提高警惕，疏遠和擺脫年羹堯，不要投錯了陳營。這就爲公開處治年羹堯做好了準備。

　　第三步，把矛頭直接指向年羹堯，將其調離西安老巢。到了雍正三年正月，雍正對年羹堯的不滿開始公開化。年指使陝西巡撫胡期恒參奏陝西驛道金南瑛一事，雍正說這是年任用私人、亂結朋黨的做法，不予准奏。

　　年羹堯參劾四川巡撫蔡珽威逼知府蔣興仁致死，蔡珽因此被罷官，經審訊後定爲斬監候；而年羹堯的私人王景灝得以出任四川巡撫。這時雍正已經暗下決心要打擊年羹堯，蔡珽被押到北京後，雍正不同意刑部把他監禁起來，反而特地召見他。蔡珽陳述了自己在任時因對抗年羹堯而遭誣陷的情況，又上奏了年羹堯「貪暴」的種種情形。雍正於是傳諭說：「蔡珽是年羹堯參奏的，若把他繩之以法，人們一定會認爲是朕聽了年羹堯的話才殺他的。這樣就讓年羹堯操持了朝廷威福之柄。」因此，雍正不僅沒有給蔡珽治罪，而且升任他做了左都禦史，成爲對付年羹堯的得力工具。

　　雍正三年三月，出現了「日月合璧，五星聯珠」的所謂「祥瑞」，群臣稱賀，年羹堯也上賀表稱頌雍正夙興夜寐，勵精圖治。但表中字跡潦草，又一時疏忽把「朝乾夕惕」誤寫爲「夕惕朝乾」。雍正抓住這個把柄借題發揮，說年羹堯本來不是一個辦事粗心的人，這次是故意不把「朝乾夕惕」四個字「歸之於朕耳」。並認爲這是他「自恃己功，顯露不敬之意」，所以對他在青海立的戰功，「亦在朕許與不許之間」。雍正還更換了四川和陝西的官員，先將年羹堯的親信甘肅巡撫胡期恒革職，署理四川提督納泰調回京，使其不能在任所作亂。四月，解除年羹堯川陝總督職，命他交出撫遠大將軍印，調任杭州將軍。

　　最後一步，勒令年羹堯自裁。年羹堯調職後，內外官員更加看清形勢，紛紛揭發其罪狀。雍正以俯從群臣所請爲名，盡削年羹堯官職，並於當年九

月下令捕拿年羹堯押送北京會審。十二月，朝廷議政大臣向雍正提交審判結果，給年羹堯開列92款大罪，請求立正典刑。這些罪狀分別是：大逆罪5條，欺罔罪9條，僭越罪16條，狂悖罪13條，專擅罪6條，忌刻罪6條，殘忍罪4條，貪婪罪18條，侵蝕罪15條。

雍正說，這92款中應服極刑及立斬的就有30多條，但念及年羹堯功勳卓著、名噪一時，「年大將軍」的威名舉國皆知，如果對其加以刑誅，恐怕天下人心不服，自己也難免要背上心狠手辣、殺戮功臣的惡名，於是表示開恩，賜其獄中自裁。年羹堯父兄族中任官者俱革職，嫡親子孫發遣邊地充軍，家產抄沒入官。叱咤一時的撫遠大將軍以身敗名裂、家破人亡告終。

緣何致死的眾說紛紜

雍正僅僅用了十四個月的時間，就讓年羹堯從權力的巔峰跌入死囚牢中，不僅他本人做夢也想不到，就是許多王公大臣也覺得奇怪：年羹堯的92大罪狀可謂件件有據可查，難道這是新發現的嗎？顯然這是秋後算賬的結果。那麼，他獲罪失寵的真正原因是什麼？他送命的癥結又在哪裡？

雍正公布的這些罪狀，任選一條就可以把年羹堯扳倒，何況他有92條大罪狀？然而，也有人不同意這種說法。認為即使這些罪名全部成立，以年羹堯對皇帝的忠誠，特別是他立下撫平西北的不世之功，雍正也不至於這麼快就把他罷黜，更不會下狠心將其處死。因此，年羹堯落到這個下場，完全在於另外的原因。

一為欲擒故縱的傳說。康熙本想立十四子胤禵為帝，四子胤禛夥同年羹堯、鄂爾泰、隆科多等人，趁康熙臨終之時矯詔篡立，年羹堯以手中重兵鉗制了胤禵，熟知宮變內幕。因此，雍正剛登帝位，對年羹堯大加恩賞，使其穩定陣腳，繼而西北動亂，又需年大將軍帶兵抵抗。待他平定了叛亂，雍正也坐穩了江山，便騰出手來卸磨殺驢，網羅罪名除掉這個重要知情人。

一方面，當時胤禵並未受到年羹堯的鉗制。因為胤禛繼位高度機密，隆

115

科多手握京師兵權，康熙駕崩之後連續六天封鎖京城九門，消息無法外洩；另一方面，雍正繼位的時候，年羹堯尚在四川平亂，並未參與篡立之事，不可能知曉內情，故欲擒故縱，殺人滅口之說難以成立。

二是情報失靈說。雍正登基以後，爲了加強中央集權，粉碎結黨行爲，派侍衛細心搜訪顯要大員的情況。據說，雍正的手段非常厲害。但令雍正感到特別意外的是，他派去監視年羹堯的特務，竟然給年羹堯牽馬，充作下

《雍正帝十二月令行樂·正月觀燈圖》
清宮廷畫家繪。絹本，設色，現藏於北京故宮博物院。

116

人。雍正感到格外痛心，想不到自己最信任、最重用的人，竟然是最有負於他的人。此說雖有一定的道理，但只能算年羹堯倒臺的原因之一，而且也不是主要原因。

三是說年羹堯的殺身之禍是因爲他有想做皇帝的念頭，可是觀天象說不可，雍正知道了當然不能讓他活命。乾隆時學者蕭奭在《永憲錄》中提到：年羹堯與靜一道人、占象人鄒魯商談過圖謀不軌的事。有的學者也認爲，「羹堯妄想做皇帝，最難令人君忍受，所以難逃一死」。而《清代軼聞》一書則記載了年羹堯失寵被奪兵權後，「當時其幕客有勸其叛者，年默然久之，夜觀天象，浩然長歎曰：不諧矣。始改就臣節」。這說明確有稱帝之心，只因「事不諧」，方作罷「就臣節」。

四是兔死狗烹說。有一種觀點認爲，年羹堯參與了雍正奪位的活動，雍正帝即位後反遭猜忌以至被殺。不只是稗官野史，一些學者也持這種看法。據說，康熙帝原已指定皇十四子胤禵繼位，雍正帝矯詔奪位，年羹堯也參與其中。他受雍正帝指使，擁兵威儡在四川的胤禵，使其無法興兵爭位。雍正帝登基之初，對年羹堯大加恩賞，實際上是欲擒故縱，待時機成熟，即羅織罪名，卸磨殺驢，處死年羹堯這個知情之人。有人不同意此說，主要理由是雍正帝繼位時，年羹堯遠在西北，並未參與矯詔奪位，亦未必知曉其中內情。但客觀上講，當時年羹堯在其任內確有阻斷胤禵起兵東進的作用。

關於雍正帝篡改遺詔奪取皇位，歷來有多種說法，見仁見智，莫衷一是。雍正即位一事，確實疑點很多。而他即位後，又先後處置了原來最爲得力的助手年羹堯和隆科多，讓人更不禁要懷疑這是作賊心虛、殺人滅口。當然，這只能算是合理推定，尚無鐵的資料作爲支撐，所以，這種懷疑套句俗語說就是：「事出有因，查無實據。」

綜觀年羹堯的人生歷程，尤其雍正對他的恩寵怨恨，真像演戲一般。像他這樣大起大落的例子，在歷史上並不多見，作爲功臣，不管建有多大的功勳，一旦作威作福，恣意妄爲，就會晚節不保。如果再遇上猜忌心重、難以容忍的帝王，則必然導致身敗名裂的悲慘下場。年羹堯的所做所爲的確引起

了雍正的極度不滿和某種猜疑。年羹堯本來就職高權重,又妄自尊大、違法亂紀、不守臣道,招來群臣的側目和皇帝的不滿與猜疑也是必然的。雍正是個自尊心很強的人,又喜歡表現自己,年羹堯的居功擅權將使皇帝落個受人支配的惡名,這是雍正所不能容忍的,也是他最痛恨的。雍正並沒有懼怕年羹堯之意,他一步一步地整治年羹堯,而年也只能俯首就範,一點也沒有反抗甚至防衛的能力,只有幻想雍正能看在舊日的情分上而法外施恩。所以,他是反叛不了的。雍正曾說:「朕之不防年羹堯,非不為也,實有所不必也。」至於年羹堯圖謀不軌之事,明顯是給年羅織的罪名,既不能表示年要造反,也不能說明雍正真相信他要謀反。年羹堯的敗亡,就是在種種複雜矛盾交織下的犧牲品。

《圓明園圖詠冊・勤政親賢殿》
勤政親賢殿為雍正接見群臣,處理日常政務之所。

118

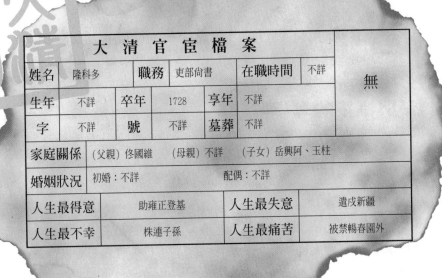

大 清 官 宦 檔 案							
姓名	隆科多	職務	吏部尙書	在職時間	不詳	無	
生年	不詳	卒年	1728	享年	不詳		
字	不詳	號	不詳	墓葬	不詳		
家庭關係	（父親）佟國維		（母親）不詳	（子女）岳興阿、玉柱			
婚姻狀況	初婚：不詳			配偶：不詳			
人生最得意		助雍正登基		人生最失意		遣戍新疆	
人生最不幸		株連子孫		人生最痛苦		被禁暢春園外	

從權傾一時到毀於一旦

——皇親世族國舅爺隆科多

青雲直上的皇親世族

　　隆科多，姓佟佳氏，滿洲鑲黃旗人，領侍衛內大臣、一等公佟國維的第三子，康熙孝懿仁皇后之弟。他的生年不詳，卒於雍正六年（1728）六月。

　　隆科多步入軍界和政壇，並青雲直上，多半是由於他的祖輩、父輩對清廷的莫大功績與尊榮，以及他同康熙間的至親關係等因素所促成的。康熙二十七年（1688），隆科多被任命爲一等侍衛，不久又擢鑾儀使兼正藍旗蒙古副都統。三十四年（1695），又兼任鑲白旗漢軍副都統。四十四年（1705），因其部屬違法妄行，被康熙發現，諭責隆科多不實心辦事，革除其副都統、鑾儀使之職，仍任一等侍衛。康熙五十年（1711），隆科多

又突然升遷，被授爲提督九門步軍巡捕三營統領，開始掌握軍權。五十九年（1720）十一月，任理藩院尙書，仍管步軍統領事務。

參與雍正的奪儲陰謀

康熙晚年，諸皇子之間爭奪儲位鬥爭激烈。隆科多本來「與大阿哥相善，人皆知之」。後來，他爲了鞏固自己的權力和地位，竭力同日益受寵的胤禛拉關係。而急欲登皇位的胤禛看到隆科多握有軍權，也設法同他暗相勾結。在這種情況下，隆科多同胤禛的關係空前密切，成爲當時淸朝政局頗爲關鍵的兩個人物。六十一年（1722）十月，隆科多奉旨同胤禛，一道淸查通州（今北京通縣）各個糧倉，以防不敷和黴爛。十一月，康熙病重，隆科多奉命侍疾禦榻前。康熙在暢春園死後，隆科多宣讀「遺詔」，由胤禛即帝位。胤禛正在痛哭之時，隆科多又提醒他說：「大行皇帝深惟大計，付授鴻基，宜先定大事，方可辦理一切喪儀。」於是，胤禛決定護送其父遺體進城，令隆科多、胤祥負責備儀衛，淸禦道。他還命隆科多率軍警衛京城，關閉九門六天，「諸王非傳令旨不得進」大內，以防胤禩集團乘機搗亂。胤禛實施的這些保安措施，遏止了朝廷內部可能發生的政治變故，而在這當中，隆科多立下了汗馬功勞。從此，隆科多成爲新政權的核心人物。康熙去世不久，胤禛就任命他爲總理事務大臣之一，把其父在第一次廢太子中獲罪失去的一等公爵銜賞給隆科多，並稱隆科多爲舅舅，這是異乎尋常的。顯然，胤禛是把封爵、尊稱和總理事務大臣三個頭銜作爲對隆科多扈翼登基之功的酬謝。同年十二月，又以隆科多在辦理康熙殯葬事務中「克殫悃誠」，「諸事允當」，賞給一等阿達哈哈番世職，讓其長子岳興阿襲，次子玉柱出侍衛擢鑾儀衛鑾儀使。後又任命他爲吏部尙書，仍兼步軍統領。

《張廷玉詩刻》拓片

張廷玉（1672～1755），安徽桐城人，是雍正帝最為重用的文臣之一。

對恩寵有加的自我擔憂

雍正元年（1723），隆科多奉命主持會考府事務，專司各省奏銷錢糧。三月，命加太保。四月，雍正親賜隆科多「世篤忠貞」的匾書匾額。二年（1724），隆科多被任命為撰修《聖祖仁皇帝實錄》總裁官、撰修《大清會典》總裁官和《明史》監修總裁官。六月，他又奉命兼管理藩院事務，並受賜雙眼孔雀翎、四團龍補服、黃帶及鞍馬紫轡。至此，隆科多得到朝廷的重用和恩榮達於極點，被雍正稱讚為「此人真聖祖皇帝忠臣，朕之功臣，國家良臣，真正當代第一超群拔類之稀有大臣也」。

雍正即位初期，政局不穩，他勸諭隆科多和年羹堯這兩個左右手同舟共濟，內外鼎助。為了實現這個圖謀，他甚至自行作主，把內弟年羹堯的長子年熙過給隆科多做兒子。其實，隆科多已有兩個兒子，但能得到皇上的非同小可的恩賞，他感到萬分欣喜，說自己命中該有三個兒子，這第三子即如同上天所給。隨後，他將年熙更名為得住，並向雍正發誓，一定會同年羹堯親密共事。

然而，對隆科多和年羹堯這二人來說，權重必擅，賞多必驕。隆自恃有功，在朝廷內部專橫跋扈，攬權逐利。如在吏部，司官對他「莫敢仰視」，

121

唯命是從。他所經辦的銓選，人們稱之爲「佟選」。在諸王面前，他傲慢無禮。有一天，皇十七子胤禮進宮，隆科多碰見了，他不按規矩跪一腳問安，僅起立表示致敬。胤禮當時也不敢得罪於他，遂向他欠身而過。這時的隆科多變得狂妄自大，目中無人。同年十一月，雍正已察覺隆科多這方面的問題，他在河道總督齊蘇勒的奏摺上密諭：「近日隆科多、年羹堯大露作威福、攬權勢光景，若不防微杜漸，此二臣將來必至不能保全，爾等皆當疏遠之。」

　　隆科多雖專擅逞威，但頗有心計。他預料到自己的權位並不穩固，因而在許多事情上都留了後路。他很早就把財物轉移到各親友家中，以防雍正抄家。他參與了雍正的奪儲陰謀，意識到皇上遲早會除掉自己。他借諸葛亮的「白帝城受命之日，即是死期已至之時」，來抒發自己的恐懼心情。他擔心權位過重，會引起雍正的疑忌，於是主動提出辭掉步軍統領之職。

盛極而衰走上不歸路

　　雍正三年（1725）起，隆科多開始失寵，被解除步軍統領之職。五月，他同年羹堯一起，遭到雍正的譴責：「朕禦極之始，將隆科多、年羹堯寄以心膂，毫無猜防，所以作其公忠，期其報效。孰知朕視爲一德，伊等竟懷二心，朕予以寵榮，伊等乃幸爲邀結，招攬納賄，擅作威福，敢於欺罔，忍於背負，幾致陷朕於不明。朕恨辨之不早，寵之太過，愧悔交集，竟無辭以謝天下，有自咎而已。朕今於隆科多、年羹堯但解其權柄，不加刑誅者，正以彼等之妄謬，皆由朕之信任太過，是以惟有自責，而于伊等一概從寬也。自今以後，既覺其奸僞，曉諭眾知，不復信任，假以要權。」並警告其黨羽，應與他倆劃清界限，斷絕聯繫。六月，雍正又以其子玉柱行爲卑劣，命革鑾儀使等職，交隆科多管束。接著，又以隆科多包庇年羹堯之罪和議敘銀庫各員不從公商酌爲由，令交都察院嚴加議處。都察院奏議革去隆科多一等公爵，但雍正不同意，命削其太保銜及一等阿達哈哈番世職，並命往甘肅阿蘭

善等處修理城池，開墾荒地。

雍正對此安置還不放心，又特意諭示涼州總兵宋可進予以監視，叫他與隆「相見時不須絲毫致敬盡禮」。七月，雍正下令把過去賞賜給隆科多的黃帶、紫扯手、雙眼翎和四團龍等物俱收回，不准使用。顯然，雍正這時不僅不信任隆科多，而且將他看成是誑君背主、植黨擅權的大奸臣。

雍正四年（1726），隆科多被罰往新疆阿勒泰嶺，同策妄阿拉布坦議定準噶爾和喀爾喀遊牧地界，事畢後再同預計前來的俄國使臣會議劃定兩國疆界。雍正嚴厲指出：「此事隆科多非不能辦者，伊若實心任事，恩蓋前愆，朕必寬宥其罪，若心懷叵測，思欲憤事，所定邊界，不合機宜，於策妄阿喇布坦、鄂（俄）羅斯地方生事，朕必將伊治罪。」而後，又命刑部審問隆科多的家仆王五、牛倫。他們供出了隆接受年羹堯、滿保等多人禮物的情形。二月，隆科多奏稱：「臣等驗看寧夏賀蘭山前，搖漢拖輝至石嘴子等處寬闊一百里，曠野而平，其土肥潤，籽種俱皆發生，其地尚暖，易於引水，若修造渠壩及放水之閘，兩岸可以耕種萬頃地畝。」議政王大臣奏交大理寺卿通智同岳鍾琪商酌辦理，諭從其議。隨後，兵民前往開墾，並在新開發區設立新渠縣。

這說明隆科多在遭到遣戍之後，依然忠於朝廷。五月，禮部侍郎查嗣庭因文字獄被戮屍梟示，隆科多以薦舉罪受到牽連，但「每奉密旨詰問，俱不吐實」。與此同時，雍正還譴責隆科多和胤禛的同夥阿靈阿、揆敘等人互相黨附，邀結人心。八月，隆科多同散秩大臣四格在恰克圖與沙俄代表薩瓦‧務拉底恩拉維茨會面。在談判中，他能堅持正確立場，堅決要求沙皇政府歸還被其侵佔的中國大片領土。

雍正五年（1727），宗人府參劾輔國公阿布蘭私將皇室玉牒繕本交給隆科多，收藏在家。阿布蘭被革去公爵，並圈禁家中，旨令隆科多將情由回奏。六月，議政王大臣等議奏：「隆科多私抄玉牒，存貯家中，及降旨詢問，又不據實具奏，應俟辦完鄂羅斯疆界事件，將伊革職，拿問治罪。」雍正針對此事，怒斥隆科多說：「從前差隆科多前去，並非不得共人，以其能

123

辦理而使之也。鄂羅斯事件最易料理，特給伊效力之路，以贖罪耳。及隆科多去後，看其陳奏一應事件，不但不稍改伊之凶心逆行，且並不承認過失，而舉動狂悖，全無愧懼，將朕降旨行文查問之事隱匿巧飾，無一誠實之語。伊既不實心效力，則留伊在彼，反致妄行攪擾，毫無裨益，可將隆科多調回，令其速來，未到京以前，爾等請旨，鄂羅斯邊疆等事，著克什圖前往，與四格、圖理琛辦理。」旋以大不敬罪，革去隆科多一等公爵，命其弟慶複襲替。

十月，順承郡王錫保等遵旨審奏隆科多罪案，列舉他犯大不敬之罪有五，欺罔之罪有四，紊亂朝政之罪有三，奸黨之罪有六，不法之罪有七，貪婪之罪有十六，共計41條大罪。在大不敬的罪狀中，除私抄私藏玉牒外，還說他把康熙賜給他的諭書貼在廂房，視為玩具。又說皇上賞給他三千兩銀子，令他修理公主墳墓，但他拖至三年，竟然不修理。在欺罔罪狀中，談到他在康熙去世的那天，他並未在御榻前，亦未派出近御之人，但他卻「詭稱伊身曾帶匕首，以防不測」，又「狂言妄奏，提督之權甚大，一呼可聚二萬兵」。在祭祀時，他「作有刺客之狀，故將壇廟桌下搜查」。在紊亂罪狀中有：他在「皇上謁陵之日，妄奏諸王心變」，又「妄奏調取年羹堯來京，必生事端」，「妄奏舉國之人，俱不可信」。在奸黨罪狀中，說他交結阿靈阿、揆敘以及保奏大逆之點嗣庭。在不法罪狀中，說他「任吏部尚書時，所辦銓選官員皆自稱為佟選」，指控他縱容家人，勒索財物，包攬招搖，肆行無忌。在貪婪罪狀中，列舉了他接受賄賂的名單和銀數，納賄銀多達五十多萬兩。雍正覽奏，諭諸王大臣等曰：「隆科多所犯四十一款重罪，實不容誅。但皇考升遐之日，召朕之諸兄弟及隆科多入見，面降諭旨，以大統付朕，是大臣之內承旨者，惟隆科多一人。今因罪誅戮，雖於國法允當，而朕心則有所不忍。」在這種情況下，雍正免其正法，命於暢春園外附近造屋三間，把隆科多永遠禁錮在那裡，以恕背恩之罪。他的財產被全部用於抵賠追贓，長子岳興阿被革職，次子玉柱被發往黑龍江當差。就這樣，盛極一時的顯宦之家，最終毀於一旦。隆科多悲憤至極，翌年死於禁所。

乾清宮
始建於明朝永樂年間，至清康熙朝一直作為皇帝的寢宮。

不過是兔死狗烹而已

雍正的繼位問題，歷來是史家爭論的焦點，雖然近來認爲雍正繼位合法的一派占了上風，但堅持篡位說的人也並沒有偃旗息鼓。不過，無論說正說反，隆科多的作用卻是公認的。作爲老皇帝康熙咽氣前守在身邊的唯一大臣，對於皇位的繼承，不說一言九鼎，至少是相當關鍵的。因而，無論雍親王作弊還是沒作弊，隆科多都是繞不過去的關口，而隆科多，恰是雍親王名分上的舅舅，京中兵權在握的步兵統領。

當然，隆科多也因此得到了回報，不僅封官進爵，榮及子孫，而且得以

總理朝政，兼管理藩院，雙眼花翎、四團龍補服，跟嫡親皇家宗室一個待遇，還以武人身分，被委以意識形態看門人的重任，擔任《聖祖實錄》（康熙）、《大清會典》的總裁，以及負責監修《明史》。在剛剛即位的那年，雍正對隆科多張口必稱舅舅，甚至在奏摺上也直書：舅舅隆科多，一點也不擔心不成體統。

可惜，天大的富貴來得快，去得也快。隆科多的雙眼花翎戴上未滿一年，就遭到了雍正帶頭發起的大批判，眾臣子口誅筆伐的結果，一致要求加以嚴懲。總算皇帝網開一面，沒有追究到底，可從此日子不好過了。沒幾天就因家奴的一點小事，再次遭到更加嚴厲的批判，眾官僚一共給他羅列了41條大罪，堅決要求將之斬首抄家。這次，皇帝再次表現出仁慈，只令「舅舅隆科多」在圓明園暢春園外搭了三間棚子，將他「永遠圈禁」。雍正六年（1728），受不了饑寒之苦的隆科多就翹辮子了。

隆科多之死，不過是雍正過河拆橋，兔盡狗烹而已。此一家之言，犯不上「流血五步」的。

權力包圍定律下的謹慎善終

　　有權力就有包圍，歷代的當權者大多如此，大清的當權者更不例外，前呼後擁，左吹右捧，暈暈乎。當然，在權力的包圍下，亦有明明乎者，也就是歷史上所說的明君。若從屬下的角度來看，則有「良臣擇主而侍，良禽擇木而棲」的道理。因此，本條定律又被稱為「良禽擇木」定律。

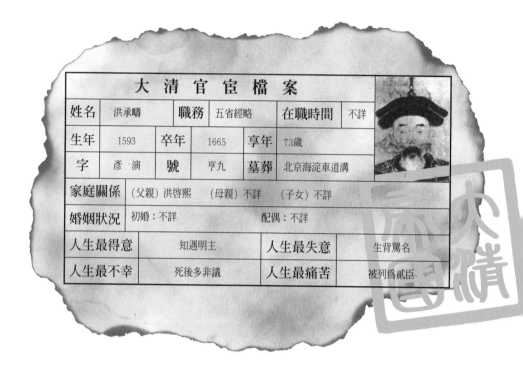

大 清 官 宦 檔 案						
姓名	洪承疇	職務	五省經略	在職時間	不詳	
生年	1593	卒年	1665	享年	73歲	
字	彥演	號	亨九	墓葬	北京海淀車道溝	
家庭關係	(父親) 洪啓熙		(母親) 不詳		(子女) 不詳	
婚姻狀況	初婚：不詳			配偶：不詳		
人生最得意	知遇明主		人生最失意		生背罵名	
人生最不幸	死後多非議		人生最痛苦		被列爲貳臣	

從明之長城到降清貳臣

——被乾隆列爲貳臣甲等的洪承疇

　　洪承疇，字彥演，號亨九，福建南安人。遠祖本姓陳，因贅於洪家，改姓洪。洪承疇生於明萬曆（1593），22歲中舉人，在鎮壓農民起義軍的戰鬥中洪承疇屢立奇功。崇禎十一年（1638），李自成起義軍東略潼關，洪承疇命曹變蛟設伏潼關南原，大敗李自成。從此，洪承疇更得崇禎寵信，滿朝文武寄以重望，稱其軍爲「洪兵」。

松錦決戰戰敗被俘

　　清軍大舉入關，京師危急，洪承疇、孫傳庭等奉命入衛京師。崇禎十一年（1638），奉命總督天下援兵的盧象升，率領數千明兵與數萬清兵激戰於

巨鹿賈莊，寡不敵眾，英勇戰死。明清矛盾日趨尖銳，明廷於次年（1639）正月，特命洪承疇為薊遼總督，主持對清戰事。

清朝統治集團為了實現入主中原的目的，根據以往的經驗教訓，決定首先攻佔明軍在山海關外的軍事據點，然後再攻克山海關，奪取京師。

崇禎十三年（1640）三月，皇太極命清軍到義州（今遼寧義縣）築城屯田，準備對明朝在關外的軍事重鎮錦州實行長期圍困。於是，明清之間一次最為重要的戰略決戰終於不可避免地爆發了。這就是歷史上有名的松錦之戰。

洪承疇畫像
洪承疇（1593～1665），號亨九，福建南安人。1641年被俘降清，助清南下滅明，戰功卓著。

明軍在松錦之戰的第一階段，雖獲得小勝，但始終未能打破清軍的包圍，形勢發展仍然嚴峻，錦州守將祖大壽一再告急，所以，明廷決定由洪承疇率主力出關解圍。

洪承疇主張步步為營，且戰且守，待敵自困，一戰解圍。兵部尚書陳新甲以兵多餉艱為由，力主速戰速決。監軍張若麒見明軍初戰小勝，也認為可速戰解圍。於是崇禎改變態度，不支持洪承疇的意見，密令他刻期出兵。

洪承疇被迫於崇禎十四年（1641）七月，誓師寧遠（今遼寧興城），率

129

領吳三桂、曹變蛟、白廣恩、馬科、王廷臣、楊國柱、王朴等八總兵，步騎13萬，救援錦州。松錦戰役進入關鍵性的第二階段。從七月底至八月初，經過激烈的爭奪戰，明軍控制了松山至錦州之間的制高點乳峰山，並與錦州守軍協同作戰，對清軍實行夾擊。清軍被迫固守待援。這時，馬紹愉建議洪承疇「乘銳出奇」，張鬥也建議要「防其抄我後」。但是，洪承疇輕蔑地拒絕了這些正確意見，他說：「我十二年老督師，若書生何知？」就這樣，明軍失去了最有利的決戰良機，並給清軍留下了可乘之隙。

八月十九日，皇太極親率大批援兵從瀋陽火速趕到前線，大大加強了清軍的力量。形勢急轉直下，明軍的主動地位開始變爲被動。

皇太極命令清軍駐守在松山南邊的要道上，挖壕斷路，防止明軍南逃。次日，明軍攻擊清軍的前沿陣地，清軍堅決回擊，互有殺傷。清軍將領阿濟格乘明軍無備，突然攻入松山南面的筆架山，奪得了明軍大批屯糧。次日，兩軍繼續交戰，雖不分勝負，但明軍後路被斷，屯糧被奪，松山的存糧已不足三日之需，使明軍一下就陷入困境。

爲了穩定軍心，二十一日晚，洪承疇召開緊急軍事會議。他分析了明軍面臨的餓飯和退路被截斷的嚴峻形勢後，認爲只有第二天就展開決戰，才有獲勝的希望。他決定親臨前線，指揮全體將士血戰。

可將領們意見分歧，爭論不休。多數人主張先突圍到寧遠就糧，再待機反攻。監軍張若麒也支持這個意見。洪承疇深感形勢危急，多數將領已無鬥志，只好兵分兩路，乘夜突圍。

由於大同總兵王朴貪生怕死，率部先逃，打亂了原先的突圍計畫，突圍變成了爭先恐後的逃命，沿途又連遭清軍伏擊，傷亡慘重。吳三桂、王樸等率殘部突圍後逃入杏山。馬科、李輔明等逃入塔山。洪承疇、曹變蛟、丘民仰、王廷臣等，始終未能衝出包圍，只得率領萬名殘兵敗將死守松山待援。稍後，明軍從杏山、塔山繼續向寧遠撤退時，又再次遭到清軍的圍追堵截，死傷無數。

明軍主力被殲，清軍取得決定性的勝利後，從九月初開始，松錦戰役就

北京德勝門箭樓

德勝門為北京北面之一城門，為軍隊出征時所走之門。

進入了最後一個階段。

　　清軍對錦、松、杏、塔四城，實行圍而不攻，待其食盡投降的方針。皇太極勸松山明軍投降，遭到了拒絕。洪承疇想與清軍講和，也未能成功。崇禎十五年（1642）二月末夜，叛將夏承德密約清軍登城。次日早晨，清軍開始屠城，數千軍民慘遭殺害，洪承疇等被俘。三月十日，錦州守將祖大壽舉城投降。四月八日、二十一日，塔山、杏山相繼失陷。至此，歷時兩年之久的明清松錦決戰，終於以清軍的勝利而告終。

131

洪恩未報爲何反目成仇

　　明軍的失敗使明朝「重臣宿將，選卒驍騎，十萬之眾，覆沒殆盡」，錦州等戰略要地失守。大批火器、糧食等物資落入清軍手中。從此，明朝就喪失了山海關外的防禦優勢，也失去了鎮壓農民軍的主要軍事力量，因而加速了自己的滅亡。

　　洪承疇等被俘後，清軍令其按照清人的習俗剃頭以表示投降。曹變蛟、丘民仰和王廷臣堅決表示：「寧可殺了我們，決不肯剃頭！」洪承疇也拒不剃頭，「只求速死」。後來，皇太極下令將丘民仰、曹變蛟、王廷臣殺害，將洪承疇、祖大樂等押送瀋陽。

　　松錦戰役失敗被俘後，洪承疇被關押在瀋陽故宮的三關廟內，皇太極多次派人勸降，洪承疇不予理睬，甚至絕食求死。據說，當滿族官員發怒舉刀要砍時，他也「延頸承刃，終始不屈」。於是皇太極改變方法，用逼辱和虐待來消磨他的意志，將他「拘鎖北館」，不給糧食吃，「只給菽水」喝。洪承疇決心絕食，「米漿不入口者七日」，但仍然「求死不得」。

　　早年降清的明將張存仁對於招降洪承疇十分熱心。他上奏皇太極，說洪承疇「不宜久加拘禁，應速令剃髮，酌加應用，使明國之主聞之寒心，在廷文臣聞之奪氣力」。他還建議，爭取洪承疇投降，「恩養之不宜薄也」。

　　後來降清的漢官範文程前去勸降，他發現洪承疇幾次將落在衣服上的灰塵揮去，於是他回去告訴皇太極，說洪承疇「必不死」，美女勸降的計畫開始展開。在夜深人靜之時，洪承疇臥在床上，一個楚楚動人的少婦走到面前，輕聲軟語地叫聲「大人」，然後表示了對洪承疇誓死如歸氣節的仰慕。洪承疇立刻感覺到被人關心的溫暖，世上竟有這樣瞭解他的美女，不禁想到自己統率千軍萬馬的威風和家中的嬌妻美妾，求死之心立即動搖。美女見機送上一杯香茶，多日未進食的洪承疇喝下後立刻精神了許多。美女走後，洪承疇覺得人間美好，決定降清。

　　傳說中，這位美女就是莊妃。但這些都是野史中的傳說，沒有文字作

大清受命之璽

白玉質，盤古鈕，長14公分，寬14公分，高12公分，現藏於北京故宮博物院。

證。歷史資料上說，皇太極到三關廟看望洪承疇，還親手將貂皮大衣披在洪承疇身上，洪承疇於是跪地稱臣。但在皇太極勸降之前，可能已經有美女做好了招降的前期工作，莊妃勸降也有可能。

最後，洪承疇終於經不住清人在思想上的威脅利誘，在生活上的艱苦折磨，背叛了對明朝的忠誠。清人怕他反悔，當夜就給他剃頭，第二天下年，連衣服都來不及改換，洪承疇就當眾「三拜於庭，九叩頭」，正式向皇太極稱臣投降。朝鮮王世子李應邀參加禮儀，他在日記中寫道：「是日，洪承疇降。」

皇太極時期，洪承疇實際上並沒有像傳說的那樣受到重用。降清後，他與皇太極的交談並不投機，行動仍受限制，「使之在其家，不得任意出入」。雖然「恩養有加」，但也「不強令服官」。皇太極死後，多爾袞攝政，洪承疇才逐漸受到重用。特別經略江南地帶，爲清朝的統一和穩定作出了重要貢獻。

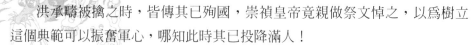

洪承疇被擒之時，皆傳其已殉國，崇禎皇帝竟親做祭文悼之，以爲樹立這個典範可以振奮軍心，哪知此時其已投降滿人！

一對聯云：

史鑒流名忠可法（史可法）

洪恩未報反成仇（洪承疇）

是言史可法殉國的偉大，和洪承疇賣國的恥辱。但要真正說一句，那崇禎皇帝朱由檢，懷疑誅忠（殺袁崇煥），信讒聽讒，真的不如那皇太極。洪承疇感其恩德，投降於清，以正義來言，是背信棄義；以時事而論，就是識時務了。一個昏主，一個明君。應該如何選擇呢？是愚忠，還是尋真正的明主？也許這就是權力包圍定律的作用。

被乾隆列爲貳臣中的甲等

順治十六年（1659）八月，洪承疇因雲、貴問題接近解決，自己年老多病，兩眼昏花，請求回京。次年正月，洪承疇奉命解任回京調理。

洪承疇不過是個戰敗被俘投降的漢官，順治卻「信之獨真，任之獨專，用之獨久」，奉命經略五省時，「委任之隆，亙古未有」。滿族將領阿爾津，在駐兵辰州（今湖南沅陵）和進兵雲、貴的問題上，與洪承疇有分歧。八旗官兵因數越險阻，士馬疲勞，也對洪承疇的指揮不滿。洪承疇上疏報告後，順治立即命令阿爾津班師，以征守事專委承疇速籌。

但順治重用洪承疇，卻遭到了滿族統治集團日益強烈的反對，也有些漢族官員表示不滿。因此，洪承疇到了晚年不免遭受冷落。

當他受命經略五省時，得到功成之日優加爵賞的許諾，但他回京供職後，清廷根本不想兌現。順治死後，洪承疇深感空虛和孤獨，於順治十八年（1661）五月提出休致。直到此時，清廷幾經商討，才給他三等輕車都尉，世襲四次的爵賞。洪承疇死後，賜謚文襄。承旨撰寫的墓碑文，與衛周祚寫的墓誌銘比較，對洪承疇的評價，褒貶顯然有別。墓碑文暗寓貶意，情見乎

辭。

　　洪承疇勞碌一生，爲明清兩朝的統治者效盡犬馬之勞，「血氣久衰，精力耗盡」，但乾隆仍將他和一大批背明降清的漢官「律以有死無貳之義」，統統打入《貳臣傳》。乾隆認爲，洪承疇「雖不克終於勝國，實能效忠於本朝」，並且「宣力東南，頗樹勞伐」，因此將他列爲貳臣（前朝大臣在新朝爲官者）中的甲等。

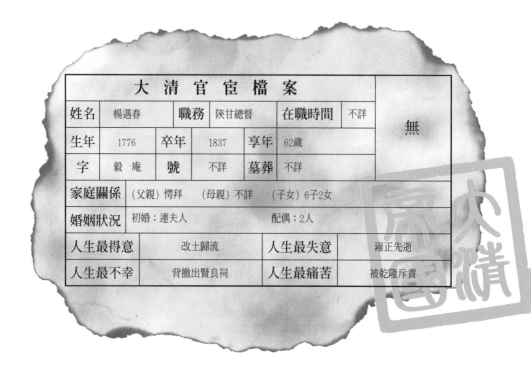

大清官宦檔案						無
姓名	楊遇春	職務	陝甘總督	在職時間	不詳	
生年	1776	卒年	1837	享年	62歲	
字	毅庵	號	不詳	墓葬	不詳	
家庭關係	(父親) 愕拜		(母親) 不詳	(子女) 6子2女		
婚姻狀況	初婚：連夫人			配偶：2人		
人生最得意	改土歸流		人生最失意	雍正先逝		
人生最不幸	背撤出賢良祠		人生最痛苦	被乾隆斥責		

從文人秀才到封疆大吏

—— 歷任封疆大吏和首輔的鄂爾泰

　　鄂爾泰，字毅庵，姓西林覺羅氏，滿洲鑲藍旗人。康熙十九年（1680）生。先人投歸努爾哈赤，為世管佐領。祖父圖彥突官至戶部郎中，父親鄂拜為國子祭酒。鄂爾泰6歲入學，攻讀四書五經，8歲開始作文，練習書法，16歲應童子試，次年中秀才，19歲補廩膳生，次年中舉，即進入仕途。

封疆大吏和宰輔的作為

　　鄂爾泰官運的轉機是在雍正帝繼位之時。雍正元年（1723）正月，他被任命為雲南鄉試副主考，五月，被越級提升為江蘇布政使，成為地方大員。雍正三年又晉升為廣西巡撫。在赴任途中，雍正帝覺得他仍可大用，改封為

破塵居士印其印文
為雍正閒章，壽山石質，現藏於北京故宮博物院。

雲南巡撫，管理雲貴總督事，而名義上的雲貴總督楊名時卻只管理雲南巡撫事。所以，鄂爾泰在西南開始官職雖為巡撫，而實際上行使著總督的職權。雍正四年十月，鄂爾泰獲得總督實職，加兵部尚書銜，六年改任雲貴廣西總督，次年得少保加銜，十年內召至京，任保和殿大學士，居內閣首輔地位。後又以改土歸流之功晉封伯爵。同年，因清政府在西北兩路用兵，他出任三邊經略，赴陝甘前線督師，數月後回京複命。十三年，貴州改土歸流地區土民叛亂，雍正帝以其對此經理不善，削去伯爵名號，但對他信任如故。

雍正帝死後，鄂爾泰出任總理事務大臣。乾隆間，除大學士職務以外，他又兼任軍機大臣、領侍衛內大臣、議政大臣、經筵講官，管翰林院掌院事，加銜太傅，國史館、三禮館、玉牒館總裁，賜號襄勤伯。

鄂爾泰歷任封疆大吏和宰輔，對農田水利一貫比較重視。在江蘇布政使任上，察太湖水利，議修吳淞、白茆，因迅速離任而未得實現。雍正後期督巡陝甘時，規劃屯田事宜，乾隆初年，巡視直隸河道，條奏開治之法。乾隆

四年（1739）閱視運河河道。鄂爾泰還在地方上推行耗羨歸公等項政策，注意荒政、漕運。但是這些方面都沒有作出明顯成績。他一生最有意義的政績是在西南推行改土歸流政策。

雍正四年（1726）九月，他上奏摺，提出推行改土歸流的建議。奏摺要點是：

第一、闡明實行改土歸流政策的必要性。土司相殺相劫，「漢民被其摧殘，夷人受其荼毒，此邊疆大害，必當解決者」。辦法就是盡行改土歸流，「將富強橫暴者漸次禽拿，怯懦昏庸者漸次改置」。否則，不過是臨事治標，不能從根本上解決問題。

第二、擬議改流的方針和方法：「改流之法，計禽爲上策，兵剿爲下策；命自投獻爲上策，勒命投獻爲下策」。對於投獻者，「但收其田賦，稽其戶口，仍量予養贍，授以職銜冠帶終身，以示鼓勵」。改流的策略，既要用兵，又不專恃武力，爭取波及面小，儘量減少阻力，以便迅速奏效。

第三、任事大吏必秉公奮力，才能達到目的。因爲變革土司這樣的舊制，困難很大，又有失敗的可能。如果失敗，將受到輿論的譴責和行政的制裁。要實行得好，主辦人必須殫精竭慮，勤奮不懈，「稍有瞻顧，必不敢行；稍有懈怠，必不能行」。這就要不計較個人得失，實心實力地去做。

雍正帝批准了他的建議，並於當年十月實授他的雲貴總督官職，以提高其威望和事權。廣西與貴州接壤，改流事務較多，雍正帝還特地把廣西劃歸雲貴總督管轄。這些都爲鄂爾泰推行改流政策做了組織準備。對於廣順州長寨土民的抗官，鄂爾泰及其前任先是派人帶去告示、花紅，進行招撫，但是毫無結果。雍正四年四月，鄂爾泰向長寨發兵，事定後設立長寨廳（今貴州長順縣）。長寨用兵成爲大規模改土歸流的開端。

同年六月，鄂爾泰因雲南鎮沅土知府刀瀚、沾益土知州安於蕃是一夥「勢重地廣」的「積惡土官」，發兵將他們擒拿，在其地分設鎮沅州（今雲南鎮沅縣）、沾益州（今雲南沾益縣）。冬季，因烏蒙土官祿萬鍾屢次攻掠東川府，鎮雄土知府隴慶侯助之爲惡，鄂爾泰派遊擊哈元生率軍征討，即其

胤禎之章
為瓷質，現藏於北京故宮博物院。

地建置烏蒙府（後改稱昭通府）和鎮雄州（今雲南鎮雄縣）。

　　雍正五年，鄂爾泰將投降的廣西泗城土府的轄地一部分劃歸貴州，設立永豐州（今貴州貞豐縣），一部分設泗城府（今廣西凌雲縣）。六年，鄂爾泰認為清理黔東南土民問題，重點應在都勻府，其次是黎平府，再次為鎮遠。要分別輕重，次第解決。於是，鄂爾泰任用他賞識的貴州按察使張廣泗帶兵深入土民地區，一面招撫，一面用兵，設置官廳，派出同知，辦理民政。鄂爾泰不僅在當地設官建制，還在雍正帝支持下做了許多事情。

　　處置土司。對於土司本人，根據他們對清朝的態度，給以不同的處理。自動交印的，厚加獎賞，給予現任武職或世職；對頑抗者嚴行懲罰，沒收大部或全部財產。又把一部分土司遷徙到東南、中原省分，斷絕他們與原領地的聯繫，以便比較徹底地清除他們在地方上的影響，穩定改流地區。

　　鄂爾泰在西南改土歸流總體上的成功，究其原因，除了客觀形勢的要求，還在於鄂爾泰、雍正帝君臣的主觀能動作用。鄂爾泰不僅有首倡之功，

提出了切實可行的方針、辦法，更重要的是，他主持其事，親歷改土歸流地區去指導和實踐。

眞知灼見的用人策略

　　鄂爾泰作爲封疆大吏和雍正帝的寵臣，還向朝廷貢獻用人的意見。他對於才與德、能力與職務等關係以及如何識別人的賢佞等問題上，提出他的見解與建議。有時，他就雍正帝的提問和觀點而展開討論，他們君臣之間的議論，雖然是從那個時代的現實出發的，但在今天看來，還是饒富趣味的，因爲他們的對話很精彩，時時流露出眞知灼見。

紫禁城齋宮
位於東六宮南，仁祥門內，爲雍正大祀前在宮內的齋居之所。

大清官宦沉浮

雍正四年八月，鄂爾泰在論用人的奏摺中寫道：

政有緩急難易，人有強柔短長，用違其才，雖能者亦難以自效，雖賢者亦或致誤公；用當其可，即中人亦可以有為，即小人亦每能濟事。因材、因地、因事、因時，必為官無棄人，斯政無廢事。

他強調，用人一定要得當，什麼職務，什麼差事，用什麼樣的人，人職相當，就能發揮人的才能，該辦的事情就能辦好。人盡其才了，職務就沒有虛設。一個人是有才能的，又是有操守的，可就是不適合擔任那種職務，而非要派他去做，他的才德不但不能發揮出來，反倒會把事情耽誤了，這樣既毀了人，又壞了事。他認為任用官員要人才與職務相適合，最終目的是要把

事情辦好「政無廢事」，就能把國家治理好。這是他考慮用人問題的出發點。

鄂爾泰的奏議引起雍正帝的極大興趣，隨即在他的奏摺上寫出一篇議論：凡有才具之員，當惜之，教之。朕意雖魑魅魍魎，亦不能逃我範圍，何懼之有？及至教而不聽，有真憑實據時，處之以法，乃伊自取也，何礙乎？卿等封疆大臣，只以留神用力為要。庸碌安分、潔己沽名之人，駕馭雖然省力，唯恐誤事。但用才情之人，要費心力，方可操縱。若無能大員，轉不如用忠厚老誠人，然亦不過得中醫之法耳，究非盡人力聽天之道也。

「用有才能的人」，這對於君主和大臣們來說，並沒有異議。問題是有才能的人，可能有這樣或那樣的缺點，這樣的人

還可不可以用？用人者往往因此而不敢使用他們。雍正帝不這樣認識問題，也不這樣來處理對一個人的任免。他深知，有才能的人未免恃才傲物，看不起上司和同僚，從而與那些庸愚聽話的人不同，不容易駕馭，但他認為不必懼怕他們，應當用心去掌握他們。在這裡，尤需「惜之、教之」的思想，這是說人才難得，對已經湧現出來的幹才，儘管他們有缺陷，也要愛惜，不能摧殘。愛惜的方法之一，是對他們加強教育，幫助他們改正過失，以利充分發揮他們的才智。

鄂爾泰見到朱批後，具析陳述自己的意見：

可信、不可信原俱在人，而能用、不能用則實由己。忠厚老成而略無才具者，可信而不可用；聰明才智而動出範圍者，可用而不可信。朝廷設官分職，原以濟事，非為眾人藏身地，但能濟事，俱屬可用，雖小人亦當惜之，教之；但不能濟事，俱屬無用，即善人亦當移之，置之。

他認為，國家設官定職，出發點是為了辦好事，不是為用人，尤其不是為養閒人，誰能把事情辦好就應當用誰，而不必管他是君子，抑或是小人。在這個前提下，對於有缺陷的能人加強教育，對不能辦事的善人，或調換職務，或離職賦閒，讓出缺位給有能力的人來幹。他進一步說明和發展了雍正帝的使用有才能的人的思想主張，雍正帝看後大為欣賞，稱讚他的說理「實可開拓人的胸襟」。

歸結起來，鄂爾泰與雍正帝的用人思想，第一個共同點是，以能力為旨歸，大膽使用人才，而對有德無才的人，儘管可以信任，但不可重用，以免妨礙政事。在對德和才的要求上，他們把才擺在了第一位。第二個共同點是，對有缺點的人才，不因有才而放縱，而是加強對他的教育與管束，使他的才能發揮出來，防止他品德的缺陷敗壞政事。第三，這樣的用人原則是為辦好國事，有利於國事者即任用，無利者不管他有什麼值得重視之處，也不給予官職。國事第一，這個用人原則實有高明之處，處在封建時代的這對君

皇四子和碩雍親王組璽之一
清花寬質，上半部鏤空雕雲龍。

臣，把社稷利益放在首位，而不是首先考慮同個人的關係、個人的好惡，實在是難能可貴的。對於人才「惜之、教之」的方針，是讓人才從自身的負擔中解脫出來，更好地施展他的才能，只有寬闊胸懷的政治家，才能具有這樣了不起的思想和方針。就這一點而言，鄂爾泰可以進入政治家的行列了。

雍正朝被表彰實心辦事、認眞提參屬員的督撫，有豫撫田文鏡、晉撫諾岷、魯撫塞楞額、浙撫李衛、粵撫楊文乾、贛撫邁柱，當然還有雲貴總督鄂爾泰。鄂爾泰基於他對屬員的瞭解，提拔了一批人，也參劾了一些人，大體上做到知人善任。雍正帝對鄂爾泰說：「卿之識人，實越常人。」又說：「卿之識人感人，朕實信及。」雍正帝在這方面對鄂爾泰的評價，反映了鄂爾泰善於識別人才的實際。鄂爾泰有著可貴的用人思想，並知人善任，正是這個原因，促成了改土歸流事業的成功。

發跡秘史的歷史評析

鄂爾泰的發跡，在於巧遇雍正帝，這種君臣際合，又同他的性格、智識密切相關。

鄂爾泰自20歲中舉，即被召爲侍衛。他的爲政行事可以歸結爲兩條，一是信奉和講求忠孝。雍正二年，他因侄子鄂昌、鄂敏同時中舉，訓誡他們說：「吾家世德相承，延及後裔，惟忠孝二字，永矢終身，是所望耳。」以

忠孝教子侄，亦以此自勵。二是講求實學治國。鄂爾泰在江蘇布政使任上，對於士子，總覺著他們只會做八股文，而「實學尚少」，因而在考時文之外，加試古文辭。與士人交遊，「輒與論經史，談經濟」。這兩條，即忠君作為做人的根本，講實學作為從政的指導思想。

鄂爾泰與雍正帝的最初接觸，是在康熙年間任內務府員外郎時。那時作為雍親王的雍正要求鄂爾泰為其辦理分外之事，鄂爾泰以「皇子宜毓德春華，不可交結外臣」，加以拒絕。據記載，有一個暴戾的郡王，強命鄂爾泰替他辦事，鄂爾泰不從，郡王將杖責之，他卻說「士可殺，不可辱」，迫使郡王向他謝過。鄂爾泰守著一項原則：忠於國君，忠於職守，不趨炎附勢，不畏強暴，哪怕危害自己也在所不惜。他有著剛正不阿的性格。雍正雖然碰過他的釘子，但認識到這是忠君的品質，對皇帝的統治有好處，所以繼位之後，不但不記他的仇，反而鼓勵他，稱讚他：「汝以郎官之微，而敢上拒皇子，其守法甚堅，今命汝為大臣，必不受他人之請託也」，鄂爾泰以正直守職而得到皇帝的賞識，被越級提拔為江蘇布政使。

鄂爾泰受知於雍正帝，後來關係發展，如同家人父子，如同朋友。雍正帝不只是給他加官晉爵，和他討論政事，斟酌用人，對他的恩賜也是少有的，諸如賜福字，追封三代，還特加優遇，與眾不同。比如，雍正帝五十大壽，群臣舉觴慶祝，雍正帝未見到在昆明的鄂爾泰，心中不悅，特揀果餅四盤，專程送往雲南，並說：「朕親嘗食物寄來卿食，此如同君臣面宴會也。」鄂爾泰因而感到「受恩至此，無可名言，天地神明，實鑒實察」。雍正帝在鄂爾泰的奏摺上答道，他默祝「上蒼厚土、聖祖神明，令我鄂爾泰多福多壽多男子，平安如意。」後來，鄂爾泰奏稱，到雲南後連得二子，已有五個兒子了，感謝皇上的祝願和賜福。雍正帝回稱，他的祝禱出於至誠，「今多子之願既應，其他上蒼必賜如意也」。鄂爾泰在西南期間，雍正帝對他的賞賜幾乎無月無之，《襄勤伯鄂文端公年譜》對此種恩榮詳加記敘，觸目皆是。更有甚者，雍正帝不顧君臣之體，稱鄂爾泰為朋友。雍正五年，鄂爾泰奏稱他勸導新任雲南巡撫朱綱如何忠誠於皇帝，雍正帝閱後批答道：

朕含淚觀之，卿實為朕之知己。卿若見不透，信不及，亦不能如此行，亦不敢如此行也，朕實嘉悅而慶倖焉。

　　是年有所謂黃河清祥瑞，內外群臣上表稱賀，其中鄂爾泰、楊名時的賀表不合規式，通政司照例題參，雍正帝卻只讓議處楊名時，而不及鄂爾泰，同一時間發生的同一性質的錯誤，何以有迥然不同的處理？雍正帝的解釋是：「鄂爾泰公忠體國」，是「純臣」，「求之史冊亦不多覯」，故不忍以小節而加處分，而楊名時「毫無親君愛國之心，與鄂爾泰相去天壤」，不能因寬待鄂爾泰而及於楊名時，所以仍對楊議處。可見，雍正帝偏袒鄂爾泰，已到了強詞奪理的程度。

　　鄂爾泰的親屬亦得到雍正帝的特殊恩惠。鄂爾泰的長子鄂容，雍正帝在他中舉後引見時賜名鄂容安，於雍正十一年（1734）庶起士未散館時，被破例用為軍機章京，「欲造就成材」。鄂爾泰的五弟鄂爾奇康熙間為編修，雍正帝因其兄而垂愛之，用為戶部尚書兼步軍統領，使之成為親信大臣。鄂昌是鄂爾泰的長兄之子，雍正六年以舉人而為戶部主事，數年之間，歷道員、布政使，至巡撫，飛黃騰達。然其為官「貪縱」，並非傑出人才。鄂爾泰的三兄鄂臨泰之女，經雍正帝指婚，配給怡親王胤祥之子弘晈，日後成為王妃。

　　鄂爾泰對雍正帝的感恩圖報，也出乎常人。雍正五年五月，鄂爾泰得到雍正帝賜物，寫奏謝折說他的心情：「自念遭逢，雖義屬君臣，實恩同父子，淚從中來，不禁複作兒女態。」同年九月的奏摺又講：「（皇上）愛臣諄篤，臣之慈父；勉臣深切，臣之嚴師。」一再講他們君臣的關係如同父子、如同師生，顯見君臣關係之深。

　　鄂爾泰的趨奉雍正帝，更表現在他違心地助長雍正帝搞祥瑞。雍正帝崇信祥瑞，鄂爾泰則投其所好，每每以報禎祥取悅雍正帝。他頻頻奏稱雲貴出現諸如嘉禾、瑞鶴、卿雲、醴泉等。雍正六年十二月鄂爾泰奏報：萬壽節那一天，雲南四府三縣地方，出現「五色卿雲，光燦捧日」，次日「絢爛倍

常」。七年閏七月，鄂爾泰又奏報，貴州思州和古州在一個月內祥雲連續七次出現。有的官員不贊成鄂爾泰這樣獻媚，大理縣劉知縣說，我怎麼看不到卿雲啊，莫非是眼裡進了沙子？雍正帝很不滿意這些說風涼話的官員，他說像鄂爾泰這樣的督撫陳奏祥瑞，是出於強烈的愛君之心。雍正帝為支持鄂爾泰，即以卿雲之報而給雲貴官員普遍加官晉爵，鄂爾泰由頭等輕車都尉授三等男爵，雲南提督郝玉麟從雲騎尉晉為騎都尉，其他巡撫、提督、總兵各加二級，知縣、千總以上俱加一級。

鄂爾泰報「卿雲」之前，曾靜投書案發生。曾靜指責雍正帝是謀父、逼母、弒兄、屠弟的大逆不孝的人，而古來傳說，「卿雲」現是天子孝的表現，鄂爾泰特意說是「皇上大孝格天」所致，歌頌雍正帝是大孝子，道德上沒有缺陷。曾靜投書案是一場政治鬥爭，鄂爾泰則以報「卿雲」支援雍正帝，希望皇帝取得政治上的主動。這實際是一種政治行動。鄂爾泰本人也知道祥瑞之說的荒誕，對奚落他的大理縣劉知縣不但不記仇，反而嘉許他的公直，向雍正帝推薦他。他不惜毀壞自己的名譽，假造祥瑞，為在政治上支持雍正帝，可見他的忠君之心。

乾隆帝繼位後，鄂爾泰仍然高官厚祿，但君臣關係遠不如前朝。特別是鄂爾泰與另一大學士張廷玉不和，各自引「門下士互相推奉，漸至分朋引類，陰為角鬥」。鄂、張本人在一室辦公，面和心非，往往整天不說一句話，鄂爾泰有過失，張廷玉輒加譏諷，使鄂爾泰無地自容。他們的紛爭，為乾隆帝所不能容忍。乾隆七年（1742），鄂爾泰的門生、左副都禦史仲永檀向鄂容安洩漏密奏留中事，獄興，乾隆帝指責他「依附師門，有所論劾，無不豫先商酌，暗結黨援，排擠異己」，將之囚禁致死，並革鄂容安職。對鄂爾泰雖無懲處，但下吏部議，以示警戒。

乾隆二十年（1756），內閣學士胡中藻《堅磨生集》案發，胡誅死，與其唱和的鄂昌被株連自盡。胡中藻亦是鄂爾泰門人，乾隆帝指責鄂爾泰搞朋黨，說如「鄂爾泰猶在，當治其植黨之罪」。所以鄂爾泰晚年，君臣關係平常，致貽身後之咎。總起來說，鄂爾泰基本上實現了忠君思想，以此為雍正

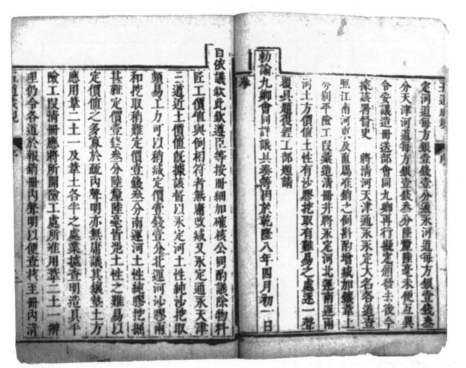

《五道戒規》內頁
乾隆年間刻本，全書共五卷。

帝所知遇，晚年培植私人勢力，「忠」上的缺陷，導致君臣關係大不如前。忠君在封建的道德觀念中是最高的原則，是大節，鄂爾泰對於雍正帝是緊緊地把握了這一點，在大節上成了完人，就站住了腳，而且青雲直上。注意大是大非，抓大事，鄂爾泰深知其中三昧，他說過：「大事不可糊塗，小事不可不糊塗。若小事不糊塗，則大事必致糊塗矣。」他認識得很深刻，乃至同他有門戶之見的張廷玉也說：「斯言最有味，宜靜思之。」表示佩服。清末鍾琦在引述鄂爾泰這段話時，讚揚說：「文端識量淵宏，規畫久遠，此數語大有閱歷。」識大局，顧大體，是鄂爾泰一生的長處，雖然晚節有疵，但不影響他的大節。

乾隆十年（1745）鄂爾泰病逝，享年66歲。乾隆帝親臨喪所致祭，諡文端，配享太廟，入祀京師賢良祠。十一年之後的乾隆二十年（1755），因其侄鄂昌與門生胡中藻之獄，被撤出賢良祠。

147

大 清 官 宦 檔 案						
姓名	楊遇春	職務	陝甘總督	在職時間	不詳	
生年	1776	卒年	1837	享年	62歲	
字	時齊	號	不詳	墓葬	不詳	
家庭關係	(父親) 不詳		(母親) 不詳	(子女) 不詳		
婚姻狀況	初婚：田氏			配偶：不詳		
人生最得意	「福將」			人生最失意	被嘉慶降職	
人生最不幸	無			人生最痛苦	無	

從平民到郡侯

——寵辱不驚的一等侯楊遇春

楊遇春（1776-1837），字時齋，清崇慶州（今四川崇州市）人，乾隆四十四年（1779）中武舉後，應召從軍，歷乾隆、嘉慶、道光三朝，在數百次大小戰鬥中，身先士卒，衝鋒陷陣，斬關奪隘，從未受傷，有「福將」之稱，官至陝甘總督，封一等昭勇侯。在反對外國殖民主義侵略、保衛祖國領土完整、維護國家的統一方面建立過卓越的功勳。

「勁勇巴圖魯」名號的由來

乾隆四十五年（1780），楊遇春入四川省綠營督標效用。

乾隆四十九年（1784），甘肅石峰堡回民舉兵反清，四川總督福康安率

忠謀武略

楊遇春畫像

149

乾隆戊午
孟秋之月
臨筆

大清官宦沉浮

《平苗圖冊》

攻克擺木山

逆苗吳八月之子吳廷
禮等典降苗吳隴登尋
繫林殺降苗竄伺營卡
節經福康安和琳由天
星寨一帶進剿該唐山
高洞窄縣崖陡立路遙
又湏累累兩擺崖陡立路遙
良坡均為道兵必由之
路賊苗抗守甚堅隨
分兵兩萁直擣擺木山梁
賊苗瞭見兩旁披赴拒
我兵鎗箭齊發閱三
四時之久漸逼近頂
木城巴圍魯侍衛
等奮勇踴入殺賊
搴其陣戰向山湧
地良坡覓逃遁
將擺木山攻克
平苗已繪戰圖

大清官宦沉浮

軍前往鎮壓，楊遇春隨從前往，因軍功提升為龍安營把總。乾隆五十三年（1788），楊遇春又隨從福康安出師臺灣，攻打反清的林爽文部，敘功賞戴藍翎，升為茂州營千總。乾隆五十七年（1792），楊遇春又隨征廓爾喀，因軍功提升為四川城守右營守備。

乾隆五十九年（1794），福康安調任雲貴總督，楊遇春隨赴雲南。次年二月，貴州苗民起義反清，回民首領石柳鄧帶兵圍攻正大營、嗅腦營、松桃廳三城，湖南苗民起義軍首領石三保等圍攻永綏廳，與苗民起義軍首領吳半生一起抗清。三月，楊遇春隨從福康安督兵到貴州，屢戰屢捷，很快解了正大營等處的包圍，並將起義軍的營寨盡行燒毀。捷報上奏，賞楊遇春花翎。不久，楊遇春又隨欽差都統額勒登保分兵奔赴湖南，解除了永綏之圍。四月，楊遇春帶兵攻克竹子山、蘭草坪的義軍營寨，福康安將其戰功上報，賜楊遇春「勁勇巴圖魯」名號，升為雲南督標中營都司。不久，楊遇春因為在高多寨抓到苗民起義軍首領吳半生，被提升為四川松潘營遊擊。

嘉慶元年（1796）二月，楊遇春升為四川普安營參將。十月，因攻打平隴起義軍大本營奮勇出力，嘉慶下旨，以升之缺升用，不久，提升為廣東羅定協副將。

嘉慶十一年（1807）二月，楊遇春回原籍四川給母親守孝，百日孝滿之後，他由原籍到京城覲見皇帝。七月，楊遇春來到西安，聽說寧陝新兵陳達順等鬧事，就會同陝西巡撫方維甸帶兵馳往查辦。嘉慶因楊遇春能以公事為重，給予嘉獎。九月，起義的士兵從眉縣的斜峪關向南逃到桃川五里坡。楊遇春帶兵迎擊，殺死了多名，抓住了他們的頭領鼓貴等人，然後分兵緊隨在他們的後邊追擊。起義士兵形勢窘迫，頭領之一滿大若率他手下的人請求投降，並捆縛首領陳達順、陳克倫、向貴獻給清兵。事情平定之後，下部議敘。當時投降的人中有起義士兵二百多人，德楞泰讓他們仍回到原來的隊伍。嘉慶皇帝因為德楞泰辦理錯謬，壞法養奸，楊遇春竟然不勸阻，又不據實奏參，隨同附和，有負使命，下部議處，降三級調用。嘉慶命加恩降四級留任。後又因為楊遇春在剿辦叛兵時，清官兵在方柴關臨陣潰散，便將楊遇

春解任，交給陝甘總督全保、四川總督勒保查明奏參。十二月，楊遇春降補寧陝鎮總兵官。

嘉慶十二年（1808），瓦石坪的叛兵韓金堂等鬧事，楊遇春偕同提督薛大烈分兵攻打，很快就將其全部撲滅。嘉慶下旨予以嘉獎。

次年，楊遇春進京覲見皇帝，命在乾清門侍衛上行走，仍授為固原提督。

又過了一年，楊遇春查閱陝安漢中營伍，請求將訓練懈怠的都司徐龍光等或革職或降職，嘉慶皇帝予以稱讚。

嘉慶二十五年（1820），特加楊遇春太子少保銜，賞戴雙眼花翎。

處理邊務頗有建樹

道光五年（1825），命楊遇春署理陝甘總督。

次年正月，歸化城箚薩史喇嘛請求到甘肅大通購買木材，理藩院已議定同意，但楊遇春認為，採辦木材對於老百姓生活以及邊防有妨礙，上奏請求停止。道光同意了。六月，楊遇春回疆。反清者的後裔張格爾進入邊卡鬧事，喀什噶爾辦事大臣巴彥巴圖等被殺死。楊遇春得知消息，傳檄烏魯木齊提督達凌阿、巴里坤、總兵官多隆武帶兵前往援助，並且上奏請求親率將士馳往剿辦。道光皇帝下詔，授楊遇春欽差大臣關防，率領諸軍進討。不久，又命授伊犁將軍長齡為揚威將軍，總統軍務。楊遇春及山東巡撫武隆阿為參贊大臣。十月，楊遇春馳達阿克蘇時，喀什噶爾、和闐、英吉沙爾、葉爾羌已相繼失守，敵人的氣勢已經逼近阿克蘇。張格爾又聚集了幾千人占了柯爾坪回莊，阻擋清兵前進的道路。清兵分兩路抄截，追趕到大郝紫爾卡倫，將其全部殲滅。捷報上奏，道光皇帝給予嘉獎，他還惦念邊外寒冷，特賜給楊遇春裘服。

道光七年（1827）二月，清兵屯駐在大河拐，敵兵五萬多人屯駐在洋阿爾巴特抵抗清兵。敵兵先派兵夜襲清兵大營，清軍有所防備，將敵兵擊退。

楊遇春馳至洋阿爾巴特，將清兵分作三路猛攻敵兵，敵兵大敗。張格爾又集聚十萬多人，佔據沙布都爾莊，清軍奮勇攻打，將敵兵逼到渾水河，又予以沉重打擊，斬殺了敵兵的頭領色提巴爾、第素丕卡克、占巴克。正在酣戰，西北樹林中突然有敵兵衝出來援助。楊遇春馬上分兵加以迎擊，斬殺了無數敵兵，其餘的逃到阿瓦巴特回莊，又聚集十餘萬人員負隅抵抗。清兵分出馬隊偷偷繞到敵兵的後邊，而派大兵進攻敵兵的正面，三面夾擊，敵兵不能支持，清兵又奮勇掩擊斬殺、俘獲了二萬多人，殲滅了敵兵，直追到洋達瑪河，將沿河一帶回莊中藏匿的敵兵搜捕乾淨。道光皇帝給以嘉獎，特晉升楊遇春太子太保銜。

三月，楊遇春帶兵進攻喀什噶爾，很快攻克。長齡駐紮喀城辦理善後事宜，武隆阿因病也留駐在喀城，楊遇春於是督兵進攻。四月，接連攻克了英吉沙爾、葉爾羌。楊遇春駐紮在葉爾羌，撫綏回民，另派固原提督楊芳收復和闐。不久，楊遇春偵察到張格爾從拉克沙逃跑到達瓦爾斯，於是從英吉沙爾與楊芳分路出卡，窮追了很久，最終仍未得到張格爾的蹤跡。七月，楊遇春乃整頓軍隊而回。楊芳追到塔爾克大阪，與敵交戰，斬殺了敵兵千餘人，而清兵也有不少傷亡。戰報上奏，楊遇春與長齡都下部議處，部議褫職，道光命從寬留任。

道光八年（1828）正月，楊遇春進京覲見皇帝，適值活捉張格爾的捷報上奏，道光命開複楊遇春任內的一切處分，實授陝甘總督，賞用紫韁，並下旨讓楊遇春回任所。五月，楊遇春押解張格爾進京，因為這件事辦得很妥貼，下部議敘。六月，道光命將楊遇春的畫像放在紫光閣，並親自作贊加以稱揚。

道光九年（1829）十二月，楊遇春七十歲生日，道光皇帝禦書綏邊錫祜匾額對聯，賜以福壽字，並壽佛、如意、服物，又賞賜給楊遇春妻子田氏衣物。

道光十年（1830）二月，楊遇春上奏說：「口外梨貢，向例由陝甘總督衙門差派弁兵赴吐魯番採買，雖經嚴令限期，飭令照額採買，誠恐道遠，

嘉慶帝御筆《聖謨定保》冊封面
本冊為嘉慶在平定天理教起義後所書寄語。

稽察難周，其承辦伯克輾轉假手，亦難免藉端滋擾，請停免以示體恤。」
道光聽從了他的建議。五月，楊遇春又上奏說：「涼州、莊浪二滿營兵缺
有限，閒散眾多，請借款生息，增設餘兵，藉資調劑。」部議命楊遇春在涼
州、莊浪二處綠營額兵內酌量均勻，挑補二成，以資調劑。六月，楊遇春又
上奏說：「古城孳生馬廠，倒閉過多，請敕烏魯木齊都統確切查辦，以歸核
實。」道光皇帝同意了。

　　八月，喀什噶爾回民安集延，聚眾闖入哨卡鬧事、聲勢不小。楊遇春認

為，伊犁、烏魯木齊及喀喇沙爾所轄之土爾扈特、霍碩特等處，距離喀城較近，飛檄調兵前往增援，並傳檄甘州提督胡超挑帶官兵先行出口迎探，相機加以剿辦，並上奏請求朝廷傳檄調固原提標，河州、肅州、西安、漢中各鎮標官及西安滿營馬隊出關進擊。道光皇帝同意按楊遇春的請求辦理。當時，楊遇春已親率標兵馳奔肅州，道光皇帝頒發給楊遇春欽差大臣關防，命他駐紮肅州，妥善辦理後路各種事務，不必親自出關，並仍授命長齡為揚威將軍，以都統哈郎阿、固原拉督參贊軍務。

九月，楊遇春到達肅州，上奏說：「分派司道大員會同營員照料滿漢官兵過境並請由山西、陝西添僱駱駝以備軍需。」又上奏說：「自哈密以西至阿克蘇，計四十站，應支馬匹料草，派員前往喀喇沙爾庫車等城購辦。」

道光十一年（1831）正月，因為清兵迎戰獲捷，就將還未到達口外的東三省兵及四川兵沿途駐紮，等候撤回。又將口外各城兵員酌量裁減，並撤肅州軍需局歸併蘭州，以節減浮費。道光皇帝對楊遇春的這些舉措十分滿意。四月，楊遇春偕同西寧辦事大臣恒敬上奏籌添察漢托洛亥蒙古兵數分布各卡，隨同官兵防堵操練。道光下旨照辦。

道光十二年（1832）三月，楊遇春遵旨議汰冗員，裁減甘肅、安西、直隸州州辦一員，狄道、固原、寧州三州，隴西、安定、中衛三縣訓導各一員。八月，楊遇春偕同陝西巡撫史譜奏請酌量裁減陝安、鹿州同知一員，蒲城縣巡檢一員，寧羌州黃壩驛丞一員，褒城縣馬道驛丞一員，延安府訓導、沔縣訓導各一員。又偕同烏魯木齊都統成格上奏說：「巴里坤、古城、濟木薩一處馬廠，孳生過多，不能容牧。酌擬變價留牧章程，以充兵餉而疏馬政；廠地不敷牧放，宜量為疏通，以免擁擠；牧兵毋庸添設，以節糜費；定價無取過重，以紓民力；交價不可過遲，以重餉項；老碎小之馬，請按年頂替，出廠估變；取孳大兒騍馬，不准以馬駒抵補。」兵部因所請三廠挑變馬匹，為數過多，駁令再行核實詳查，以杜絕浮濫。至於按年如數頂替出群一事，既失掉從前設廠取孳之意，又開將來任意挑變之私，應毋庸議。其餘各條，則都按楊遇春等的建議施行。不久，楊遇春又上奏說：「原請挑變之

《道光帝朝服像》

清代宮廷畫家繪，現藏於北京故宮博物院。

馬，業經詳挑，實系不堪適用。若不如數變估，則水草不敷，良劣擁擠，倒斃損傷，勢所不免。有關牧務，請仍如原奏辦理。」道光皇帝同意了楊遇春的請求。十月，楊遇春又上奏，裁減陝甘兩省馬步守兵1950名，戰馬四百多匹。所節省下的糧餉幹料，為撥補回疆新增防兵之用。下部議行。

道光十四年（1834）末，皋蘭縣的鄭曼年等人聚眾鬧事，焚燒了署衙，燒傷了官員。但不久，就被清兵捕獲，繩之以法。楊遇春因為未能先行防範，自己請求處分。

年近八旬善終故里

道光十五年（1835）正月，楊遇春因病請求開缺，道光皇帝因楊遇春年近八旬，舊病復發，請求開缺調治，合情合理，如果硬是不答應，心中實在不忍，就下旨准許他開缺，緩程來京陛見。五月，楊遇春入朝覲見。道光命晉封楊遇春為一等侯爵，在籍支食全俸，並以禦制紫光閣畫像贊一軸及人參、衣服、珍貴物品賞賜給他。

道光十七年（1837）二月，楊遇春死於家中。

楊遇春自束發即從戎，大小數百戰，衝鋒陷陣，冒矢石彈雨，往往冠翎、袍褲都破碎了，卻未曾受過傷，道光皇帝感慨他是一員福將。楊遇春死後，清廷加恩贈其太子太傅銜，以尚書禮厚葬。

黃炎培窰洞定律中的警戒

　　很小的時候，我們就已經知道了普希金的偉大，因為我們都很喜歡他的那個《漁夫與金魚的故事》。那個醜陋的老太婆，最初只不過想要一個新木盆。第一個願望被滿足之後，第二個願望接踵而來。一個接一個，胃口越來越大。

　　世人的貪慾，不都是這樣？得寸進尺，得隴望蜀。沒有止境的。但要警戒老太婆最後的結果，仍舊只有一隻舊木盆。

大 清 官 宦 檔 案						
姓名	和 珅	職務	尚 書	在職時間	不詳	
生年	1750	卒年	1799	享年	50歲	
字	致 齊	號	不詳	墓葬	不詳	
家庭關係	(父親) 常保		(母親) 不詳		(子女) 豐珅殷德	
婚姻狀況	初婚：不詳			配偶：不詳		
人生最得意	位極人臣二皇帝			人生最失意		乾隆病逝
人生最不幸	自盡而死			人生最痛苦		禍及子孫

從「二皇帝」到被滿門抄斬

—— 蓋世神奸和珅

「和珅跌倒，嘉慶吃飽。」

這句市井之語流傳了二百年。從官史稗乘到文學藝術，和珅這個清代歷史上最大的貪官也被人不斷評說演繹了二百年。然而，歷史上和珅的真實面目卻越來越紛雜難辨了。

和珅的發跡秘史

清野史記載，雍正有一位妃子，長得天姿國色，楚楚動人，乾隆心愛不已，因被疑調戲皇子而自縊。

後來，乾隆登上帝位，和珅初次入朝，乾隆大吃一驚，因為他的面相與

160

那位死去的皇妃，有不少相似之
處。乾隆自然對和珅產生了一種
憐愛之情。

　　一次，和珅陪侍乾隆在御花
園賞玩，乾隆偶然看到和珅，脖
子上有「上吊繩印」，就認爲和
珅是那位皇妃的化身，因此對和
珅處處庇護，百般提攜。

　　和珅，字致齋，姓鈕祜祿
氏，滿洲正紅旗人，生於乾隆
十五年（1750）。五世祖尼牙
哈納巴圖魯在清軍入關中立有戰
功，被授予三等輕車都尉世職；
叔祖阿哈碩色在康熙年間，隨駕
征準噶爾時，「追賊陣亡」，後
追敘其軍功，贈和珅之父常保一

和珅像

等雲騎尉，常保還兼任過福建副都統。和珅年少時，曾在咸安宮官學就讀，
受到了良好的訓練，學到了不少本領。

　　乾隆三十五年（1770），和珅參加了順天府的鄉試，但沒有考中舉人。
此後，他可能再也沒有應試。不過，沒有科名的和珅，後來多次成爲殿試讀
卷官、教習庶起士，以致他在咸安宮官學讀書時的老師吳省欽、吳省蘭中進
士時都出自其門下，反而稱他爲老師。

　　兩年後，和珅被授爲三等侍衛，屬於武職正五品，挑補在黏杆處（又稱
上虞備用處），負責皇帝出行的儀仗事宜，俗稱打執事。這是一種比較清閒
的差事，因爲皇帝並不是天天外出。但這一職位卻使和珅有機會接近乾隆，
獲得了非同尋常的際遇。

　　在眾多的侍衛中，和珅因何得到乾隆的賞識，正史與檔案中均無記載，

而野史與筆記中說法卻很多，有的說法很離奇。據薛福成《庸庵筆記》稱，一次乾隆要外出，倉促之間找不到儀仗用的黃蓋，乾隆責問：「這是誰的過錯？」眾侍衛驚懼不敢出聲，只有和珅應聲說道：「職掌此事的人難辭其咎。」乾隆一見，和珅儀度俊雅，聲音清亮，於是馬上將其提升。另有一說，一天乾隆在轎中背誦《論語》朱注，偶然忘了下文，和珅在旁背了出來，於是受知。總之，年輕的和珅英俊瀟灑，又頗有才學，在文化程度不高的八旗子弟組成的侍衛中顯得出類拔萃，由於一個偶然的機遇引起了乾隆的關注賞識，從而飛黃騰達。

乾隆四十年（1775），二十六歲的和珅被提升為乾清門侍衛。很快又再升為御前侍衛，並授正藍旗滿洲副都統。次年正月，授戶部右侍郎。三月，授軍機大臣。四月，授總管內務府大臣。八月，調鑲黃旗滿洲副都統。十一月，授國史館副總裁。十二月，兼任總管內務府三旗官兵事務，賜紫禁城內騎馬，旗籍抬入正黃旗。在極短的時間內，年輕的和珅平步青雲，從一名普通的侍衛，如同坐直升飛機一般升入到權力高層，成為乾隆的親信重臣，這種升遷速度是極為罕見的。

之後，和珅年年升官，歲歲進爵，分管的也多是肥缺要職，一旦駛入了權力的快車道。在中樞、部院中，和珅長期擔任軍機大臣、御前大臣、協辦大學士、文華殿大學士，先後擔任戶部尚書、兵部尚書、吏部尚書，兼任理藩院尚書，以大學士分管刑部、戶部事務等。在經濟方面，他擔任崇文門稅務監督長達八年（按規定一般為一年一換）、管理戶部三庫事務。在軍事方面，他先後擔任正藍旗、鑲黃旗、鑲藍旗、正白旗滿洲副都統、都統，兼步軍統領。在文化教育方面，他先後擔任《四庫全書》館、方略館、國史館、清字經館正總裁，文淵閣提舉閣事，三次擔任殿試讀卷官、教習庶起士，兼任翰林院掌院學士。其爵位，由三等輕車都尉，封一等男爵，晉三等忠襄伯，再晉一等忠襄公，位極人臣，秉權二十餘年。以上僅略舉大端，已可概見和珅所受恩遇之隆。

和珅發跡之迅速，原因是多方面的。首先，封建專制主義在清代達到了

靜宜園魚池

登峰造極的程度，「乾綱獨斷」已成爲最高統治者的唯一信條。乾隆帝晚年陶醉於「盛世」之中，喜聽諛言而不容諫言，更不容對時弊有所指責。他對廣大人民群眾進行殘酷統治、鎮壓，在統治集團內部則羅織文字獄，以望文生義、捕風捉影的手段，透過加上莫須有的罪名，製造濃重的恐怖氣氛，顯示皇帝生殺予奪的專制淫威。其結果，文人士子惴惴自危，從中央到地方的各級官吏惶恐不安，無不看乾隆帝的眼色行事。這就給和珅，這個最善於察顏觀色人物的晉升創造了有利條件。

其次，當時朝廷上雖有元勳阿桂等人，但對和珅的貪橫卻無可奈何。阿桂之父阿克敦官拜協辦大學士，阿桂以滿洲世族而屢建奇功，乾隆四十二年（1777）升爲武英殿大學士，相當於首席宰相。但此後十餘年間，他經常被乾隆帝派任外差，或赴各省治河，或赴各地查辦朝廷命案，或率軍出外鎮壓各地人民的反清起義，加之明哲保身，缺乏與和珅進行鬥爭的精神。

163

如史籍所載：「乾隆末，和珅勢漸張，阿桂遇之不稍假借。不與同直廬，朝夕入直，必離立數十武。和珅就與語，漫應之，終不移一步。阿桂內念位將相，受恩遇無與比，乃坐視其亂政，徒以高宗春秋高，不敢遽言，遂未竟其志。」這就助長了和珅的擅權。

再次，和珅聰明機敏，博聞強記，不但能詩善畫，對滿、漢、蒙、藏等語言文字也有所知曉，而且掌握了為人鮮知的西域秘咒，有較強的工作能力。這在當時朝廷官員中是很少見的，使他在隨侍皇帝處理大事中處於有利的地位。乾隆帝在《禦制平定廓爾喀十五功臣圖贊》中讚揚和珅：「大學士、三等忠襄伯和珅，國家用武，帷幄絲綸，事殊四朝。唯和珅承旨書諭，俱能辦理秩如，勒勞書旨，見稱能事。」另外，和珅也曾為乾隆帝整飭貪污之風效過力。乾隆四十五年（1780），雲南糧儲道海寧揭露了雲貴總督李侍堯貪縱營私後，乾隆帝立即命和珅處理此事。他一到雲南，拷問李家僕人，查出許多證據，接著又上疏陳奏雲南吏治廢弛、府州縣多虧帑等情形，回京後又向皇帝面奏了雲南鹽務、錢法、邊防等情況，「多稱上意，並允行」，顯示了和珅處理政務的才能。和珅還很「善體聖心」，對皇帝的起居可謂體貼入微。每當乾隆帝「有咳唾之時」，作為堂堂大學士的和珅竟「以溺器進之」。這無疑是他獲得寵信的重要因素。

乾隆帝晚年記憶力大減，智力遲鈍，往往「早膳已供，而不過霎時，又索早膳，宦侍不敢言已進，而皇帝亦不覺悟，其衰老健忘，推此可知」。每當朝鮮等國使臣謁見乾隆帝時，和珅均為出納帝命之人。嘉慶元年（1796）正月，朝鮮使臣為祝賀嘉慶帝即位，來到北京圓明園後，「太上皇帝使閣老和珅宣旨曰：『朕雖然歸政，大事還是我辦。你們回國問國王平安，道路遙遠，不必差人來謝恩。』」和珅在對外事務中尚且有如此大的權力，那麼他在對內政務中的左右力就可想而知了。

擅執朝政二十餘載

和珅自乾隆四十年（1775）發跡，至嘉慶四年（1799）正月被賜死，擅執朝政二十餘年。

他一人得勢，雞犬升天。弟弟和琳，官至總督，死後晉贈一等公，諡忠壯，配享太廟；兒子豐紳殷德，娶乾隆帝的掌上明珠固倫和孝公主為妻，並累遷都統兼護軍統領、內務府大臣；和珅之女嫁給康熙帝之重孫貝勒，和珅的姪女即和琳之女嫁給乾隆帝之孫子質恪郡王綿慶。和珅與皇室的聯姻無疑鞏固了自己的地位。此外，和珅的家人憑藉其勢，橫行霸道。各地的封疆大吏也紛紛攀附和珅，作為向上爬的靠山。正如來華的朝鮮使臣所說：「閣老和珅，用事將二十年，威福由己，貪黷日甚，內而公卿，外而藩閫，皆出其門。納賄諂附者，多得清要；中立不倚者，如非抵罪，亦必潦倒。上自王公，下至愚民，莫不側目唾罵。」

和珅自執掌朝政後，立即著手拉攏黨羽，把大學士傅恒之子福長安拉入軍機處後，兩人串通一氣，狼狽為奸。福長安成為和珅的得力助手，「其貪黷昧良，僅居和珅之次」。兩江總督蘇凌阿，「貪庸異常，每接見屬員，曰：『皇上厚恩，命餘覓棺材本來也。』人皆笑之。」就是這樣一個厚顏無恥的官僚，因與和珅之弟和琳聯姻，於嘉慶二年就擔任了東閣大學士，兼署刑部尚書。「其入閣後，龍鍾目茫，至不能辨戚友，舉動賴人扶掖」，被稱為「活傀儡戲」。侍郎吳省蘭、李潢、太仆寺卿李光雲，都因曾在和珅家教讀，被保列卿貳，兼任學政，成為他的黨羽。和珅的族孫景安被委任河南巡撫，他在白蓮教起義時不敢與起義軍正面作戰，總是在起義軍後尾隨，被人譏為「迎送伯」。

對於不附己者，和珅千方百計予以迫害、打擊。乾隆四十六年（1781）初，甘肅回民蘇四十三策動反清起義，很快逼近蘭州。清廷命和珅為欽差大臣，與大學士阿桂一同督師圍剿起義軍。因阿桂有疾，和珅受命兼程先進。他一到達蘭州，即命諸將分四路冒險進兵，起義軍人數雖只千餘，但戰鬥

力頗強，「素業射獵，精火槍，又負地險。官兵萬餘，皆營於城東，與賊遼隔，屢犨挫銳，每夜輒驚擾，槍炮達旦」。固原總兵圖欽保和千餘名清兵被擊斃。不久，阿桂來到蘭州，和珅「委過諸將不聽調遣」。後來兩人一同部署戰事，「阿桂所指揮，輒應如響，乃曰：『諸將殊不見其慢，當誰誅？』和珅恚甚」。乾隆帝察知此事，斥責和珅，奏報不實，令其速回京。「和珅用是銜阿桂，終身與之齟齬」，兩人始終勢如水火。

嘉慶帝的老師朱珪及其寵臣、東閣大學士董誥，也躲不過和珅的陷害。嘉慶元年，太上皇乾隆帝下詔調朱珪來京任大學士，嘉慶帝得知此事後，寫詩向自己的老師表示祝賀。然而，「屬稿未竟，和珅取高宗曰：『嗣皇帝欲市恩於師傅。』」乾隆帝大怒。幸虧董誥在旁解勸：「聖主無過言。」乾隆帝雖未治嘉慶帝和朱珪的罪過，終「以他事罷黜之召」。董誥也因替嘉慶帝說話而得罪了和珅。嘉慶二年，董誥回家奔母喪，當時，川楚陝白蓮教大起義正蓬勃發展，乾隆帝欲召回他以應付危局。每當接見大臣總要問：「董誥何時來？」次年，董誥葬母畢回京，和珅卻從旁掣肘，「遏不上聞。」「會駕出，誥於道旁謝恩，高宗見之，喜甚，命暫署刑部尚書」，這才得以衝破和珅的阻撓。

對於和珅的專權，不僅朝廷內外，甚至在當時來到中國的外國使臣中也可聽到許多議論。英國使臣馬戛爾尼回國後說：「這位中堂大人（和珅）統率百僚，管理庶政，許多中國人稱之為二皇帝。」

和珅對幹練之臣百般詆毀，處心積慮地擴大自己的職權，施展淫威。乾隆五十六年（1791），清廷刻《石經》於辟雍，命和珅為正總裁。當時，總裁共有八人，尚書彭元瑞獨任校勘，並受皇帝之命編《石經考文提要》。「事竣，元瑞被優賚。」和珅十分嫉妒，千方百計詆毀彭元瑞，說他「所編不善，且言非天子不考文」。乾隆帝對此駁斥說：「書為欽定，何得目為私書耶？」但和珅仍然不死心，私自命人撰寫《考文提要舉正》，繼續攻擊彭元瑞。他把此文冒充己作進呈乾隆帝，並以《石經考文提要》「不便士子」為名，要求皇帝將其銷毀，被拒絕。後來，「館臣疏請」將《石經考文提

《朱珪畫像》

朱珪（1731～1807），北京大興人，在嘉慶初年朝政中有舉足輕重之地位。

要》頒行全國，由於和珅從中掣肘而「中止」。和珅還暗中命人「磨（《石經》）碑字，凡從古者盡改之」，以發洩自己的不滿。嘉慶二年，和珅受任刑部尚書，乾隆帝又命他兼理戶部「緊要大事」，但他到任後，竟獨攬戶部的一切權力。同年，他又下令，以後大臣的奏章，一律要另備一份副本呈交軍機處，使和珅先於皇帝閱看奏章，預知臣僚所奏事件的內容。這樣，他就透過控制上奏章的管道獨攬了朝政大權。

嘉慶帝永琰當皇子時，被乾隆帝選為儲君。和珅密知此事，故於乾隆六十年定儲位詔書發布的前一天，給永琰呈遞一柄如意，表示這次即帝位完全是自己擁戴的結果。這實質上是向嘉慶帝邀功，以便在今後繼續攬權。

太上皇之寶
這是乾隆作太上皇時所使用的寶璽。

和珅府花園蝠廳舊址
座落於和珅花園的假山上，構造複雜而精巧。

嘉慶元年，永琰即位爲帝，但乾隆帝依然以太上皇名義訓政，和珅繼續受到重用。嘉慶帝雖察覺和珅有挾己之心，但礙於皇父情面，不得不示以親信之意，同時裝出「不欲事事」和與世無爭的姿態，以麻痺和珅。如「和珅或以政令奏請皇旨，則輒不省曰：『惟皇爺處分，朕何敢與焉。』是以亦恣行胸臆」。由於乾隆帝耄而健忘，和珅更能左右其意旨，成爲出納帝命之人。於是，他的專擅程度甚於往昔，人皆側目，連皇帝也莫敢如何。一次宴筵席上，和珅上奏乾隆帝減掉太仆馬匹，甚至影響到皇帝乘騎，使嘉慶帝暗自歎息說：「從此不能複乘馬矣。」他還把自己的老師吳省蘭派到嘉慶帝身邊，名爲幫助整理詩集，實欲窺探皇帝的一舉一動。更有甚者，他竟能否定皇帝的意旨。嘉慶二年，嘉慶帝鑒於來年春間自己「臨雍禮成」，下諭旨定於「冬間大閱」。和珅即以川楚白蓮教大起義未被撲滅爲由，向乾隆帝提出不擬舉行這一典禮。後者立即接受了，足見和珅的專擅到了無以復加的地步。

　　乾隆年間，天下承平日久，伴隨社會生產力的發展和商品貨幣經濟的發

達，封建官僚、地主階級腐化日深，因而貪官數目之多、官員品級之大、贓額之巨、手段之高、範圍之廣，堪稱清代歷朝之最。乾隆帝雖然時時以懲貪爲務，對貪官屢興大獄，懲罰的手段頗爲嚴厲，但是剪而不絕，貪官也沒有絲毫的改弦易轍，相反的倒是人人聚斂，上下交征，貪心日巨，貪風日熾。檢索有關史料，人們就不難發現，許多大案要案均發生在和珅專權之後，顯然與他不無關係。

乾隆四十六年（1781），浙江巡撫王亶望在甘肅藩司任內貪污監生所交的賑濟糧案發，清廷在其家搜出金銀百萬兩之多。結果，王本人被斬，陝甘總督勒爾謹賜令自盡。事後，通政司副使錢灃察明勒爾謹、王亶望皆爲和珅私黨，陝西巡撫畢沅又經常奔走和門，與勒、王兩人狼狽爲奸，且知情不舉，於是上奏疏彈劾畢沅。他指責畢沅「明知積弊已深，不欲抉之自我，寧且隱忍以負朝廷，實非大臣居心之道，其罪較之捏結各員，尤覺有增無減」，要求「將畢沅比照諸人嚴加議處，以昭憲典之平」。和珅雖然沒有能保住勒爾謹、王亶望等人的性命，但終於使畢沅免予議處。

在和珅的縱容下，當時的吏治已十分腐敗，可乾隆帝與和珅還在一味粉飾太平，對正直大臣處處掣肘。乾隆五十五年，內閣學士尹壯圖上奏說：「各督撫聲名狼藉，吏治廢弛。臣經過地方，體察官吏賢否，商民半皆蹙額興歎。各省風氣，大抵皆然。請旨簡派滿洲大臣同臣往各省密查虧空。」這番話道出了實情，可是乾隆帝對此十分不快，和珅也很忌恨尹壯圖，生怕他的「密查虧空」之火又會燒到自己頭上，於是決定整整他。和珅表面上要求乾隆帝派尹壯圖和戶部侍郎慶成一同赴各地清查倉庫，暗中卻命令慶成監視牽制尹壯圖。慶成每至一地，並不急於盤查，而是遊宴數日，令尹壯圖枯坐館舍，一舉一動都要受到限制。事先得到消息的地方官吏，趕緊東挪西借，暫時補足虧空，結果自然查不出任何弊竇。尹壯圖只得自承虛誑，奏請治己罪。結果刑部以挾詐欺公、妄生異議罪，判處斬決。還是乾隆帝自覺太重了，免去死罪，降職爲內閣侍讀，後又改爲禮部主事。這使和珅貪贓的氣焰更加囂張。

《乾隆帝秋景寫字圖》
清宮廷畫家繪，現藏於故宮博物館。

　　和珅不僅百般庇護各地的貪官污吏，而且更不容許正直官員觸及自己的管家。和珅管家劉全恃勢營私，「衣服、車馬、居室皆逾制」。陝西道監察御史曹錫寶「將論劾」，和珅的黨羽吳省欽聞知此事，立即跑到熱河密告巵從乾隆帝的和珅。於是，和珅急忙將劉全叫到熱河，主仆兩人經過一陣緊張的策劃，劉全「毀其室，衣服、車馬有逾制，皆匿無跡」。乾隆帝看到曹錫寶的奏疏後，即質問和珅。和珅詭稱自己平時對家人管束甚嚴，如有此事當

予以重懲。於是，乾隆帝命留京辦事王大臣召曹錫寶「問狀」，又令步軍統領「遣官從錫寶至全家察視，無跡，錫寶自承冒昧」，最後受到了革職留任的處分。

和珅之所以不遺餘力地曲庇貪官，主要是因為他從中央和各地官吏手中收受了巨額的賄賂。例如嘉慶四年正月，和珅被捕入獄後，交待了一些珍寶的來歷。儘管這供詞只是一些支離破碎的片斷記載，但人們仍可從中窺見他貪贓受賄之一斑——

珍珠手串，有福康安、海蘭察、李侍堯給的，珠帽頂一個，也是海蘭察給的。此外珍珠手串，原有二百餘串之多，其饋送之人，一時記不清楚。寶石頂子，奴才將小些的，給了豐紳殷德幾個（原注：豐紳殷德為和珅子，即和孝公主之駙馬），其大些的，有福康安給的。至大珠頂，是奴才用四千餘兩銀子給佛寧額爾登布代買的，亦有福康安、海蘭察給的。鑲珠帶頭，是穆騰額給的，藍寶石帶頭，系富綱給的。又家中銀子，有吏部郎中和精額於奴才女人死時送過五百兩，此外寅著、伊齡阿都送過，不記數目。其餘送銀的人甚多，自數百兩至千餘兩不等，實在一時不能記憶。

可見，乾隆後期，儘管清廷誅戮了一大批包括總督、巡撫、布政使和按察使在內的貪官污吏，但官場的貪污聚斂之風未有絲毫的收斂。其重要原因之一就是，從中央到地方的各級官吏需要籌集大量銀兩，透過進貢、接駕、祝壽、獻禮等方式，以滿足乾隆帝揮霍錢財、和珅貪贓無厭的欲望。所以，乾隆帝與和珅實是官場貪污之風的總根子、罪魁禍首。

和珅自掌權後，即以聚斂自豐為唯一之目的。他貪贓無厭，不顧一切地搜刮財貨，主要手段有：

第一，收受賄賂。和珅大權在握，使得各省督撫司道畏其傾陷，不得不輦貨權門，以結其奧援。於是紛紛向他行賄，和珅的供詞中已說明了這一點。

「嘉」「慶」連珠璽
璽為玉質，現藏於北京故宮博物院。

　　第二，擅取大內寶物。乾隆帝晚年，追求奢侈，揮霍無度，對於女樂、珍寶、宴席、巡遊無所不愛，各地官吏和紳商紛紛供奉，因此大內積存了許多寶物。和珅仗著得寵，自由出入宮禁，凡看中的東西便私自拿回家中。有一次，兵部尚書孫士毅在宮門外遇見和珅，和珅問他手中所持何物。孫回答說是一隻鼻煙壺。和珅接過一看，壺由一顆大如雀卵的明珠雕琢而成，精美異常，於是要求孫士毅轉贈給他。孫告訴他，此壺早已奏聞皇帝，如果選不中再贈給他。過了幾天，和珅又遇見了孫士毅，聲稱前一日得了一隻珠壺。孫一看，原來就是他進奉的那只。當時，他還以為是皇帝賞給和珅的，以後經過調查，方知此壺是和珅從大內偷出去的。

　　第三，私吞貢物。各地官吏與紳商進貢的寶物，往往未及入宮就被和珅竊取。有一次，宮中的一隻直徑一尺左右的碧玉盤為皇八子打碎。因它是乾隆帝鍾愛之物，皇八子十分恐懼。於是就和他的弟弟成親王一同向和珅求援。和珅故作難色，皇八子嚇得大哭。成親王將和珅拉到僻靜處百般求情，和珅才答應設法幫助解決。過了幾天，和珅給了兄弟倆一隻直徑為一尺五寸的碧玉盤，色澤也超過了被打碎的那一隻。他們這才如夢初醒，各地所供之

物，上等者皆入和珅宅第，次等者方入宮中。嘉慶帝後來也指出：「督撫等所進貢物，在皇考不過賞收一二件，其餘盡入和珅私宅。」此話雖說替乾隆帝辯解，但卻勾畫出和珅貪婪的嘴臉。

對於和珅這種肆無忌憚地貪污中飽的劣行，乾隆帝當然不會不知道。然而由於兩人相互依賴，在搜刮錢財方面具有共同點，正如明清史專家鄧之誠先生所指出的：「乾隆以軍旅之費，土木遊觀，與其不出正供之費，歲無慮億萬，悉索之和珅，和珅索之督撫，督撫索之州縣。」乾隆帝還經常把大量錢財交給和珅，名為任其支配，實為容許其私吞。例如，乾隆五十三年正月，乾隆帝下諭旨將張家口地方所得稅課盈餘「著交和珅三萬兩」。二月乾隆帝又把「所得羨餘銀三千六百兩」交給了和珅。這也說明，乾隆帝是和珅肆意貪污、侵吞國家資財的後臺。

和珅貪名太甚，後世談論更多的則是他的財富。那麼，和珅的家產到底有多少呢？歷來傳說不一。有人說其抄沒家產估計值銀2.2億兩，多數學者傾向此說。《清稗類鈔》竟稱「籍沒家產，至八百兆有奇」，即8億兩以上。這顯然是不可能的，當時全國的財政收入每年也只有7000萬兩左右，和珅再貪，也不可能在二十餘年裡聚斂到相當於全國十幾年財政收入總和的財富。

據案統計，和珅被抄家時，除各處住宅、花園外，總計抄出各色銀300餘萬兩，金3.2萬餘兩，各處土地一千餘頃即十餘萬畝，各處收租房屋一千餘間，當鋪、銀號多處，以及各種珠寶、衣物，家產總值約近一千萬兩。這與上諭所講大致吻合，雖然在辦理過程中，嘉慶指示「不必過於株連搜求」，但也不可能有多少遺漏。

不過一場夢而已

和珅能夠長期把持朝政，權傾中外，千方百計聚斂起巨額家產，富甲天下，靠的是乾隆非同尋常的恩寵。一旦失去了乾隆這一靠山和寄主，不可一世的和珅也就成了斷了線的風箏。

和珅府花園湖心亭舊址
位於今北京什剎海西街。

當和珅待罪獄中，對著窗外元宵之夜的明月，感悔賦詩「對景傷前事，懷才誤此身」，但到底是誰誤了他呢？

嘉慶四年（1799）正月初三，乾隆帝去世。第二天，嘉慶帝削去了和珅的軍機大臣、九門提督銜，命與其黨羽、戶部尚書福長安晝夜守值殯殿，不得擅自出入。接著，他又下了一道諭旨，內稱：

太上皇之在位，英明仁慈，邁齡既高，仁慈益甚，如文臣將士，稍著勞績，立與封賞。即偶或兵敗失機，亦不重懲，惟去職留任而已。設能帶罪立功，則前咎且不問，仍與複職，並加優獎，足證上皇聖慈，待遇臣僚之恩洪惠深，可謂至極！詎內外文武，不能體上皇之柔懷，反通同為弊，出征之師，以負言勝，略一挫敵，則屢陳功績，冀覬上賞，其心已不可問。而況喪師辱國，罪豈尚可逭乎？久之內外蒙蔽，上下欺隱，匪亂屢作，殃及良

175

民。武政之廢，將士驕惰，賴有上皇近臣，為之緩頰，日復一日，幾目朝廷法律，猶同兒戲，長此以往，國體何存，威信奚在？且查歷年兵部，軍糈一項，動輒鉅萬，究之事實，則皆執權者從而吞沒，輾轉盤剝，迨及士卒，只十分之一二，則國家坐耗巨餉，非養兵也，乃為權臣謀耳。試問兵奚能強，戰焉可克？蓋國之強弱，與武政相關，甚為重要，今疏忽如是，後將何堪！是以特著各部院大臣著實查辦，以修武政，而安天下。此諭。

諭中「上皇近臣」，即和珅，這表明嘉慶帝決心要正其罪而誅之。因此，諭旨一下，舉朝震驚，反和珅派立即活躍起來。給事中王念孫等引經據義，首劾和珅，非常符合嘉慶帝的心意。正月初八日，嘉慶帝下令將和珅及其黨羽、戶部尚書福長安逮捕入獄。十一日，嘉慶帝在上諭中列舉了和珅的種種罪狀，命令各省督撫據此議罪，同時又指出，和珅如另有劣跡，一併據實複奏。於是，直隸總督胡季堂奏稱：和珅喪盡天良，非複人類，種種悖逆不臣之行為，幾同川楚「教匪」，而其貪黷放蕩之劣跡，直如一無恥小人，更有甚者，喪心病狂，目無君上。他要求按大逆律將和珅凌遲處死。這就有力地支持了嘉慶帝，從而將反對和珅的鬥爭推向了高潮。

和珅在審訊中，雖然作了一番辯解，稱其中一些條款「實系出自太上皇帝的旨意」，但皆一一供認不諱，「奴才罪該萬死」。最後由大學士九卿文武大員等定擬和珅罪名，請照大逆律凌遲處死，福長安照朋黨律斬決。嘉慶帝初欲照此辦理，但由於皇妹和孝公主再三涕泣求情，大臣董誥、劉墉等也奏稱和珅曾任乾隆朝大臣，請從次律。十八日，嘉慶帝決定照雍正帝誅年羹堯例，賜令和珅自盡；福長安從寬改為應斬監候，秋後處決，並令監提福長安前往和珅獄所，跪視和珅自盡後，再押回本獄，後又將其釋放回家，到裕陵去守陵。和珅之弟和琳已死，削奪公爵，撤出太廟，並毀專祠。和珅之子豐紳殷德因娶和孝公主成為額駙，留襲伯爵，其餘職務一概免除。和珅黨羽蘇凌阿、吳省蘭、李潢、李光雲等降革有差。

和珅臨死時作詩說，五十年來夢幻真——一場夢而已。

嘉慶帝御筆「聖集大成」匾
題於嘉慶十三年（1809），現藏於山東曲阜孔廟。

黃炎培窯洞定律的警戒

有人說，把和珅列為中國歷史上頭號貪官恐怕也不為過，他獲罪被抄沒的家產可支國家十年之多，於是民諺有云：和珅跌倒，嘉慶吃飽。和珅的驚人家私便宜了嘉慶，他是可以吃得滿嘴流油，卻不知民間早已餓破了幾重肚皮。貪官的危害性之大，時而連統治階級都能感受到它有傾覆國家的危險，何況對於老百姓而言，他們是直接受害者，理所當然更為深惡痛絕。所以巨貪和珅罪大惡極，一死不足以平民憤。

回過頭來再說這世上黃白之物，沒有人敢言不喜歡或不需要，只不過和大人的貪戀近乎達到了癡狂，也能想像得到為積累起這份家當他是耗費不少心力的，就算冒壞水總還要死腦細胞的吧！可到頭來為誰辛苦為誰忙，不由使人想起「積得金銀總是空」的詩句來。想當年楊松為滿足財欲，不惜妨賢賣主，終了未及享受榮華之福，便身首異處，徒留後世千載笑柄。那楊松與和珅當屬同道中人，惜乎和珅被金銀之光眯了眼，難以從楊松的下場中找到前車之鑒。

雖然楊松在三國裡乏善可陳，好在他還可以做面鏡子，成為警世後人的反面教材。但千百年以來，甘願步楊松後塵的人連綿不絕，和珅不正是最典

177

型的一個？這些視楊松為榜樣的人猶如飛蛾撲火，明知是死地而不顧究其原因，無非是那金銀的光華太過誘人，於是乎在他們眼裡，就只剩下這一個目標，在他們身上，反面教材失去了教育的力度。

時下看到一種怪現象，但凡貪污者不以楊松、和珅的教訓為警示，而與他們的貪污程度相媲美，常見新聞報導稱貪官們受賄數目如何驚人，乃至於統計數位要以重量單位來測算。當你面對這一切感覺是什麼滋味，同他們的貪污罪行相比，劉青山張子善也許會在地府叫屈，橫豎是個死字，當初怎不多貪贓些。

常言道：人為財死，鳥為食亡。楊松、和珅輩身體力行，很好地貫徹了這句話的宗旨，並確實用自己的生命畫上句號。一個楊松倒下去了，起來一個更強的和珅，如今和楊早已作古，釘在了歷史的恥辱柱上，然而在他們身後，還有不少徒子徒孫，追循前輩遺留的「風采」，前赴而後繼。

朋黨定律下的扭曲

各朝各代皆有朋黨、幫派，是一個很有中國特色的歷史現象。中國傳統社會的最大特點是，它是一個宗法社會。

於是在歷史上，無論處廟堂之高，江湖之遠，總能見到古老的中國人在忙著拉幫結派。像一個個勤奮的蜘蛛，編織著屬於他們自己的網路。

大 清 官 宦 檔 案						
姓名	琦善	職務	總督	在職時間	不詳	無
生年	1790	卒年	1854	享年	65歲	
字	不詳	號	不詳	墓葬	不詳	
家庭關係	(父親) 成德		(母親) 不詳		(子女) 不詳	
婚姻狀況	初婚：不詳			配偶：不詳		
人生最得意	道光帝最為得意的四大吏之一		人生最失意		從欽差到欽犯	
人生最不幸	鴉片戰爭的犧牲品		人生最痛苦		成了「賣國賊」	

從國之重臣到國之罪人

——鴉片戰爭中頗受爭議的琦善

　　蔣廷黻說，琦善在鴉片戰爭中，軍事方面雖無可稱讚，亦無可責備，外交方面則審察中外強弱形勢和權衡利害輕重，「實在是超越時人」。

南下的「倒楣」之旅

　　琦善（1790-1854），字靜庵，博爾濟吉特氏，滿洲正黃旗人。出生於一個世襲一等侯爵的貴族家庭。父成德，曾任杭州將軍及熱河都統。

　　嘉慶十一年（1806）16歲的琦善由蔭生授刑部員外郎，以後歷任刑部郎中、通政使司副使、河南按察使、江寧、河南布政使。嘉慶二十四年（1819）升河南巡撫，因督治河工失職，被革職。不久，又被起用為河南

180

道光帝御筆《恭儉惟德》帖
道光元年（1821）書，現藏於故宮博物館。

按察使。道光元年（1821）後，先後任山東巡撫、兩江總督兼署漕運總督。道光七年，又因在河工大案中犯有主要過咎，部議革職，但在道光帝的庇護下，只降爲內閣學士，一個月後即又授山東巡撫，九年升四川總督。道光十一年調直隸總督，此後一直署理或實任直隸總督達十年之久。其間，道光十六年授協辦大學士，十八年又拜文淵閣大學士。他是滿洲貴族，受到道光皇帝的寵信和倚重，又任封疆要職多年，平日與穆彰阿相結納，因而權傾內外，傲視一切。

從19世紀初期開始，英國就以英屬印度爲基地向中國輸入大量的鴉片，這種毒品走私嚴重損害了中國的國家利益。清朝政府決定禁煙，並派林則徐前往廣東主持禁煙。林則徐虎門銷煙之後，中英關係惡劣。1840年6月下旬，英國「遠征軍」到達中國，宣布封鎖珠江，隨即北上，7月6日攻佔浙江定海。8月，又侵入天津海口，並要求賠償煙價和割讓島嶼。清廷對定海陷落和英軍北上極爲震驚，即撤換林則徐，派直隸總督琦善負責交涉。8月30日，經道光帝同意後，琦善致函英方，一面對英方提出的要求表示婉拒，一面聲稱：「上年欽差大臣林等查禁煙土，未能仰體大皇帝大公至正之意，以致受人欺蒙，措置失當。必當逐細查明，重治其罪。惟其事全在廣東，此間無憑辦理。貴統帥等應即返棹南還，聽候欽差大臣馳往廣東，秉公查辦，定能代伸冤抑。」這大大助長了敵人的氣焰。英方代表義律咄咄逼人，於9月1日複照說，林則徐既是欽差大臣，「責已不在一人」，必須由清廷承擔責任。其實「返棹南還」正符合英方的需要，他們估計清廷短期內絕無可能接受英國

御賜陳孚恩「清正良臣」匾

陳孚恩（？～1866），江西新城人，深得道光帝賞識，賜匾嘉獎。

的廣泛要求，冬季不久即將到來，英國人無法在寒冷的白河口過冬，很願意將談判改到廣東進行。

　　他們企圖利用這個問題進行訛詐，在上述複照中聲稱：清廷必須先允賠償煙價，英方才能同意去南方繼續商談其他問題，「如實未能允准，則難望早為承平定事」。也就是說，如不答應賠償煙價，英軍就要在天津海口採取行動了。琦善接信後連忙報告清廷，後答復英方說，煙價一事，「大皇帝斷不能允准賠償」。但接著又說，煙土「所值無多」，此事到粵後「一經秉公查辦」，「必能使貴統帥有以登覆貴國王」，實際上就是同意賠償煙價。英國得到這一保證，很快自白河口南下。

　　1840年8月，主「剿」的林則徐因「措置失當」被「重治其罪」。新任欽差大臣琦善帶著道光皇帝要求其「撫夷」的使命南下查辦。琦善沒能在「延宕」中使義律讓步，卻冒著虎門戰役隆隆的炮聲，與義律達成了不具法律效力的《穿鼻草約》。草約墨蹟未乾，1841年2月末，又傳來關天培血染武山炮台的噩耗。當兩者最終呈現於道光皇帝案前，業已變卦主「剿」的道光皇帝一旨「慰忠魂無他法，全在汝身」，使到廣東還不及半年的琦善被「革職鎖拿，查抄家產」。

　　從欽差到欽犯，南下之旅成了琦善的「倒楣」之旅，這恐怕是當時清朝諸多官員包括琦善自己絕沒有料到的。但從其後參與到鴉片戰爭中的奕山、奕經以及伊裡布、顏伯燾等大員的相繼被革職來看，琦善的命運也就在

情理之中了。也正是琦善之後諸多大員的被革職以及鴉片戰爭的最終失敗，反過來也爲琦善洗清了其先前被指控的「罪名」。的確，抗戰派不等於愛國派，主和派也並不等於投降派。看來，琦善的「倒楣」並非因爲其「有罪」，而是因爲其「運氣」不好，攤上了一件非其個人能力而能夠辦好的差事，與林則徐一樣，琦善也是鴉片戰爭的犧牲品。

顛地舊照

顛地，英國鴉片販巨魁，長期在廣州從事鴉片走私活動。

國勢將頹的兩難抉擇

　　琦善的倒楣與其地位不無關係。鴉片戰爭中相繼倒楣的人，無一不是聲名顯赫、聖眷正隆的重臣。在去廣東之前，琦善乃一等侯爵，文淵閣大學士，官居直隸總督，是當時道光帝心中最爲得意的四位大吏之一（另三位爲兩江總督陶澍、湖廣總督林則徐和雲貴總督伊裡布），世受皇恩，辦事果敢銳捷，對「天朝」忠心耿耿。當巴麥尊（帕麥斯頓）的照會因翻譯問題被道光帝誤解爲「英夷」只是上門「告禦狀」的「負屈」外藩（實際上巴麥尊照會要求中國伏「降」），從而決定由「剿」變「撫」，林則徐自然成了替罪羊。派誰去「撫」呢？陶澍年老多病，伊裡布負有鎮守雲貴「蠻族」之地的重任，琦善主「撫」（他先亦主「剿」，但在白河口見識了英方的「船堅炮利」後，深受震懾，變爲主「撫」），又正得寵信，且在天津查禁鴉片事業已完成，重任須重臣，自然成了南下的首要人選。

　　既然是「撫」，自然不可開邊釁，當然更不可失國體。開邊釁好理解，

就是打仗。但何爲失國體？在深受儒家傳統影響，仍不知英吉利位居何方的「天朝」觀念中，英國乃「化外蠻夷」，「夷性犬羊」的「蕞爾小國」。「撫」不過是對其施點「皇恩」而已，按照道光帝對巴麥尊照會的理解，只要撤了林則徐，允許中英官方檔往來用「照會」，讓英人在廣州通商，賞點錢（鴉片損失費），就算不錯了，英方再有什麼非分要求，就是過分。如果誰要臣服於英方的「非分要求」，那就自然有失「天朝」尊嚴。

但《巴麥尊致中國宰相書》中第三條爲：「割讓沿海島嶼」；第五條爲：「賠償軍費」；巴麥尊訓令中

陶澍畫像

陶澍（1779～1839），湖南安化人。道光時率先在兩淮推行鹽務改革，效果甚佳。

還要求開放「五口」爲通商口岸。其他條件不說，單這幾條，可看出英方的開價與清方的底價間差之天壤，沒有調和的餘地。這也就註定了「撫」不下去。「撫」不下去只有「剿」了，用道光帝的說法是「痛加剿洗」！但夜郎自大的「天朝上國」又有能力「剿」嗎？

一邊是日漸沒落的王朝，一邊是已完成工業革命、擁有廣大殖民地的資本主義第一強國。無論從武器裝備、軍隊戰術還是運兵速度，清朝皆與英國

不屬同一檔次，鳥槍對大炮，以何取勝？從對敵情的掌握來說，清方也是瞎子摸象。

倒是琦善有自知之明，認識到「化外蠻夷」的實力而不惜一切去「撫」，並將實情奏與道光皇帝。但對於並無自知之明的道光帝來說，琦善的誠實無異於是一種怯懦，琦善的讓步無異於有失「國體」。

喪權辱國的外交條約

1840年9月，琦善因退敵有功被任命為欽差大臣，兼程前往廣東。同年11月末，琦善來到廣州，中英談判隨即繼續進行。雙方經過交涉後，達成賠款六百萬元。但在割地方面，琦善卻不敢答應。1841年1月，義律再攻陷了虎門外的沙角炮臺。1月11日，琦善致函義律：「准其就粵東外洋之香港地方，泊舟寄居。」琦善所指的「香港」是香港島的西南一隅（今香港仔），因為當時「香港」一詞並非全島的總稱。5天後，英艦琉璜號船員在艦長拜爾狄率領下在香港西北登陸。英國人稱登陸地方為佔領角，即今上環水坑口街附近。1月27日，義律和琦善在番禺蓮花山舉行了秘密會議。在該次會議中，爭論是割讓香港全島還是香港仔的問題。最終，他們未達成任何協議。2月13日，義律又要求琦善確認草約，但琦善不肯簽訂該草約。結果，草約只是一份空文。

在專制主義的清王朝，臣子本無外交權，一切大事最後均須皇帝定奪，外交權掌握在皇帝手裡。何況，自康熙大帝1689年與俄方簽訂《尼布楚條約》時有過一次重大而成功的外交外，天朝上國的清王朝與外國人打交道多半是外國人對天朝的「朝覲」，不可能有「蠻夷」與天朝平等而坐的談判。實際上，由於迫不得已的閉關鎖國，天朝很少與外國人接觸，「恩許」廣州通商的洋人也僅僅是老實地做點生意而已，清朝與其接觸更談不上什麼「外交」。

真正的外交對於道光朝的大員乃至皇帝本人來說是頭一次碰到，偏偏對

手是個老手，從打敗西班牙的「無敵艦隊」到擠掉荷蘭的霸主權威，從征服印度到英美戰爭以及組織歐洲反法聯盟打敗拿破崙，召開維也納會議，建立神聖同盟，英國的外交手段堪稱「爐火純青」。

當然，外交不是空口說白話，不是君子國間的道德交易，對於涉及到「利益」之爭的外交，背後必要有強大的實力爲後盾。在現實主義的國際關係裡，實力才是決定一切的因素。而論實力尤其是軍事實力，中英不是一個檔次。由此看來，既無實力作後盾，又無經驗打先鋒，琦善的外交也就多少有些尷尬了。

首次接觸英國人，在白河口見識到英軍炮艦，琦善「深受震懾」。再次接觸到英國人是在廣州，既徹底堅定了清軍不敵英軍的判斷，又領略到了英人並非「情詞恭順」，而是「桀口不馴」。琦善的見識與親身感受也爲其外交定下了基調，那就是極力妥協以至不惜冒抗旨的風險。因爲他覺得非此不能爲「天朝」求最大利益。琦善的外交體現在廣東談判，成果即是《穿鼻草約》。當感到道光帝的「聖裁」與義律的「開價」相差甚遠之時，琦善做了哪些努力呢？他無權做出讓步，但他又要執意求和，唯一的手段就是盡力勸

簽訂《南京條約》雙方代表合影舊照

條約簽訂於道光十二年（1842）。

說對方，討價還價，實在不行就擅權做適當讓步，事後呈皇帝批准，琦善正是這麼做的。

　　交涉之初，琦善同意賠償煙價500萬元被婉拒，後來讓步爲600萬元，並代奏聖恩在廣州之外另闢一口岸，但英方仍不同意。於是琦善用盡手段，在照會中對義律「善意」勸告，不得其果。當義律「依照兵法辦行」並攻佔了沙角、大角後，琦善面對現實又做了讓步：「代爲懇奏」予給口外外洋寄居一所；「代奏懇恩」廣州恢復貿易。但英方得寸進尺，道光帝業又主「剿」，於是琦善不惜謊言誑騙聖上，抗旨照常行事，因爲他對和談仍不死心，相信自己能說服義律，並說服皇上。

　　經過幾番「磨難」，琦善終於與義律達成了所謂的初步協定《穿鼻草約》的內容爲：割讓香港，賠償煙價600萬元，恢復廣州通商，中英平等外交。從戰後簽訂的《南京條約》來看，《穿鼻草約》無疑比其讓步較少，彷彿琦善是功臣，但它是琦善與義律雙方越權抗旨擅自達成的，並不反映雙方國家的真實意願。對於清朝來說，讓步太多；對於英國來說，讓步太少，《草約》自然不可能被認可。琦善與義律白忙活了一場，事後也各自被雙

方政府革職和撤換。道光皇帝相當震怒，認爲琦善的舉動是喪權辱國，即時被革職，改派侄兒奕山率軍應戰。1842年6月，璞鼎查指揮英軍進攻長江。其實，琦善懷著極大的信心投入所謂的「外交」，但卻以「慚懲」的結局結束其使命並非偶然。中英各自的要求及其實力對比註定了這是一場不可能有結果的外交，這不是琦善的責任，琦善也沒這個能力。1842年6月，璞鼎查指揮英軍進攻長江。8月4日，英軍已兵臨南京城下，清軍無力再抵抗。道光皇帝苦無對策，終於向英國求和停戰。1842年8月29日，滿清政府代表耆英、伊裡布來到停泊在南京江面的康沃利斯號，與璞鼎查簽訂了《南京條約》。

令人沉痛的歷史反思

對歷史人物的評價不能脫離其所處的歷史背景，否則，用今天的道德觀念去看待歷史人物就難免有失偏頗。琦善可說是生不逢時，處於那個歷史時代似乎是他的悲哀。實際上，林則徐、關天培等又何嘗不是如此（僅拿他們的命運來說）。在一個敵強我弱，急需「英雄」的時代，林則徐、關天培成了英雄，而琦善成了賣國賊，成了人們樸素的道德情感的發洩物件。

作為欽差大臣，琦善是辦了一些實事的，大體也是依照道光帝的意旨行事的。僅在1838年8～11月，他就在天津起獲煙土15萬餘兩，僅低於主政廣東的鄧廷楨（26萬餘兩），居全國第二。琦善在禁煙中的突出表現也促成了道光帝下令嚴禁鴉片。到了廣東的琦善執行「撫」的政策不可謂不盡心，後期抗旨的出發點也是因為認識到中英實力懸殊，且認為妥協會成功，並因而會減少清王朝的損失，出發點也不壞，在這一點上，琦善倒比那些為了私利而不顧國家利益，一味屈從於自己並不贊同的「聖意」的大臣強一些。

對於林則徐與關天培皆滿意的設防嚴密的虎門炮臺的失守，主要是武器與戰術的差距所造成。在虎門危機期間，琦善共向虎門派兵3150名，另雇勇5800名，並調撥了一些火炮。小小的虎門地區，至交戰時兵勇已達11000多名，居全國首位，再增兵勇實際上已無濟於事，正如琦善奏稱：「炮臺已充滿，亦複無可安插。」但後來卻把虎門戰役的失敗歸於琦善的這道「奏稱」，指責琦善增援不力或拒發援兵，實屬冤枉。對於一場因實力懸殊而註定要失敗的戰爭，主「撫」派自然比主「剿」派更易成為失敗開脫罪責的犧牲品。

林則徐與琦善迥異的歷史形象表明了人們樸素的道德訴求，同時也回答了鴉片戰爭該不該打的問題。對於侵略者，要打，這是一個民族道德的要求。但如果抵抗註定要失敗，打了損失更重，是否還應抵抗？這是個政治問題。一個好的政治家不應是個盲動者，他考慮的應當是如何才能使國家受到最少的損失，如何避免無謂的犧牲。當然這也不意味著放棄抵抗，因為很多

吸食鴉片者舊照

時候明知不可爲而爲之才更是一個政治家的職責，很多時候一個民族需要用重大的犧牲去捍衛道德尊嚴。從短期來看放棄抵抗求得一時的「利益」，從長遠來看並不見得是好事，因爲一個喪失鬥志、受到精神污辱的民族才是最可悲的。從這點來說，鴉片戰爭必須要抵抗。但如果暫且忍辱負重，而求勵精圖治，發奮圖強，暫且的苟安其實方爲最佳選擇，與「天朝」相鄰的日本十多年後對待「侵略」所採取的態度而後對日本的影響，無疑是最好的例證。但清王朝所處的「國情」決定了只能採取前一種方式。實際上，即使是抵抗，鴉片戰爭還是有贏的可能，那就是採取100年後中國對待日本的方式。英國長途遠征，貴在速勝，貴在靈活，不可能經歷一種長期陷入中國戰場的持久戰，假如清王朝不怕失敗，破釜沉舟，陷入一場人民戰爭的汪洋大海之中的英國最終必會敗退。但清王朝不可能這樣做，它經不起失敗，丟了一地就慌了手腳。在實力懸殊的情況下，想打勝仗，又不想丟失城池，不做持久戰的準備，其失敗的結局就不可避免了。事實上，專制王朝對老百姓一直「防民甚於防川」，而認爲「英夷」並非「潛蓄異謀」，也註定了其選擇的局限。

189

　　清朝所處的環境決定了其可能的選擇，從而也決定了鴉片戰爭必敗的結局。它表明清王朝只有放眼世界，走上近代化之路才是唯一出路。可悲的是，清王朝並未認識到此，親歷戰爭的琦善等人也未認識到此。最後也就迎來了第二次鴉片戰爭，迎來了19世紀後期清王朝一系列的屈辱。

　　近、現代化也包括外交的近、現代化。假如清朝早就對世界各國的情況詳細瞭解，臻熟國際交往規則，恐怕也就不會那麼夜郎自大，不會有鴉片戰爭的強權邏輯，不會有《南京條約》的無奈和無知了。沒有外交的近、現代化，也不會有一個民族真正的近、現代化；沒有民族真正的近、現代化，也就不可能會有一個民族公正的國際地位，這正是鴉片戰爭給我們的啟示。

廣州外國商館舊照

康熙三十八年（1699），英國東印度公司在廣州設立商館，急切擴大對華貿易。

皮毛定律裡的吶喊

　　一個個錚錚鐵骨的漢子，在一個日落西山的末世中，不停地奔走疾呼，為民請命，為國抗爭，然「皮已老矣，毛焉能立」。他們的生命是輝煌與不朽的，然而他們的生命又何嘗不是歷史的悲劇。

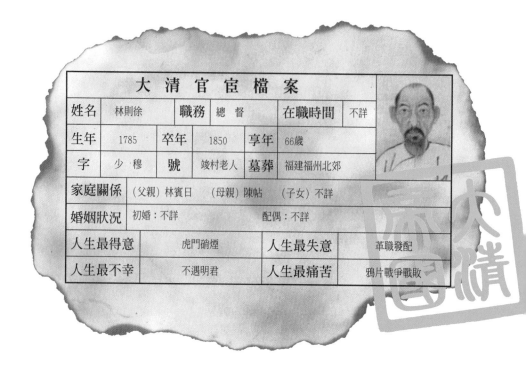

大 清 官 宦 檔 案						
姓名	林則徐	職務	總 督	在職時間	不詳	
生年	1785	卒年	1850	享年	66歲	
字	少 穆	號	竣村老人	墓葬	福建福州北郊	
家庭關係	(父親) 林賓日		(母親) 陳帖		(子女) 不詳	
婚姻狀況	初婚：不詳			配偶：不詳		
人生最得意	虎門硝煙		人生最失意		革職發配	
人生最不幸	不遇明君		人生最痛苦		鴉片戰爭戰敗	

從威震四海的英雄到
發配邊疆的「罪臣」
——熊熊火光中的民族英雄林則徐

「苟利國家生死以，豈因禍福避趨之」。如果清朝當局像林則徐一樣，認清世界發展大勢，努力效法西方，引進西方先進科技，發奮圖強，中國局面將會改觀。可惜計不出此，把寶貴的機遇放過了。

等待濟世匡時的機會

林則徐（1785～1850），字元撫，又字少穆、石麟，晚號竣村老人、七十二峰退叟等，福建侯官（今福建福州）人，生於清乾隆五十年

大清官宦沉浮

林則涂畫像舊照

（1785）。父林賓日，是位窮秀才，一生以教讀爲業；母陳帙，刻苦持家，平日製作手工藝品換取微薄的收入以補助家用。在父親的諄諄教導下，林則徐從4歲起開始讀書，7歲學作文，13歲獲府試第一，14歲便考取秀才。此後就讀於鼇峰書院7年，20歲中舉人。

林則徐在21歲後兩次去北京參加會試都落選了。到嘉慶十六年（1811）27歲時，他第三次參加會試，終以二甲第四名，朝考第五名中進士，被選拔爲庶起士。在庶常館，他致力於研習滿文，悉心研究輿地、象緯及經世致用之學。嘉慶十九年，授編修，嗣被派充國史館協修。此後五六年間，他先後任撰文官、潘書房行走、清秘堂辦事、江西鄉試副考官、會試同考官、雲南鄉試正考官和江南道監察禦史等職。在近10年的京官生涯裡，他利用翰林院和京師豐富的藏書和檔案等有利條件，更加努力研究經世之學，仔細綜核「六曹事例因革、用人行政之得失」，一心等待機會實現自己濟世匡時的志願。

嘉慶二十五年（1820），林則徐36歲，外放任浙江杭嘉湖道。從這時起到道光十八年（1838）的近20年間，他歷任江南和西北、中南地區一些省的司道包括按察使、布政使等職，旋被擢任河東河道總督，以後又擔任江蘇巡撫、署兩江總督和湖廣總督，成爲獨當一面的封疆大吏。雖然其間因故和兩次丁憂有所中斷，但在仕途上他基本上是一帆風順的，使他得以施展自己的才能，實現他平素的主張和宿願。

林則徐爲學「實事求是，不涉時趨」，辦事認眞負責，講求實際。他任杭嘉湖道僅一年，「於所屬海塘水利，悉心求之」。道光帝在接見他時特予嘉獎，認爲他「在浙省雖爲日未久，而官聲頗好，辦事都沒有毛病」。此後他奉派接署浙江鹽運使，又協助浙撫帥承瀛「厘革夙弊」，整頓鹽政，取得了成績，一些由他制定的規章制度一直被沿用下來。道光三年（1823）夏秋之際，他任江蘇按察使時，因大雨成災，田禾被淹，松江一帶饑民人心惶惶，聚眾將變，巡撫韓文綺擬調兵鎮壓，林則徐親往松江，採用勸平口、禁囤積、減緩征賦、賑濟貧餓等積極措施，解救了瀕於餓死的饑民，避免了一

場一觸即發的暴動。

　　道光十年（1830）六月，林則徐被任命爲湖北布政使，七月出都赴任，十一月調河南布政使，次年七月初又調任江寧布政使。他在這三省中，「多所興革，凡民生疾苦，吏事廢墜，人才賢否，無纖悉不知，知無不行」。在興修水利、救災辦賑、整頓吏治等方面都作出相當的成績，「一時賢名滿天下」。以致當時「兒童走卒、婦人女子，皆以公所蒞爲榮。輒曰：『林公來，我生矣』。至以公所行政，播諸歌謠，荒村野市，傳之以爲樂」。這年秋天，林則徐又被調任河東河道總督。到任後，認眞負責，細心查驗，揭露和杜絕了不少弊端，較好地推進了治河工作，使道光皇帝不禁發出讚歎說：「向來河工查驗料垛，從未有如此認眞者。」認爲假如所有官吏都能「如此勤勞，弊自絕矣」。

　　由於林則徐政績斐然，道光十二年（1832）調任江蘇巡撫。這一年他48歲，正是年富力強的時候。在巡撫任內，他與兩江總督陶澍「志同道合，相得無間」。他們採取了一些「興利除弊」、「利用便民」的措施，處理了清代財政經濟中極爲棘手的錢漕、災賑、水利、鹽政、貨幣等實際問題，實行了一定程度的改革。他自奉清廉，辦事公正，博得地方民眾的普遍好評，被稱爲「好官」和「青天」。

　　在湖廣總督任內，林則徐面臨當時國計民生中最主要的禍害鴉片問題。他對觸目驚心的煙毒氾濫深惡痛絕，「十餘年來目擊鴉片煙流毒無窮，心焉如方」，堅決主張嚴禁。早在江蘇巡撫任上，由於他的得力措施，禁煙就已取得初步成效。而現在，他更進一步推行嚴禁政策。道光十八年（1838），鴻臚寺卿黃爵滋上嚴禁鴉片重治吸食的奏摺，五月，林則徐亦上《籌議嚴禁鴉片章程折》，擬具章程六條，提出成套禁煙的具體辦法，並附戒煙藥方，建議皇帝頒行各省以資推廣。八月初，他又上了有名的《錢票無甚關礙宜禁吃煙以杜弊源片》，尖銳地指出鴉片氾濫對社會經濟和國家財政的嚴重破壞，認爲如再不推行嚴禁政策，採取有效措施，「若猶泄泄視之，是使數十年後，中原幾無可以禦敵之兵，且無可以充餉之銀」，促使道光帝下決心

鴻臚寺卿黃爵滋《請嚴塞漏厄以培國本摺》之一

嚴禁鴉片。他在湖北、湖南兩省雷厲風行地展開了禁煙運動，取得了顯著的成效。到他奉命離開武昌赴京觀見前，在湖北所獲煙土煙膏即達二萬四五千兩，收繳煙具數千件。林則徐不僅厲行查禁，而且立足於勸戒，定以期限，示以戒煙藥方，導煙癮者以自新之路。在嚴禁吸食鴉片的浩大聲勢下，許多吸食者紛紛自行戒煙。武昌、漢口各家藥店配製的戒煙藥，「無家不有，無日不售，高麗參、洋參等藥皆已漲價數倍」。當時，「湖廣之人，有積癮三十年日吸一兩而居然斷去者，斷後則顏面發胖，筋力複強，屢試屢驗」。許多吸食鴉片者在戒絕後獲得新生，他們的父母妻子都對林則徐表示衷心感謝，「並有耆民婦女在路旁叩頭稱謝，據雲其夫男久患煙癮，今幸服藥斷絕，身體漸強等語」。

　　無可置疑的是，當道光十八年清廷在全國厲行查禁鴉片前，林則徐是所有大吏中禁煙最堅決而又取得顯著實效的突出人物。

走上抗擊英夷的道路

　　鴉片大量輸入，不僅嚴重損害中國人民的身心健康和勞動群眾的利益，而且也極大地威脅了清朝政府的封建統治，引起了統治集團中相當多人的深

196

切憂慮。在銀荒兵弱的現實威脅下，道光帝鑒於煙毒氾濫將根本動搖其統治基礎，便下定決心採納了嚴禁鴉片的主張。

道光十八年九月，道光下令各地加緊查禁鴉片，「其販運開館等犯，固應從重懲辦，即文武官員軍民人等吸食不知悛改者，亦著一體查拿，分別辦理」，並飭大學士穆彰阿等議定禁煙章程。隨即降旨將主張弛禁的太常寺少卿許乃濟由正四品降為六品，即行休致，以示懲儆。旋即召林則徐入京觀見，八天中接連八次召見他，表示了對禁煙問題的高度重視和對林則徐的倚重。很快，道光帝特頒給林則徐以欽差大臣關防，前往廣東查禁鴉片。

林則徐在接受重任後沒有多作停留。他於1839年初自北京出發，經過兩個多月的兼程跋涉，抵達廣州。

當時，林則徐面臨重重困難，除「中外柄臣，有忌阻之」以外，如同龔自珍在《送欽差大臣侯官林公序》中所預計的：在廣州，當地官吏、幕僚、遊客、商賈、紳士中，反對和阻撓禁煙者，所在必有；加上英國侵略者和中外鴉片販子的破壞搗亂，真是艱險橫陳。與林則徐接近的「京朝官、故人子弟，亦以邊釁為公慮」。但這些阻力和破壞，都沒能阻攔他南行執行莊嚴使命，也沒有動搖他禁絕鴉片的決心。他在臨行前辭別座師工部左侍郎沈維轎時表示：「死生命也，成敗天也。苟利社稷，敢不竭股肱以為門牆辱？」表現了置生死於不顧的凜然氣概。以後他在致友人信時也追述道：「戊冬在京被命，原知此役乃蹈湯火，而固辭不獲，只得貿然而來，早已置禍福榮辱於度外。」

但嚴禁鴉片，消除煙毒，畢竟是關係到中華民族和全國人民根本利益的正義事業，獲得全國各階層的廣泛擁護，得到有愛國心的官吏、將領、士兵們的贊同。林則徐到廣州後，在兩廣總督鄧廷楨、廣東巡撫怡良和廣東水師提督關天培等當地主要文武官吏的積極支援與密切配合下，立足於堵絕來源。面對廣東沿海鴉片煙販猖狂走私的實際情況，他意識到僅僅是嚴禁吸食已不足禁絕鴉片，要根本解決問題，必須著重於遏制鴉片的輸入，查禁走私。這是他禁煙思想的一個重大發展。

馬地臣

馬地臣，蘇格蘭人，鴉片煙販，道光二十年（1840）被林則徐驅逐
出境。

大清宦宦沉浮

1.嚴禁鴉片

林則徐在離開北京南行途中，抓住各種可以利用的時機，透過各方面的人物，周密地調查了廣東鴉片走私的有關情況和查禁鴉片的有效辦法。他在行抵安徽舒城時，邀約了曾任廣東香山縣（今廣東中山市）令的田小泉晤談緝煙問題，虛心聽取田在香山縣緝獲鴉片萬餘斤的經驗；到江西贛州，又將曾任粵海關監督豫幕僚的郭桂船接去詢問有關粵海關的情況，並透過郭向主編《粵海關志》的梁廷索取有關海事的文獻圖冊，包括「諸國稟件禁令及沿海要隘、諸縣界域道裡、墩營炮械」等資料。這樣，在抵達廣州前，林則徐已初步掌握了外國鴉片販子與廣東海關、水師、行商等勾結舞弊的種種內幕。爲了避免外國煙販等聞風遠逃，及早拘拿案犯，行至江西泰和縣，他即將在京瞭解到的京堂科道指名陳奏發交調查的和一路密查暗訪到的「所有包買之窯口，說好之子孖氈與興販各路之奸商、護送快艇之頭目」分爲最要、次要兩種，飛箚廣東布、按兩司，要求迅速予以捉拿。到達廣州後幾天，他在兩廣總督鄧廷楨的配合下，查辦了歷年包庇鴉片走私貪污受賄的督標副將韓肇慶，嚴懲與外國鴉片販狼狽爲奸的行商。

緊接著，林則徐向外商明確宣布了他嚴禁鴉片的堅決意志和禁煙政策。二月初，他到廣州城剛一星期，即與兩廣總督鄧廷楨、廣東巡撫怡良等共

同傳訊了十三行行商，發給諭帖兩件《諭洋商責令夷人呈繳煙土稿》、《諭各國夷人呈繳煙土稿》。他在指斥行商歷年與外國鴉片煙販勾結和他們所進行的種種舞弊不法行爲後，責令他們轉告外國鴉片煙販遵照規定繳煙並具結保證：「嗣後來船永不敢夾帶鴉片，如有帶來，一經查出，貨盡沒官，人即正法，情甘服罪。」指明如能不夾帶鴉片，可以「照常貿易」。他嚴正表明查禁鴉片的決心：「若鴉片一日未絕，本大臣一日不回，誓與此事相始終，斷無中止之理。」但是，那些狡猾的鴉片商開始時多數則懷疑觀望，企圖拖延時日不了了之，又在英國駐廣州商務總監督義律的支持和唆使下，負隅頑抗，拒繳鴉片。

爲了打擊義律和外國鴉片煙販的猖狂氣焰，制裁他們的不法罪行，以推動禁煙運動的順利進行，林則徐採取斷然措施，宣布將停泊在黃埔港的外國商船先行封艙，不准裝卸貨物，同時撤出廣州商館的全部中國雇員和工人，派兵包圍商館，不讓一個外國鴉片商逃走，並斷絕商館內外通信聯繫、食物和飲水等一切給養，勒令外國鴉片商必須繳出所有鴉片。在林則徐毫不妥協的禁煙措施面前，義律不得不表示同意繳出全部鴉片，呈報繳付煙土20283箱。最後，以英商爲主的外國鴉片煙販一共繳出19187箱又2119袋，實重2376000多斤，超過了義律承允繳出的數額。6月3～25日，林則徐偕同兩廣總督鄧廷楨、廣東巡撫怡良和廣東水師提督關天培等在虎門海灘監督銷毀所繳獲的全部鴉片，取得了禁煙運動的第一個大勝利。

林則徐主持的虎門銷煙壯舉，氣壯山河，它震撼了中外，產生了極爲深遠的影響。銷煙時不僅「沿海居民觀者如堵」，而且外國商人和傳教士等亦獲准前來參觀。林則徐還當場接見了美國商人京、傳教士裨治文、船長弁遜等一行，向他們宣諭了禁煙政策，說明禁煙不影響正常貿易，要他們「永遠不可夾帶」鴉片，「專作正經貿易」。當時，在廣州和澳門的外國人「對於欽差大臣究竟如何處理已經呈繳的鴉片，揣測頗多」，他們猜測這些鴉片將爲林則徐等官員所中飽私吞，「有許多人曾斷言中國人是不會銷毀一斤鴉片的。另外有許多人深信即使眞的燒煙，大部分鴉片一定會被偷去」。因而他

們懷著猜疑的心情，要「親眼看看銷毀鴉片」。傳教士裨治文由澳門到虎門回去後，著文刊登在他主編的《中國叢報》上：「我們反復檢查過銷煙的每一過程。他們在整個工作進行時的細心和忠實的程度，遠出乎我們的臆想，我不能想像再有任何事情會比執行這個工作更為忠實的了。」另一個美國傳教士衛三畏在他《中國總論》一書中也說：「鴉片是在最徹底的手段下被銷毀的全部事務的處理，在人類歷史上也必將永遠是一個最為卓越的事件。」這樣，林則徐贏得了原先對他抱懷疑態度的外國人的崇敬，甚至連他的對手也不能不承認他是一個偉大的人物。很有意思的是，鴉片戰爭後幾年，在英

虎門銷煙池紀念碑
道光十九年（1839），由林則徐主持銷毀收繳英商之鴉片。

國倫敦一座專門陳列世界名人偉人的蠟像館裡,特為林則徐塑了一尊蠟像。虎門銷煙39年後,清朝派駐英國的第一任副公使劉錫鴻在陪同公使郭嵩燾等前往參觀時說:「文忠(像)前有小案,攤書一卷,為禁鴉片煙條約。上華文,下洋文。」他為此發表感慨說:「夫文忠辦禁煙事,幾窘英人,然而彼固重之者可謂知所敬。」說明了虎門銷煙這一氣吞山河的壯舉,對於捍衛中華民族的尊嚴所產生的巨大作用和對世界的深遠影響。馬克思充分注意到林則徐的禁煙運動,他寫道:「中國政府在1837年、1838年和1839年採取的非常措施這些措施的最高潮是欽差大臣林則徐到達廣州和按照他的命令沒收、焚毀走私的鴉片。」為了紀念這一具有歷史意義的偉大事件,新中國建國之初在天安門廣場建立人民英雄紀念碑,第一幅大浮雕便是由林則徐主持的虎門銷煙的盛大場面。

在屬行禁煙和虎門銷煙的同時,林則徐對從事正當貿易和願意遵照規定具結的外國商船予以鼓勵,歡迎他們進港,與進行鴉片走私及抗拒具結的鴉片煙販區別開來,堅持「奉法者來之,抗法者去之」,加以爭取和分化,收到了良好的效果。但是,這個正確的對策卻為不明世界大局、頑固自大的道光帝所反對和否定。因而,林則徐不得不執行他所不贊成的不分青紅皂白與外國所有商船永遠斷絕的命令。

2.睜眼看世界的第一人

林則徐不同於一般的封建官僚,他非常注意瞭解和研究外國,主張睜眼看世界。

為了「探訪夷情」,在到達廣州後不久,他即組織了很難找到的幾個通曉外文的人才,從外國報刊上搜集有關的資料,編譯成《澳門新聞紙》。從他到廣州後的兩年時間裡,直到後來被革職,由他組織的翻譯西書西報的工作一直堅持下來沒有中斷過。除《澳門新聞紙》外,他還組織人力根據英國人慕瑞的《地理大全》編譯整理成《四洲志》。這是我國第一部比較系統的世界地理大觀,它介紹了世界五大洲的30多個國家的地理和歷史概況,成為後來魏源編纂《海國圖志》的藍本。他還組織有關人員摘譯西方報刊上議論

大清官宦沉浮

中國的各種言論資料輯成《華事夷言》；摘譯瑞士人瓦特爾關於國際法的著作，編成《各國律例》；另外，還摘譯英國人池爾窪的《對華貿易》。藉由這些翻譯成漢文的西方著述和資料，林則徐瞭解到不少「夷情」，並據此制定了對敵的「控制之方」。林則徐在被革職查辦後給新來的靖逆將軍奕山所提的建議中還特別強調說：從外國報刊書籍翻譯過來的資料，「其中所得夷情，實為不少，制馭準備之方，多由此出」。他還請人翻譯西方關於大炮瞄準法等武器製造方面的應用書籍，以學習外國的先進軍事技術，改進和提高清朝軍隊的武器和作戰能力，並將這個大炮瞄準法在廣東防務中加以應用。

　　林則徐如此致力於瞭解「夷情」，目的很明確，是為了「盡得西人之長技，為中國之長技」，以抵抗外來侵略。這個指導思想也就是魏源後來在《海國圖志》中所概括的「師夷長技以制夷」，它對當時和後來人都有很大的影響。這個指導思想劃分了林則徐等一些進步的政治家、思想家與一般封建官僚閉目塞聽、抱殘守缺的保守思想之間截然不同的界限，二者形成鮮明的對照。當時，外國人對此評論道：「中國官府全不知外國之政事，又不詢問考求，故至今中國仍不知西洋，中國人果真要求切實見聞，亦甚易，凡老洋商之歷練者，及通事、引水人，皆可探問，無如驕傲自足，輕便各種蠻夷，不加考究。惟林總督行事，全與相反，署中養有善譯之人，又指點洋商、通事、引水二三十位，官府四處探聽，按日呈遞，亦有他國夷人，甘心討好，將英吉利書籍賣與中國。林係聰明人，不辭辛苦，觀其知會英吉利國王第二信，即其學識長進之效驗。」

　　林則徐的這種努力瞭解和學習西方資本主義國家科學技術長處，睜眼看世界的精神，在當時是極為難能可貴的。他是道光年間中國封建社會開始崩潰之際睜眼看世界的第一人和向西方學習先進技術之開風氣者。

3.加強防禦，抗擊英軍侵略

　　林則徐在嚴厲禁煙和瞭解「夷情」的同時，並沒有放鬆警惕。他一到廣州，就抓緊海防，積極加強軍事上的防備，以對付英國的偷襲和挑釁。

　　虎門銷煙後，義律阻撓英國商船遵照林則徐的規定具結，並不時發動

挑釁。林則徐針鋒相對，採取了嚴密的防範措施。他在親自視察和調查的基礎上，認為「英人非不可制」，相信「民心可用」。他在上道光帝的奏摺中寫道：「臣等察看民情，所有沿海村莊，不但正士端人銜恨刺骨，即漁舟村店亦俱恨其強梁，必能自保身家，團練抵禦。」因此，他在注重水師訓練和招募水勇作為輔助力量外，鼓勵人民群眾自己組織起來。從道光十九年（1839）起，他就號召「由民間自行團練以保村莊，或由府縣雇覓壯

《任命林則徐欽差大臣諭旨》
道光十八年（1838）十一月十五日頒。

丁以資捍衛」。他多次發出告示懸賞，獎勵人民群眾勇敢殺敵，號召沿海居民「群相集議，購買器械，聚合丁壯，以便自衛。如見夷人上岸滋事，一切人民各准開槍阻止」。他讚揚沿海水上居民「漁蛋各戶」勇敢善戰，招募他們的水勇進行操練，並進而動員廣大民眾，如「英夷兵船一進內河，許以人人持刀痛殺」。他採取靈活機動的戰術，「以守為戰，以逸待勞」，以夜戰和火攻騷擾敵船。所有這些都是一般封建官僚所無法企及的。但同時也應看到，林則徐並不可能超脫他的時代和階級局限，在利用民力禦侮這個問題上，他從封建統治階級利益考慮是很明顯的，對這些「漁蛋各戶」勞動人民，他是很不放心的，認為他們這些人「貪利亡命」，「雇用此輩，流弊亦多」，不能一概信任和依靠，所以招募他們為水勇，「系屬因時制宜」，暫時利用，也是「以奸治奸，以毒攻毒」，因而對他們「權宜雖在暫時，而駕馭必須得法」。

黃爵滋《請嚴塞漏卮以培土國本摺》之二

黃爵滋（1793～1853），字德成，號樹齋，江西宜黃人。道光進士。

　　道光十九年下半年，中英雙方關係日趨緊張，義律多次率英國兵船進行挑釁。由於林則徐、關天培作了周密的防備而未能得逞。繼七月對九龍水師挑釁遭到反擊後，九月，義律又以兵艦阻擋英國商船進港具結，挑起穿鼻洋之戰。水師提督關天培奮勇督戰，擊中敵船，清師船亦中彈漏水。英艦還向尖沙嘴迤北官湧山的清軍陣地發動6次進攻，都被擊退。這些戰鬥規模都不大，可說是鴉片戰爭的前哨戰，由於林則徐事先的認真備戰，中國方面一般都掌握了主動。

　　十二月，林則徐被任命爲兩廣總督，接替鄧廷楨的職務。這時，英國政府爲維護其可恥的鴉片貿易，蓄意挑起侵華戰爭。翌年正月，英國政府任命懿律和義律爲侵華軍全權正、副代表，由懿律率大小兵艦40餘艘於六月初抵達廣東沿海。由於廣州防範嚴密，英艦無隙可乘，懿律與義律便率艦北上，於七月中到達大沽口外，向清廷進行威脅。七、八月間，被英國兵艦嚇破膽的道光帝命時任直隸總督的琦善與英方進行談判，表示要治林則徐重罪，爲侵略者「代伸冤抑」。八月，道光帝派琦善爲欽差大臣，赴廣州查辦林則徐。懿律等得到上述的答復，率艦南返，等待清政府實現其諾言。

　　道光帝責備林則徐「外而斷絕通商並未斷絕，內而查拿犯法亦不能淨，

無非空言搪塞，不但終無實濟，反而生出許多波瀾」。在封建專制君主的淫威高壓下，林則徐不得不自請「從重治罪」。然而他自信是做得對的。他致書怡良，表示「徐不敢不凜天威，亦不敢認罪戾，惟事之本末，誠不得不明白上陳耳」。他在《密陳辦理禁煙不能歇手片》中，堅持必須嚴禁鴉片的主張，申述了「鴉片之害甚於洪水猛獸」，「天下萬世之人亦斷無以鴉片為不必禁之理」的種種理由；駁斥了投降派所鼓吹的「夷兵之來系由禁煙而起」，即戰爭的發生是由於嚴禁鴉片的謬說。他指出：「蓋逆夷所不肯灰心者，以鴉片獲利之重。」說明英國發動侵略戰爭，是為了以此「試其恫喝」，以「冀得陰售其奸」。末了，他要求道光帝給他一個機會，讓他「戴罪前赴浙省，隨營效力」。林則徐的這些話是完全符合實際的，他請求到前線「隨營效力」是強烈的愛國心和責任感的表現，是應當得到支持的。然而，道光帝給他的「殊批」答復卻是：「無理，可惡！」「一片胡言」。九月初，林則徐和當時已調任閩浙總督的鄧廷楨同時被革職查辦。

發配伊犁效力贖罪

當林則徐被「奉旨革職」的消息傳開以後，「連日鋪戶居民來攀轅者填於街巷」，他們向林則徐贈送靴、傘、香爐、明鏡和頌牌等物品，以表示他們擁戴的心情。就林則徐日記裡不完全的記載看，當時士紳商民呈送的頌牌，即達52面之多，題詞有：「民沾其惠，夷畏其威」、「仁風其沐，明鑒高懸」、「恩留東粵，澤遍南邦」、「明察秋毫，忠心對天」，還有「威懾重洋」、「民懷其德」、「德敷五嶺」，高度評價了林則徐的政績和反抗外來侵略。

一位參加侵華戰爭的英國軍官在他的《英軍在華作戰記》中寫道：「若說林公雖然不為皇帝所喜，但是他卻很受他新近管治人民的愛戴，這對於林來說，只是公道而已。他的最大死敵也不得不承認他的手從來沒有被賄賂玷污過。在中國的政治家中，這種情形是聞所未聞的。」儘管林則徐冤枉地受

《林則涂看劍引杯圖》卷（局部）
清代法坤厚繪，現藏於故宮博物館。

了皇帝的懲罰，但人民擁護他，公道自在人心。

　　此後半年間，林則徐和鄧廷楨以待罪之身滯留廣州。這時，林則徐雖然處於無權和逆境中，但仍密切關心時事，力所能及地做了一些有助於抗英的事。沙角、大角炮臺失陷，陳連升等英勇戰死後，林則徐與鄧廷楨認為「再難坐視」，懷著焦急的心情要求琦善分配給他們適當工作，但為琦善所拒絕。虎門失守，關天培壯烈犧牲，林則徐感到無限痛心。他與鄧廷楨催請琦善發兵增援，仍遭拒絕。他對琦善自毀長城，「懈軍心、頹士氣、壯賊膽、蔑國威」的倒行逆施和對英國侵略者一味妥協的行為十分不滿。在家信中，他以極度的憤慨寫道：「此次大敗（虎門之戰），皆伊所賣，豈尚能追溯繳煙之事乎？」因此，他積極支持怡良揭發琦善的賣國罪行。義律咄咄逼人的進攻，使他感到擔心。為了保衛廣州，他自己捐資招募壯勇。琦善被革職押

解返京查辦後，他又先後向署兩廣總督怡良和新任兩廣總督祁方、靖逆將軍奕山提出關於加強戰備和要注重調查研究敵情等積極建議，還介紹了造船的經驗。遺憾的是，奕山和祁方都沒有很好採納他的意見。

在林則徐的一再懇求和兩江總督裕謙、閩浙總督顏伯燾等的再次薦舉下，道光帝終於同意派遣林則徐以四品卿銜赴浙江前線協助裕謙抗戰。林則徐旋即離廣州前往浙江，深入到浙東沿海前線鎮海一帶，積極參加前線的軍事防禦，考察各地炮臺，修築工事，研製大炮、戰船等，並將自己在廣東搜集到的和進行研究的制炮技術以及8種戰船圖樣交給龔振麟等技工人員作參考。

然而，正當林則徐在浙江沿海前線積極進行抗擊英國侵略者

鄧廷楨朝服像

鄧廷楨（1776～1846）字嶰筠，江蘇江寧人。嘉慶進士。

的籌防事務時，這年五月，從裕謙那裡轉來道光帝的遣戍命令，革去林則徐的四品卿銜，「從重發往伊犁效力贖罪」。

林則徐在接到遣戍令後的第二天，即離開鎮海踏上赴戍的路程。七月初，他在江蘇京口（今鎮江）會見魏源，委託魏源將《四洲志》加以修訂擴充，這便是後來刊行的《海國圖志》。當他抵達揚州時，又奉旨折回，赴河南祥符河工地裏助王鼎辦理堵口工程。經過半年的辛苦治理，開封附近的黃

河堤岸決口勝利合龍。但道光帝違反了以功贖「罪」的成例，仍命令林則徐繼續赴伊犁戍所。

林則徐懷著報國無門的極度悲憤心情踏上戍途。一路上他寫下了大量的詩篇，抒發自己愛國憂時的情懷。他深切地關注著東南沿海抗英戰爭的進展情況，條條戰訊都牽動他的心。至於個人所遭受的不公正的待遇，他都把它埋在心底，高吟「苟利國家生死以，豈因禍福避趨之」的詩句，安慰家人「莫心哀」。隨著行蹤的西移，與戰場的距離越來越遠，他憂國的情思也就越來越強烈。奕經浙東潰敗，他不勝扼腕；鎮江失守，他「滋切憤憂」；英艦長驅直入長江後的局勢更使他無限懸念。他在致友人信中痛苦地表示自己的心情說：「自念一身休咎死生，皆可置之度外，惟中原頓遭蹂躪，如火燎原，側身回望，寢饋皆不能安。」在抵達伊犁前，途經各地，他必探聽戰局的發展訊息。他雖身遭放逐，但愛國之心不已。

從河南重赴戍途起，經過將近10個月的長途跋涉，林則徐終於抵達西北邊防重鎮的伊犁戍所。

林則徐在新疆整三年間，前兩年主要在伊犁惠遠城，後一年則奉命赴南疆各地查勘新墾地畝，奔波於廣闊的荒野與戈壁灘。

在伊犁戍所期間，林則徐在起初相當長的時期裡，身體很不好，但仍時時關心國事。他透過閱讀過期的京報和新疆地方檔案資料，瞭解了不少國家時事和地方上的邊防、屯田墾殖、水利、邊疆史地等情況。在伊犁後一段時間，他向伊犁將軍布彥泰申請捐資興辦惠遠城東阿齋蘇廢地墾務。他的認真負責和精明幹練，得到布彥泰的高度讚賞。布在給道光帝的密奏中，認為林則徐是他「平生所見之人」中，「實無出其右者」的「有用人才」，要求道光帝予以「棄瑕錄用」。

道光二十四年十二月，林則徐被派遣去查勘天山南路諸城所墾荒地。將近一年時間，他僕僕風塵，遍歷新疆十城，行程兼及天山南北的廣袤地域，經他丈量查勘的墾地，不包括後勘的哈密墾地，面積約達70萬畝。在此期間，他特地乘赴喀什噶爾之便，專門拜訪領隊大臣開明阿和換防鎮軍豐伸瞭

虎門海防大炮
相對於西洋人的利炮，它的威力又相形見絀。

解西部邊防的情況，尋找去過境外中亞諸國的「回子」，「譯詢卡外各國夷部地土風俗」，一路上他還注意各族人民的生活，倡導興修水利，改進推廣坎兒井（後被當地人民稱為「林公井」），教民制紡車、織布，為新疆各族人民做了不少好事，受到當地少數民族的讚揚和懷念。

藉由對邊防的瞭解與實地開墾、查勘，林則徐認識到最重要的應把墾務與鞏固邊防密切地聯繫，也就是說，招民開墾是為了充實邊地。他在南疆各地深入基層的實地查勘中，對邊疆各少數民族的苦難有了較多的體會，「親見其居處飲食之苦，男女老幼之愚，實在可憐」。經過查勘後，他向布彥泰和道光帝建議，將這些墾地發「給回民耕種」。這也是林則徐的籌邊思想。正是由於林則徐能較正確地看待新疆的各少數民族，恰當地處理漢族與當地其他民族的關係，促使了新疆各族人民的友好團結，有利於新疆邊防的鞏固。

林則徐在被遣戍新疆的三年中，透過勤於調查和對邊境的實地瞭解，對沙俄侵華野心有了感性的認識。他認為：「予視俄國勢力強大，所規劃布置，志實不小，將來必為大患，是則重可憂也。」

林則徐《行楷二體臨帖》條屏
道光二十二年（1840）書，現藏於故宮博物館。

　　道光二十五年（1845）十一月，林則徐在哈密被「賜環」，以四五品京堂回京候補。進京途中又被授以三品頂戴署理陝甘總督，隨即又被正式任命陝西巡撫。在此後一年裡，他在甘肅、陝西鎮壓藏民、回民和刀客的抗清鬥爭。道光二十七年（1848），調任雲貴總督，翌年以辦理「回務」有功，被加以太子太保銜，賞戴花翎。在雲貴總督任上，他整理了雲南礦務，主張「招集商民，聽其朋資夥辦」，開採銀礦，並對銅礦主張維護「放本收銅」的政策。

　　這時，林則徐已年老多病，有「決然求退」的想法。道光二十九年（1849）八月，在林則徐的一再懇求下，道光帝批准他開缺回籍，就近調治。九月，他自雲南昆明動身，途中經江西南昌稍有停留，於翌年三月初返抵福州原籍。

林則徐回到福州時，正是福州人民反對英國侵略者入城鬥爭高漲之秋。這一年，英國傳教士進一步強行進據烏石山的神光、積翠二寺，激起福州愛國紳民的強烈反對。林則徐回鄉後，便與當地士民共同商討驅逐侵略者的辦法。為加強海防抵禦能力，他抱病乘船至閩江口的五虎礁和閩安、長門等要塞察看形勢，修築炮臺，並向地方大吏閩浙總督劉韻珂、福建巡撫徐繼畬提出調兵、演炮、募勇等積極建議。由於劉韻珂、徐繼畬等當權者主張對外妥協，與林則徐意見不合。當劉、徐正準備對林則徐反侵略的愛國行動以「破壞和局」罪名進行中傷時，恰因清廷擬起用林則徐，他們得知風聲而悄悄中止。十月初，林則徐收到新即位的咸豐帝授他為欽差大臣赴廣西鎮壓正在興起的太平天國農民起義的命令，於是帶病倉促啟程。1850年11月22日，行至廣東潮州府普寧縣逝世，終年66歲。

憶往昔後人無限感慨

鴉片戰爭後頭一個50年（1840～1890）的中國歷史是用鐵與火、血與淚寫成的。

林則徐以抗英禁煙的壯舉揭開了中國歷史的新篇章。雖然他遭受過昏憒的統治者不公正的懲罰和非議，但生前就已恢復名譽，死後更是賜美諡、厚撫恤、建專祠，極盡殊榮。而在廣大愛國人士心目中，他一直是無可非議的民族英雄，是廉潔和勤政愛民的模範。即使在19世紀的英國，他的正義行動也贏得廣泛的讚譽和尊重。他生前身後受到人民由衷的尊敬理所當然。

從林則徐虎門銷煙、任兩廣總督的輝煌之地，來到他被革官免職、慘遭發配的偏僻遙遠的流放地，再看這曾經熟悉的圖片和文物，再去體驗和感受林則徐的風雨人生，尤其是流放伊犁這段經歷，靜觀他輝煌之後的坎坷，和「高潮之後的戲」，心中會產生無限的震撼和感動。

林則徐是在年近花甲之年被流放伊犁的。此時，他的前途一片黑暗。昔日的輝煌，已成過眼雲煙，從聲名赫赫的兩廣總督到被皇帝革官免職；從威

震四海的禁煙英雄到發配邊疆的「罪臣」，因大功獲重罪，真是千古奇冤！但更折磨人的是，處罰並非一步到位，而是「鈍刀割肉」般地拖了一年半時間，林則徐先後經歷革職查辦、以「四品欽銜」赴浙江軍營效力、革去「四品欽銜」遣戍伊犁、改遣開封協助王鼎治水，最終仍被流放伊犁。王鼎以死相諫，亦無法改變林則徐流放的命運。他身心俱損，國難當頭、報國無門的絕望，加上治水勞累、戍途奔波。他走到西安時大病不起，休養兩個多月，到1842年8月才從西安啟程，再次踏上流放伊犁的漫漫戍途。

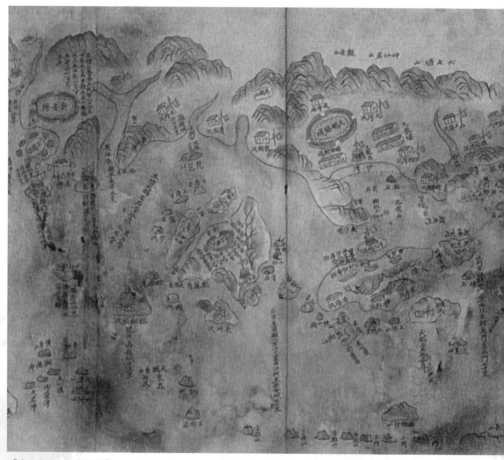

《清代廣東水師駐防圖》
圖中繪製了廣東水師駐防的情形。

林則徐足足走了四個月才到伊犁。途經蘭州、嘉峪關、玉門關、星星峽、哈密、阜康、烏魯木齊等地。他孤獨地跋涉在西域荒涼寂寥的大地上，忍受著惡劣環境和氣候的折磨。身邊沒有前呼後擁的衛兵，只有兩個兒子和七八輛馬車同行。路，越走越偏北，越走越荒涼，越走越寒冷。玉門關外，赤地千里，荒漠連天，氣候乾燥寒冷，多長夏短。林則徐進入新疆境內時，已是塞外冰天雪地的嚴冬。沿途人煙稀少，到處是荒漠戈壁高山。戈壁灘上無路可走，他的馬車只能硬碰硬地在滿地亂石上顛簸前行；天山腳下大雪封

路，馬車常常陷進雪坑冰窟。若遇前不巴村後不著店，他也只好夜宿馬車上。

「沙礫當途太不平，勞薪頑鐵日交爭，車箱簸似箕中粟，愁聽隆隆亂石聲」。「天山萬笏聳瓊瑤，導我西行伴寂寥。我與山靈相對笑，滿頭晴雪共難消」。林則徐在西戍途中所作的這兩首詩，可略見他當時赴伊犁途中情形。

難以想像，一個滿頭白髮的老人，一個曾居高位的功臣，當年是怎樣頂風冒雪，走過風沙滾滾的大漠戈壁，走過冰天雪地的天山山脈的。

在流放伊犁三年多時間裡，林則徐拖著多病之軀，為新疆嘔心瀝血。他親歷南疆庫車、阿克蘇、葉爾羌等地勘察，行程二萬多里，所到之處興修水利，開荒屯田。他親自設計修建的「林公渠」至今還起作用；他積極推廣的「林公井」（坎兒井），現仍造福百姓。

從廣東到西安，從西安到伊犁，以及伊犁三年多流放的日子，如果說林則徐的身體還能

勉強支撐下來的話，那麼，他的心呢？從高官到流放、從英雄到「罪臣」，面對人生的大起大落，他的心如何承受？這是一條比踩在他腳下的流放之路，更為難走、更為坎坷的路！

「苟利國家生死以，豈因禍福避趨之」。面對厄運，面對人生的巨大落差，林則徐沒有驚慌，沒有絕望，他鎮靜坦然、慷慨悲歌。這一著名詩句，正是他以「罪臣」之身，在西安登程伊犁前，告別妻子家人所作。

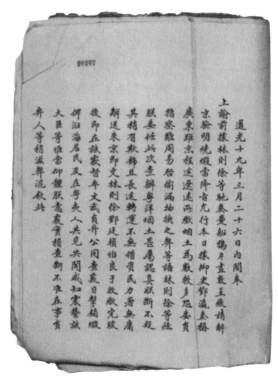

道光帝《命欽差大臣林則涂親督銷毀所收鴉片煙上諭》

林則徐的精彩之處，不僅在於他能在國難當頭時，挺身而出，力挽狂瀾；不僅在於他能在仕途通達、身居高位時，傾心盡力地為國效力；也不僅在於他虎門銷煙、廣東禁煙等的驚世之舉。還在於，或者說更難能可貴的是，他即便在被革職流放的極端逆境中，即便在個人命運遭遇空前苦難和厄運時，人格和靈魂中依舊保持固有的那份偉大與高貴。

虎門銷煙、廣東禁煙，是中國近代史上濃墨重彩的亮點，成為林則徐青史留名的標記。但這並不足以體現他人格和精神的全部精彩。時勢造英雄。危難的時局，百姓的呼聲，肩負的職責，把林則徐推上了歷史的風口浪尖，給他創造了成為英雄的歷史機遇。而流放伊犁，使他遠離時勢環境的客觀影響。如何生存，如何作為，堅守什麼，追求什麼，更多地依賴於他本人主觀

的選擇，更多地取決於他個人意志和品質，這對他的英雄人格和品質恰恰是個嚴峻的考驗。苦難和挫折是人生的標杆，往往更能測出一個人生命的高度和深度。人在順流中順勢而爲容易，但要在逆境中堅守愼獨難。

林則徐經歷的是眞正的大起大落，這是一般流放者永遠無法達到和經歷的「人生落差」，這是由他原有的高位和功績決定的。他似乎更有理由，或更容易選擇怨恨、消沉、放棄和絕望。但是，沒有。在極端的逆境中，林則徐選擇了忍辱負重、捨身爲國。

流放伊犁，不僅未使林則徐倒下，反而給了他演繹人生精彩的舞臺，反而給了他彰顯英雄本色的機會，使他靈魂中最深刻、最本質、最精彩的內涵得以顯現。正如他親手所書《觀操守》中所言：「觀操守在利害時，觀精力在饑餓時，觀度量在喜怒時，觀存養在紛華時，觀鎭定在震驚時。」

人生如戲。如果把林則徐的人生看作是一出戲的話，那戲的高潮，恰恰是他被流放伊犁的這段經歷。而以往的輝煌與顯赫，似乎都是爲此所作的鋪墊和積蓄。就像瀑布，其精彩動人之處，並非上游河水的浩蕩，也非中間斷崖的陡峭，而是水到斷崖處，那奮不顧身的縱身飛瀉。而此前的一切，似乎都是爲那悲壯的一躍，所作的鋪墊，所製造的落差，所積蓄的能量！

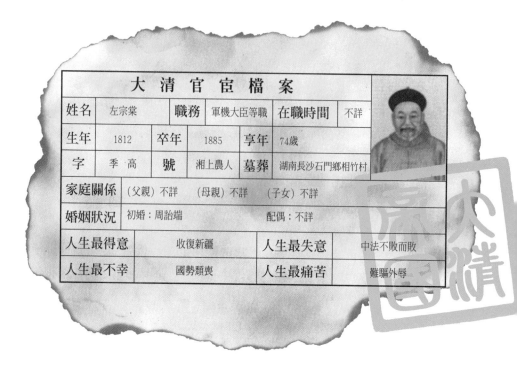

大清官宦檔案						
姓名	左宗棠	職務	軍機大臣等職	在職時間	不詳	
生年	1812	卒年	1885	享年	74歲	
字	季 高	號	湘上農人	墓葬	湖南長沙石門鄉相竹村	
家庭關係	(父親) 不詳		(母親) 不詳		(子女) 不詳	
婚姻狀況	初婚：周詒端		配偶：不詳			
人生最得意	收復新疆			人生最失意	中法不敗而敗	
人生最不幸	國勢頹喪			人生最痛苦	難驅外辱	

從錚錚鐵骨到憤鬱而終
——屈辱中不屈的一面旗幟左宗棠

　　繆鳳林說，自唐太宗以後，左宗棠是對國家主權領土功勞最大的第一人。「迢遙旅路三千，我原過客；管領重湖八百，君亦書生」。這是左宗棠早年寫的一幅對聯。

　　這副對聯氣魄很大，文藝理論專家通常將之歸類到「偉人體」。當然，作者日後倘若沒有建立相應的事功，那就當作「僞體」，禁止進入文學史；或者，作者當時並沒寫下這麼一些詩文，功成名就以後，再行補作（請槍手亦可），也能胡亂算作「偉人體」。三十多年後，左宗棠以「書生」領兵，遠征西北，「管領」之地遠邁「重湖八百」；坐言起行，文質交輝，成為歷史上爲數不多留下大名的「過客」之一，終於證明牛皮不是吹的這個顛撲不破的真理。

216

嘉慶帝御筆「合撰延祺」匾
現藏於瀋陽故宮博物館

年輕氣盛的湘上農人

　　左宗棠，字季高，一字樸存，早年自號湘上農人。嘉慶十七年十月出生於湖南湘鄉左家一個下層地主知識分子的家庭。

　　從4歲開始，左宗棠就隨祖父和父親學習儒家經傳。19歲時，才正式到城南書院讀書，受教於名儒賀熙齡。賀主張經世致用，左宗棠受他的影響很大，一直以宗師事之。賀熙齡的哥哥賀長齡，是著名的《皇朝經世文編》的主編，時為江蘇布政使，在回鄉時見到左宗棠，對這個年輕人很為器重。賀的藏書很多，左宗棠每次借書，他必「親自梯樓取書，數數登降，不以為煩」，還經常同他討論問題。透過賀氏兄弟，左宗棠逐漸密切了與封建統治階級中士大夫集團的關係，思想逐步向經世致用發展。

　　道光十二年（1832），左宗棠20歲時，參加了本省的鄉試，與他哥哥同榜中舉。這是他在科舉道路上獲得的唯一一次功名。同年，他與湘潭一位富室千金周詒端結婚。由於家境清寒，後以招贅女婿的身分一直住在周家。

　　當時的左宗棠，年輕氣盛，自命不凡，極想由此一舉登上仕途，曾三次赴京會試，但連遭失敗。科舉的失意使他憤懣不平，「遂絕意進取」，「棄詞章為有用之學」，精力完全集中到經世致用方面來。由於外患日深，不少士大夫特別注意邊疆史地的研究，左宗棠也深受影響。他17歲時，即從書肆

中購得顧祖禹的《讀史方輿紀要》、顧炎武的《天下郡國利病書》以及《齊氏水道提綱》等書，「喜其所載山川險要，戰守機宜」。科舉失意的幾年中，他悉心鑽研地學，尤其是西北、西域的史地著作，加深了對社稷安危的關切和西北邊防重要性的認識，形成了比較遠大的政治眼光。

道光十七年（1837），左宗棠擔任了醴陵淥江學院的主講。這年，兩江總督陶澍「乞省墓道」，回湖南安化，路過醴陵。左宗棠應醴陵知縣之請，為陶澍的公館作了楹聯。聯中巧妙地嵌入道光帝欽賜「印心石屋」予陶澍之事，大得陶澍的賞識，特地邀見左宗棠，「傾談竟夜，與訂交而別」。此後來往不斷。道光十九年（1839），陶澍病歿，與陶澍有深交的賀熙齡要左宗棠擔負起教育陶子（陶桄）的責任，次年他於是來到安化小淹陶澍家教學。

在小淹八年之久的教館生涯，對左宗棠來說是一個很重要的階段。陶澍家中所藏書籍，特別是「本朝憲章」十分豐富。他於「課讀之暇，博觀縱覽」，閱讀了大量有關水利、田賦、鹽政的書籍，探求如何上慰宸衷、下安百姓、振刷綱紀、濟世匡時的途徑，以挽救正在衰落的封建皇朝。同時，又從陶澍的往來書信中開始知道了林則徐，並產生了仰慕之情。林、陶都是當時的重要人物，他們關心民情，剛直不阿，主張改革弊政和抵制外來侵略，對左宗棠都產生了強烈的影響。

「不凡之才」出山佐軍

道光二十年（1840），鴉片戰爭爆發。消息傳到湖南，激起了左宗棠的愛國熱情。他研究了反侵略的「戰守機宜」，寫出了《料敵》、《定策》、《海屯》、《器械》、《善後》諸篇，並在給賀熙齡的幾封長信中，詳細討論了這些問題。有不少主張與林則徐在廣東抗擊英國侵略者的策略不謀而合。對於被無辜問罪、發配新疆的林則徐，他則寄予滿腔的同情，心「如在公左右也，忽而悲，忽而憤」，「心神依倚，惘惘相隨」，表現了對這位民族英雄的高度敬仰。

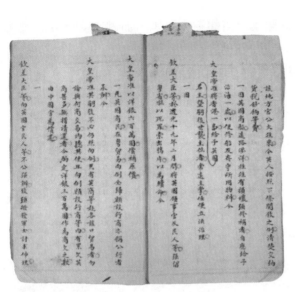

《南京條約》抄本（局部）

《南京條約》只是個初步文件，在實施過程中還有相應的細則。

　　道光二十九年（1849）十一月，林則徐引疾還閩，經過長沙時，特遣人召左宗棠一見。左宗棠「謁之長沙舟中」，「宴談達曙，無所不及」。林則徐對他很賞識，稱他爲「不凡之才」。

　　咸豐二年（1852），左宗棠接受湖南巡撫張亮基的禮聘，入張幕充當謀士。太平軍圍攻長沙時，他在省城內爲張亮基調兵遣將進行頑抗，還獻「河西合圍之策」，企圖一舉包圍、殲滅太平軍。在太平軍久攻長沙不下，毅然撤圍北上後，又協助張亮基訓練兵丁、整飭吏治，並對回應太平軍的廣大群眾進行報復。他以「首先決策」鎮壓瀏陽秘密會黨「征義堂」有功，升用直隸州同知。

　　不久，張亮基調任湖廣總督，左宗棠隨往湖北，與江忠源等一起，抗拒太平軍的西征。後張亮基又調任山東巡撫，他不願隨往，而在新任湖南巡撫駱秉章的幕中，一連幹了6年。

　　從咸豐四年（1854）至咸豐九年（1859），左宗棠的主要活動是爲清皇朝堅守湖南。當時的湖南，是曾國藩湘軍的發源地，是支持東南五省反動

219

力量的重要基地。在湘軍已經傾巢出省鎮壓太平軍，而湖南又受到來自鄰邊各省和本省農民起義軍不斷衝擊的形勢下，左宗棠既要爲出省的湘軍籌辦糧餉、船炮、軍械，又要設法抵擋紛至遝來的打擊，確是不遺餘力，費盡心機。

左宗棠在湖南所顯示的才幹，爲統治階級所賞識。潘祖蔭說：「國家不可一日無湖南，湖南不可一日無左宗棠。」連最高統治者咸豐帝也特意「垂詢及之」。左宗棠對咸豐帝的「特達之知」，刻骨銘心，感激涕零。

咸豐六年（1856），左宗棠以接濟曾國藩軍餉攻佔武昌有功，「詔以兵部郎中用，賞賜花翎」，不久，又加四品卿銜。正當他得到咸豐帝的青睞、飛騰有望之時，卻突然被湖廣總督官文奏劾，幾遭不測。雖由於胡林翼、曾

《左文襄公克復杭州戰圖》
現藏於北京大學圖書館。

國藩、潘祖蔭等人的力爭才免於一死，但不得不退出駱幕。統治階級內部的傾軋，使左宗棠初次嘗到「世網之險」。他知道，即「匿影深山」，也不一定能躲過對方再下毒手，因此轉而投靠為他脫險出過力的曾國藩。

鮮血染紅的「中興名臣」桂冠

咸豐十年（1860）六月，左宗棠奉詔命以四品京堂從曾國藩治軍。他招募了5000人，組成了「楚軍」，這就是左系湘軍的起點。

左宗棠投入曾國藩幕下，是他經歷的一個轉折的8年，他雖然備受重用，名聲不小，然而充其量也不過是一個高級師爺而已；而這一來，卻真正成了

一員擁兵帶隊、手握實權的將領。以後，正是憑著這一資本，他的權力越來越大，以至與曾國藩等並駕齊驅，成為同治年間的「中興名臣」。

「楚軍」組成後，在長沙金盆嶺練軍。年底，由江北戰場西進的李秀成大軍，包圍了曾國藩指揮機關所在地安徽祁門。曾國藩驚恐萬狀，四處呼救。於是，左宗棠不得不率領剛剛組成的楚軍出湘，進入江西，在皖、贛交界的德興、婺源一帶與太平軍交鋒。這一地區是曾國藩大營的糧道，已被太平軍攔腰切斷。左宗棠的任務就是要打通這一糧道，「嚴防大營後路」，以解曾國藩之圍。他知道，初次出陣的成敗，關係今後的命運，因此勢在必爭。而太平軍方面，由於李秀成對救援安慶並不積極，與湘軍稍一接觸後，就繞過祁門，過浙江，入江西招兵去了。因而左宗棠得以比較順利地佔領了德興、婺源，接著又在東平、鄱陽擊敗了準備深入江西腹地的侍王李世賢部，從而打通了曾國藩大

營的後路。清廷爲對他表示嘉獎，命其幫辦江南軍務，並授太常寺卿。

咸豐十一年（1861）十一月底，從湖北回師的李秀成與李世賢會合，一舉攻克浙江省會杭州。浙江巡撫王有齡自縊，清廷大震。這時，曾國藩雖受命節制浙江軍事，但他佔領安慶之後，正集中力量進犯天京，無暇顧及，故一再推薦左宗棠去收拾殘局。於是，清廷任命左宗棠爲浙江巡撫。

同治元年（1862）春，左宗棠率軍自江西入浙。這時，清廷多次令他率兵進駐清軍在浙西的唯一據點衢州城，並迅速拿下金華、杭州。但左宗棠是十分謹慎的，他知道在當時的形勢下，要馬上進攻金華、杭州，固然是「癡人說夢」，就是進入衢州城，也十分危險。因爲太平軍「每遇堅城，必取遠勢包圍，侍其自困而後陷之」，必須「避長圍，防後路，先爲自固之計」。於是他決定採取「置於四旁，漸進中央」的策略，先不入衢州城，而是分兵拔除贛、皖邊境的太平軍據點，掃清後路，步步爲營，逐漸往前推進；然後避開堅城，從側路進攻杭州。在英勇善戰的太平軍面前，他的如意算盤實現得並不順利。直到同治二年（1863）初，左軍雖然竭盡全力，但仍然停滯在龍游、湯溪、蘭溪一帶，進展緩慢。但後來太平軍整個戰局逐漸惡化，外國侵略者公開與清軍聯合，並在浙東開闢了第二戰場，攻佔了寧波，因而浙西戰場的太平軍內部發生動搖，出現了火拼、叛變。而這一切，都被左宗棠乘機利用，採取各個擊破的策略，攻佔了處州、嚴州和龍、湯、蘭三城，並進一步佔領了金華，軍鋒直逼杭州。接著，這時已是閩浙總督的他派蔣益灃率軍進攻「爲杭州鎖鑰」的重鎮富陽。堅守此城的太平天國康王汪海洋在富陽、新城之間大破蔣軍。左宗棠急於事功，在久攻不克的情況下，竟不惜「兼募外國軍助之攻」。同治二年八月，左軍與法人德克碑率領的1500人「常捷軍」勾結在一起，向富陽再度發起攻勢。德克碑以重炮轟城，終於奪取了富陽。

攻佔富陽後，左宗棠兵分兩路：一路由蔣益灃等率領，直驅杭州；一路由魏喻義、康國器率領，進兵余杭。在左軍的圍困下，杭州城內彈盡糧絕。同治三年（1864）二月，太平天國聽王陳炳文突圍出走，比王錢桂仁投降，

太平天國天王金璽璽文

太平天國天王玉璽

青白玉質，現藏於中國第一歷史檔案館。

杭州陷落。余杭汪海洋棄城北走，也爲左軍所占。六月，曾國藩率領的湘軍攻陷了天京。轟轟烈烈的太平天國農民起義終於被血腥地鎮壓下去。清廷論功行賞，左宗棠被封爲一等恪靖伯。

在天京失陷後，突圍的各支太平軍分別轉戰江西、福建、廣東各地，繼續堅持鬥爭。清廷授權左宗棠節制福建、江西、廣東三省的清軍，策劃最後消滅太平軍的餘部。同治四年（1866）底，在左宗棠的統一部署下，閩、浙、贛、粵的清軍合圍汪海洋的最後據點廣東的嘉應州，長江以南太平軍的英勇鬥爭宣告結束。同治五年（1866）元月，左宗棠從廣東「凱旋」而歸，回到福州。在鎮壓太平天國的罪惡活動中，他與曾國藩、李鴻章一樣，用大量起義者的鮮血染紅了頂子，換來了「中興名臣」的桂冠。

洋務運動的領軍人物

在擔任閩浙總督期間。左宗棠提出了創辦福州船政局的計畫。這一舉動，使他成爲洋務派的代表人物之一。

當左宗棠軍攻佔杭州後，他即派人仿造輪船，但是沒有成功。鎮壓了太

223

平天國後，他開始籌辦福州船政局。法國洋槍隊將領德克碑和稅務司日意格表示願「代為監造」。由於在浙江戰場上形成的特殊關係，也鑒於上次華人自製失敗，左宗棠決定接受他們的建議。同治五年五月，雙方達成協定，並奏報清廷批准。日意格到福州同他「詳商一切事宜」，同赴羅星塔，選擇了馬尾山下一處地方作為廠址。在初步規劃就緒後，左宗棠任命日意格為福州船政局正監督、德克碑為副監督，「一切事務，均責成該兩員承辦」。船廠的生產指標是：在五年中，應照「外洋兵船樣式」，製成150匹馬力的大輪船11艘和80匹馬力的小輪船5艘。

正當左宗棠興致勃勃地大搞造船的「五年計劃」時，清廷卻調他任陝甘總督，以鎮壓西北的回民起義。左宗棠不得不匆匆去西北赴任。但他「身雖西行，心猶東注」，仍然戀戀不忘於船政局。他推薦沈葆楨任總理船政大臣，並派他的親信胡光墉直接督察籌畫。因此，在左宗棠離開後，船政局的建設仍在他的「遙控」下繼續進行。至同治十三年（1874），船政局共建有工廠16座、船臺3座、船槽1座，並附設藝局等，成為洋務派興辦的最大的船舶製造廠。

福州船政局與其他洋務派軍事工業一樣，不同程度地存在著封建腐朽性和對外國的依賴性。但比較起來，船政局還有自己的幾個特點：

第一，從造船的目的和作用看，它比較突出「禦侮」，也就是針對外國

左宗棠像

清人繪，絹本。設色，現藏於北京大學圖書館。

侵略的一面。籌建之始，左宗棠就在給清廷的奏摺中明確指出：「自海上用兵以來，泰西各國火輪兵船直達天津，藩籬竟成虛設。」自造輪船，正是為了改變這種狀況。此後，他又反復重申：英、法、俄、德等國「各以船炮互相矜耀，日競鯨吞蠶食之謀，乘虛蹈瑕，無所不至」，因此，「非師遠人之長還以治之不可」。

第二，在造船方針上，左宗棠強調自造，反對「造船不如買船」的謬論。他認為，中國自己造船，是「欲得其造船之法，為中國永遠之利，並可興別項之利」，「非如雇買輪船之徒取一時可比」。還進一步提出附設藝局，聘請西洋技師，派中國工匠、學員學習西洋語言文字、標法畫法等，為中國培養造船、駕駛人才。同治十二年（1874），船政局與法人合同期滿，日意格、德克碑均退職回國，其他洋匠也逐漸減少。從此，技術設計改由中國技術人員擔任。因而福州船政局對外的依賴性較少。

第三，從成績看，福州船政局前後共造船34艘，其中為南洋海軍建造的三艘2400匹馬力、排水量2400噸的巡海快船，是當時中國自己修造的最大軍艦。因此，從客觀上說，福州船政局的設立畢竟為中國建立第一支近代化的海軍打下了基礎。

千里荒蕪的西北局面

同治五年十月，左宗棠離開福建，赴陝甘總督任。他的西征部隊，一部分是自己帶去和調去的楚軍、湘軍，又在陝甘等地招募了一部分兵勇，總共在4000人左右。加上原在陝甘和陸續增調的其他清軍，共達12萬人左右。

左宗棠在西北面臨著兩支相互聯繫著的起義軍西撚軍和回民起義軍。他鎮壓的戰略是：「以地形論，中原為重，關隴為輕；以平賊論，剿撚宜急，剿回宜緩。」這是因為西撚軍的戰鬥力更強，活動範圍更廣，對清皇朝的威脅也比回民起義軍更大，因而他的征討策略，就是「先撚後回」。

同治六年（1867）二月，左宗棠軍從漢口出發，分三道入陝。六月，到

達潼關,正式督辦陝西軍務。他一面派兵沿渭水紮營,一面兵分兩支,渡過渭水,進攻西撚軍。但靈活的西撚軍轉而西進涇陽、咸陽,渡過涇水,集中主力於蒲城一帶,有意識地讓出涇水西岸地區。左宗棠連忙親自趕到涇西,策劃包圍西撚軍,企圖消滅他們於涇水、洛水之間。不料西撚軍突然以馬隊猛攻渭北地區的清兵,突破包圍圈,粉碎了左宗棠的圍殲計畫。他們進入陝北後,連克安塞、延川等城。與西撚軍相呼應的陝西回民軍也乘勢攻佔了重鎮綏德,並邀西撚軍共同防守此城。由於連失延川、綏德等地,清廷震怒,

《平定捻匪戰圖》之五《攻剿山東捻匪戰圖》
現藏於故宮博物館

左宗棠上書請罪。他不得不承認撚軍「飆忽馳騁，避實就虛」，「遇官軍堅不可撼，則望風遠行，瞬息數十里；俟官軍追及，則又盤旋回折」。

　　西撚軍進駐綏德後，考慮到陝北山地較多，不適宜於馬隊馳驅，同時又接到東撚軍在運河地區失利的告急信，於是在同治六年十一月，利用黃河冰凍已合的機會，一舉突破了左宗棠所布置的河防，浩浩蕩蕩渡過黃河，一直打到保定，使清廷大驚，「切責督兵大臣，自宗棠、鴻章及河南巡撫李鶴年、直隸總督官文，皆奪職」。左宗棠闖了這個大禍，「憂憤欲死」，連忙

派了劉松山、郭寶昌兩軍日夜窮追，自己也隨後親自追趕，狼狽不堪。

但是，撚軍進行遊擊戰爭而不建立作爲戰略基地的根據地，總是難以持久的。李鴻章、左宗棠都看出了撚軍這個弱點，力求改變緊跟追擊的笨辦法而採用「畫河圈地」、逐步縮小包圍圈的策略。當西撚軍深入京畿後，即遭到清軍的重重包圍，幾經轉戰，逐漸被清軍封鎖在冀、魯邊界沿海狹小地區內，終於在同治七年（1868）六月，全軍覆沒於徒駭河邊。

左宗棠在鎮壓西撚軍中立了功，得以第一次「入覲天顏」，受到慈禧太后的「天語褒獎」。

這年十月，左宗棠回到西安，集

《單刀譜》封面

（清）錫保，本三友編，道光年內府抄本，現藏於北京故宮博物院。

中力量鎮壓回民起義。這期間，由於西撚軍的轉移，陝甘回民起義軍的聲勢已開始衰落。陝西的回民起義軍被壓入甘肅境內，以寧州的董志原爲主要據點。甘肅回民起義軍，以馬化龍爲首，表面上接受了寧夏將軍穆圖善的「安撫」，實際上仍暗中積蓄力量，繼續進行鬥爭。左宗棠首先用「剿撫兼施」的手段鎮壓了陝西境內各股零星的起義隊伍，收降了董福祥部，然後進入甘肅境內。

同治八年（1869）初，左宗棠軍攻佔了董志原，以此爲據點的陝西回民起義軍被迫向金積堡方向轉移。五月，左宗棠到達涇州，部署了三路進軍：南路從寶雞和清水出發，作進攻涼州的準備；中路從涇州出發，進襲平涼和固原；北路從陝西西北出發，進襲定邊和花馬池，而眞正的目標是陝甘回民

大清官宦沉浮

起義軍的中心以馬化龍爲首的金積堡。

但左軍對金積堡的進攻，遭到了起義軍的堅決抵抗，激烈的戰鬥持續了一年半之久。期間，左宗棠的愛將劉松山被打死，死亡極爲慘重。左宗棠悲歎：「一年之間，連喪大將，人心震駭，謠諑繁興」，「十餘年剿發平撚，所部傷亡之多，無逾此役者」。同時，清廷也一再嚴詰：金積堡「一隅之地」，「何以日久未見成功，糜餉老師，該大臣難辭其咎」。左宗棠受到嚴責，不得不一面哀求清廷「稍寬時日」，一面更加緊了對金積堡的圍攻。同治九年（1870）十一月，金積堡「糧已淨盡」，馬化龍「自詣軍門，哭泣請罪」。接替劉松山的劉錦棠（劉松山之侄），接受了馬的投誠，令馬化龍招各地回軍來金積堡就撫。當目的達到後，即將馬化龍及其一家全部誅殺。

此後，左宗棠軍又鎮壓、收撫了河州、西寧的回民起義軍，並於同治十二年（1873）九月攻佔了陝甘起義軍的最後一個據點肅州城。由於鎮壓陝甘回民起義獲得「全功」，清廷對左宗棠大加褒獎，賞加協辦大學士。次年，又晉爲東閣大學士。但經他鎮壓後的西北，卻是「千里荒蕪，彌望白骨黃茅，炊煙斷絕，被禍之慘，實爲天下所無」。這種慘狀，固然是歷屆地方官員和清軍共同造成的，但作爲災難製造者之一，左宗棠也是難辭其咎的。

收復祖國的大好河山

同治、光緒之際，中國的邊疆危機接踵而至。其中尤以新疆的情況最爲突出。

同治六年（1867），中亞的浩罕汗國軍官阿古柏建立了反動政權，阿古柏自稱「畢調勒特汗」（意即「幸運之主」）。同治九年（1870），阿古柏進佔烏魯木齊，不僅殘酷地壓榨和奴役新疆各族人民，而且勾結英國和俄國，妄圖利用他們作靠山，分裂中國領土，建立在英、俄庇護下的一個獨立王國。

野心勃勃的俄國，一方面千方百計地與英國爭奪對阿古柏的控制，一方

229

面策劃侵佔伊犁。同治十年，俄國打著代中國「收復」的幌子，武裝佔領了伊犁，還揚言要「代收」烏魯木齊。新疆面臨著被外國侵略者瓜分的嚴重危險，收復失地，捍衛祖國的統一和領土完整，成為全國各族人民共同的迫切要求。

當新疆危機日趨嚴重之時，左宗棠已年逾花甲，打算「乞病還鄉」，但祖國西北邊陲發生的事變，點燃了他心中的愛國之火，他堅定地表示：「今既有此變，西顧正殷，斷難遽萌退志，當與此虜周旋！」

同治十三年（1874），正當新疆的局勢危急之時，東南沿海的防務也由於日本侵略臺灣而告緊張。受英國影響的李鴻章借全國注視東南之機，提出了放棄新疆，移西征之餉作為東南海防之用的謬論。說新疆這個貧瘠之區「無事時歲需兵費尚三百餘萬，徒收數千里之曠地而增千百年之漏卮，已為不值」。他認為，「新疆不復，與肢體之元氣無傷」，「曾國藩前有暫棄關外，專清關內之議，殆老成謀國之見」。這就意味著，玉門關以外的中國領土都可以拱手送給別人。李鴻章的謬論，得到相當多的支持者。但也有一些「塞防論」者起而反對。於是，一場「塞防」與「海防」之爭就此掀起。

在爭論中，清廷的態度搖擺不定，於是「密詢」在西北邊防問題上最有發言權的左宗棠。他慷慨陳詞，堅決反對放棄新疆。針對清廷的心理狀態，他高度讚揚了乾隆帝收復新疆的歷史功績和堅定態度，指出「當時盈廷諸臣，頗以開邊未特，耗數滋多為疑，而聖意所動」。同時，他特別從餉需的角度駁斥了李鴻章的謬論，指出「若此時而擬停兵節餉，自撤藩籬，則我退寸而寇進尺，不獨隴右堪虞，即北路科布多、烏裡雅蘇台等處恐亦未能晏然」，把收復新疆提到保障全國安全的高度。他的結論是：「東則海防，西則塞防，二者並重」，不可偏廢。他的精闢論斷，把「海防」、「塞防」之爭推向了高潮。從本質上看，這場大辯論是關係到要不要收復新疆，要不要維護國家主權與領土完整的大是大非問題。以左宗棠為代表的「塞防海防並重論」，是符合中國人民長遠利益的。

左宗棠發表意見後，清廷不僅堅定了不放棄新疆的決心，而且也意識

到：在全國大吏中，既有力量和信心，又有膽識和魄力，足以擔負起這一重大任務者，左宗棠一人而已。光緒元年（1875）三月，詔命他爲督辦新疆軍務的欽差大臣。左宗棠得到指揮進軍的全權，開始了收復新疆的大業。

光緒二年（1876）三月，左宗棠從蘭州進駐肅州（酒泉），以此爲西征大本營，並督飭劉錦棠率精銳20餘營西進出關。五月，劉部抵達濟木薩。此時，連同從同治十三年（1874）起陸續出關的金順、張曜部和整編的新疆原有駐軍，全部近100營，約五六萬人。

關於具體的作戰部署，左宗棠的方針是：先北路而後南路。首先拿下烏魯木齊，克復除伊犁以外的新疆北路，然後揮師南下，直搗阿古柏的老巢，收復整個南疆。

六月，劉錦棠與先期西進的金順部同時進駐距古牧地（米泉）最近的阜康城，建立了自己的前哨陣地。在很短的時間裡，接連收復了烏魯木齊及昌吉、呼圖壁諸城。不久，又攻克了「城小而堅」的瑪納斯。於是，整個北疆，除伊犁之外，均爲清軍收復。第一戰役勝利結束，對南疆的進軍已是箭在弦上。

就在這時，英國以「調停」爲名，妄圖阻止左宗棠大軍收復南疆的正義行動。英國駐華公使威妥瑪向李鴻章表示，英國願出面「調停」中國與阿古柏的關係，阿古柏「作爲屬國，只隸版圖，不必朝貢」。隨後，英國又向總理衙門正式提出這一荒謬主張。左宗棠得知這個情況後，極爲憤慨地說：「帕夏（即阿古柏）竊據南八城及吐魯番」，爲「中外共知」，而威妥瑪卻故意「稱爲喀王」，「若不知吐魯番、南八城爲我疆土，帕夏爲我賊也」，其卑劣的目的不過是「圖保其印度腴疆」而已。針對李鴻章「專一示弱」的做法，他義正詞嚴地向總理衙門表示：阿古柏「爲我必討之賊」，「戰陣之事，權在主兵之人」，非他人所參與，亦「無須英人代爲過慮也」。左宗棠的堅定態度，挫敗了英國的「調停」陰謀，從而爲第二戰役鋪平了道路。

收復新疆的第二戰役是整個進軍中的關鍵戰役。阿古柏利用天山關隘重點設防於達阪城，並由他的兒子和親信防守吐魯番和托克遜。三者互爲犄

角，是阿古柏頑抗的希望所在。

光緒三年（1877）三月，在避開了冰雪封山的冬季之後，根據左宗棠「分道並規」的部署，劉錦棠部從烏魯木齊往南，翻過天山向達阪城和托克遜挺進；張曜從哈密往西，先屯鹽池；徐占彪從巴里坤往西在鹽池與張曜會合後，再往西向七克騰木和辟展（鄯善）前進。三軍最後會師吐魯番。初三日（4月16日），劉錦棠軍向達阪城發起進攻，初七日，「殲盡守城之寇，殺盡外援之寇」，一舉攻克了達阪。初九日，徐占彪軍與張曜部前鋒會師，攻佔了辟展。接著進攻吐魯番。十三日，劉錦棠的援軍也已趕到，於是在一天之內連克吐魯番滿漢二城。這一天，劉錦棠部還收復了重鎮托克遜。

關鍵性的第二戰役，不到半個月即勝利結束。三城全克，殲滅阿古柏主力萬餘人，打開了通向南八城的門戶，為直搗阿古柏的老巢創造了極為有利的條件。

在西征軍摧枯拉朽的打擊下，阿古柏走投無路，服毒自殺。阿古柏之死，又引起了反動集團更嚴重的內訌。阿古柏的小兒子海古拉與大兒子伯克胡裡火拼，被伯克胡裡打死。許多人見大勢已去，紛紛作鳥獸散。在這種形勢下繼續進兵，徹底摧毀阿古柏集團，已經是指日可待的事了。但這時狡猾的英國再度登場。它透過中國駐英公使郭嵩燾要求中國允許阿古柏反動政權保留喀什噶爾數城，「使可立國」。不久，英國代辦傅磊斯又向總理衙門轉告三項無理要求：「（一）阿古柏承認中國為上國，命使臣入貢；（二）中國與喀什噶爾將地界劃清；（三）兩邊議合後，永遠和好。」顯然，直到這時，英國仍想藉由「議和」、「劃界」的陰謀，分裂中國領土，保存阿古柏集團的政權。李鴻章也再次出來為英國幫腔。他諷刺說：「左帥新複吐魯番、托克遜等城，自謂南路折棰可下，朝廷日盼捷書，催協餉如星火，更無以雅可刊（阿古柏）投誠之說進者。然將來勢必旋得旋失，功不覆過。」左宗棠面對這些壓力，仍然寸步不讓。他反駁說：收復吐魯番等地後，「逆夷震懾異常」，「此時機有可乘，乃為畫地縮守之策，何以固邊圉而示強鄰？異時追咎貽誤之人，老臣不能任也」。對於英國的陰謀，他嚴正指出：英

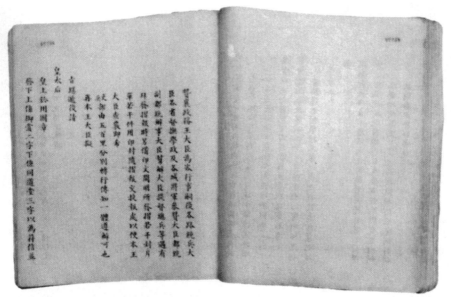

《贊襄政務王大臣按月恭繳錢用諭用旨事交內閣片》
現藏於中國第一歷史檔案館

人要別人「立國，則割英地與之，或即割印度與之，可也」，「何爲索我腴地以示恩？」他告訴劉錦棠，如遇英國遣說客去口囉嗦，則以「我奉令致討侵佔吾宇之賊，以複我舊土爲詞，別事不敢干預。如欲議別事，請赴肅州大營！」他的凜然正氣，既打擊了英國，又回擊了李鴻章，從而又一次粉碎了英國的陰謀。

　　光緒三年八月，收復新疆的第三戰役開始了。這一戰役的目標是全部收復南疆，徹底消滅阿古柏集團。劉錦棠率西征軍各部從吐魯番、托克遜出發，兵分兩路，在不到兩個多月的時間裡，長驅近2000里，全部收復了南疆的東四城喀喇沙爾、庫車、阿克蘇、烏什及附近各城鎮。接著，又以破竹之勢於十二月攻克了喀什噶爾、葉爾羌、英吉莎爾、和田西四城，並窮追狼狽逃竄的伯克胡裡等人。但俄國卻居心叵測地把這些殘渣餘孽收留下來，拒不交出。這時，新疆已是冰雪世界，左宗棠西征大軍不顧斷指裂膚之痛，勇往直前，爲祖國建立了卓越的功勳。新疆除了伊犁地區以外，又重新回到了祖

233

國的懷抱。清廷晉封左宗棠二等侯爵，作為對他的褒獎。

左宗棠督軍討伐阿古柏，反映了全國人民，特別是新疆各族人民的共同意志，受到新疆各族人民熱烈的擁護和支持。在整個進軍新疆的過程中，各地各族人民，或為嚮導，或隨同攻伐，積極支持清軍。正是這個最重要的因素，為左宗棠提供了廣闊的舞臺，使他能夠憑藉這個舞臺，導演出有聲有色、威武雄壯的活劇。

當左宗棠的軍隊收復南疆各地，消滅了阿古柏集團後，進一步從俄國手中收復伊犁的問題便提到議事日程上了。俄國雖然失掉了可以霸佔伊犁的藉口，但仍然千方百計地拖延。光緒四年（1878），清廷不得不派專使崇厚到俄國談判。昏庸無能的崇厚墮入了俄國精心設計的圈套，未經請示清廷，就擅自簽訂了出賣大量權益而僅僅收回一座空城的《裡瓦幾亞條約》。消息傳來，舉國震怒，要求殺崇厚「以伸公憤」。左宗棠也接連上書，痛陳此約的危害，指出：俄國雖名曰歸還，而實際上伊犁「四面俄部環居」，「孤注萬里，何以圖存？」將來「雖得必失，庸有幸乎？」他還揭露俄國的貪欲永無止境，「譬猶投犬以骨，骨盡而噬仍不止」。因而，必須重新交涉，「先之以議論，委婉而用機；次決之以戰陣，堅忍而求勝」，以挽回崇厚造成的惡果。

光緒六年（1880）初，在全國上下輿論的壓力下，清廷不得不拒絕批准「崇約」，將崇厚撤職定罪，另派曾紀澤赴俄談判改約。俄國得知崇約被拒，一面擺出斷交的架勢進行政治訛詐，一面派兵遣將，大搞武力威脅。在全國軍民反侵略精神的推動下，清廷命令各地加強邊防，以準備對付俄國可能挑起的侵略戰爭。

二月，左宗棠提出了準備三路出兵，武力收復伊犁的方案，以配合曾紀澤的談判。為了就近指揮這一重大行動，並向全軍將士表達自己的決心，年近七十的左宗棠，不顧體弱多病，不畏風沙嚴寒，從肅州出發，隨將士穿過千里戈壁，把大本營設在新疆哈密的鳳凰台。他的這種精神，充分顯示了反侵略的堅強意志和「威武不能屈」的英雄氣概。但正在這時，清廷突然以

水母

大清官宦沉浮

《升平署戲曲人物・玉玲瓏・節氏》
現藏於中國國家圖書館

「現在時事孔艱，正需老於兵事之大臣」，以備朝廷「顧問」爲由，把左宗棠調回北京。迫於朝命，他不得不離開新疆，但一到北京後，他仍然「力持正論，與此事相始終」。

雖然左宗棠調回北京，但他在伊犁問題上的堅決態度，對曾紀澤的談判仍然產生了重要的影響。此後簽訂的中俄《伊犁條約》，迫使貪婪成性的俄國不得不將伊犁和特克斯河流域及通往南疆的穆榮爾山口歸還中國。在這方面，左宗棠的作用也是不可忽視的。

千古一人悲情辭世

光緒九年（1883），中法戰爭爆發，左宗棠這位曾在反侵略鬥爭中大顯身手的老將堅決主戰，並慷慨激昂地表示，爲「西南數十百年之計」，願親往抗法前線視師，「不效，請重治其罪，以謝天下！」愛國之情，溢於言表。

光緒十年（1884）七月，法軍偷襲我福建水師和馬尾船廠，福建水師幾乎全軍覆沒。閩、浙前線形勢緊張，臺灣危急。清廷不得不起用已於年初「因病開缺」的左宗棠爲「欽差大臣督辦福建軍務」。他雖已72歲高齡，然而「聞命之餘，慷慨戎行，冒暑數千里」，率部兼程趕到福州。到達福州的當天，就命令迅速集中帆船，準備親自冒險東渡。在被勸阻後，他調王詩正率「恪靖援台軍」東渡臺灣與法軍交戰，並「購軍火」、「雇商船」，「晝夜孜孜，以謀援台」。當澎湖失守時，左宗棠氣憤得「椎胸頓足」，以致「咯血時發」。但在生命的最後幾個月中，他仍然堅持主持戰備事宜，不肯休息。光緒十一年（1885）五月，清廷出賣了馮子材等英雄將士用鮮血換來的巨大勝利，簽訂了喪權辱國的《中法新約》。並不顧廣大愛國軍民的反對，嚴令各地撤兵。左宗棠「以此行未能破敵大加懲創引爲恨事，肝疾牽動，憤郁焦煩」，病勢劇增。

1885年7月27日清晨，74歲的湘人左宗棠停止了最後的呼吸。他是在福州

北門黃華館欽差行轅任上去世的。

接到喪折後，慈禧太后的心情是複雜的。「中國不可一日無湖南，湖南不可一日無左宗棠」言猶在耳，可左宗棠走了。走了也好，這個漢人太強硬，太無拘束，甚至在萬壽聖節上也不參加行禮。但態是要表的，要不然還會有誰去為朝廷賣命呢？於是詔諭立即派發各省：追贈左宗棠為太傅，恩諡「文襄」，賞治喪銀三千兩。

就在慈禧太后下達詔諭後的一個夜晚，福州暴雨傾盆，忽聽一聲劈雷，東南角城牆，頓時被撕裂一個幾丈寬的大口子，而城下居民安然無恙。老百姓說，左宗棠死了，此乃天意，要毀我長城。

左宗棠死了，左公行轅標著「肅靜」、「回避」字樣的燈籠。已被罩以白紗的長明燈代替，沉重的死亡氣息，壓得人透不過氣來。這盞盞白燈，宣告著時代強音的終結，這是一個奮起抗爭、抵禦外侮的時代，左宗棠是中流砥柱。而擁有「二等恪靖侯、東閣大學士、太子太保、一等輕騎都尉、賞穿黃馬褂、兩江總督、南洋通商事務大臣」七個頭銜的他，這個風光了半生的男人，終於退出了歷史舞臺。

法國人鬆了一口氣。他們在攻佔臺灣島，他們的軍艦還在東海耀武揚威。左宗棠與他們擺開了決戰的架式，發出了「渡海殺賊」的動員令。他們吃過左宗棠的大虧，知道他是雄獅。一頭獅子領著一群羊，個個是獅子；而一群獅子被一頭羊領著，個個就成了羊。左宗棠一死，便群龍無首了。

英國人鬆了一口氣。左宗棠發現英國領事在上海租界豎有「華人與狗，不許入內」的牌子，下令侍衛將其立即搗毀並沒收公園，逮捕人犯。端坐在八人抬的綠呢大轎中的左宗棠，身穿黃馬褂，頭戴寶石頂戴，三眼花翎，手執鵝扇，面容飽滿，威嚴無比。只要他進入租界，租界當局立馬換上中國龍旗，外國兵警執鞭清道。左宗棠死了，就不需要對中國人那麼恭謹有加了。

俄國人鬆了一口氣。左宗棠把他們從新疆趕走，把他們侵佔的伊犁收回，甚至用兵車運著棺木，將肅州行營前移幾百公里於哈密，「壯士長歌，不復以出塞為苦」，準備與俄軍決一死戰。左宗棠一死，中國再沒有硬骨頭

了。

　　李鴻章鬆了一口氣。一個月前，他在天津與法國簽訂《中法會訂越南條約》，這是中國軍隊在戰場上取得重大勝利之後，簽訂的一個地地道道的喪權辱國條約，是世界外交史上空前絕後的奇聞。左宗棠領銜反對，說「對中國而言，十個法國將軍，也比不上一個李鴻章壞事」，還說：「李鴻章誤盡蒼生，將落個千古黑名」。全國輿論譁然，群情激憤，弄得李二先生狼狽不堪，李鴻章惱怒這個湘人不懂中國國情。決定拿左宗棠的下屬開刀，殺雞給猴看。左宗棠上書為屬下鳴冤叫屈，眼看就要翻過案來，左宗棠死了，好了，一了百了，主戰派的旗幟倒了，躲在京城的李鴻章面對這個與自己爭鬥了三十多年的政敵的死亡，終於鬆了一口氣。他再也不用顧忌，可以放肆地弓著腰在世界列強面前周旋，哆哆嗦嗦地在不斷的不平等條約上簽字畫押了。

　　死，對於死者來說，是結束。但對活著的人，是一種絕望的痛苦。大清的中興重臣，林則徐、曾國藩……一個一個地死了，茫茫九州，哪裡還聽得到復興的吶喊？大清氣數快要盡了。

　　也好，左宗棠死了，有人幸災樂禍，躲在陰暗角落裡竊笑不止，反證了死者的強盛和偉大。左宗棠是真正的英雄，是愛國者，在民族危亡的時刻，拍案而起，挺身而出，肯定會要觸犯一些人謀取的私利。你要保家衛國，他要侵城略地，而有的同僚甘願當亡國奴，堂堂中華民族只剩下這強者的吶喊，他們怎麼不會懼怕他呢？中國歷史上，有誰像左宗棠一樣所向披靡，鐵腕收復大片國土？蘇武飲血茹毛，威武不屈；張騫關山萬里，溝通西域；班超投筆從戎，西戎不敢過天山；祖逖聞雞起舞，擊楫中流；史可法慷慨殉國，魂傍梅花，他們留下的僅僅是一段段盪氣迴腸的故事，是仰天長嘯的悲壯，是可歌可泣的精神，讓後人無限的敬仰和唏噓，而沒有誰比得過左宗棠給後人收復1/6的大好河山，留下任我馳騁的廣袤疆場。

黃宗羲定律下的抗爭

　　雖然都可被稱作「中興名臣」，但那種「中興」是一種怎樣的無奈，幾根鋼鐵又怎能支撐起即將傾倒的大廈。他們是幸運的，因為亂世造就了他們的「英名」；他們是無奈的，因為個人之微力是那樣的單薄；他們是無辜的，你我處在那樣的世道和那個地位，又當如何作為。

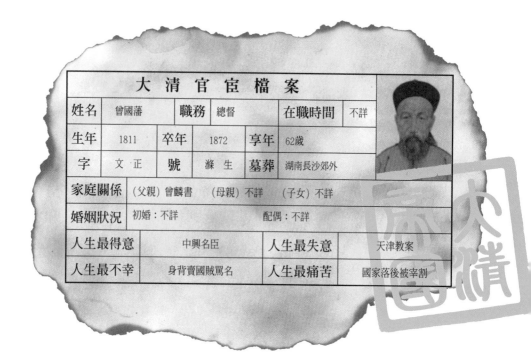

大 清 官 宦 檔 案							
姓名	曾國藩	職務	總督	在職時間	不詳		
生年	1811	卒年	1872	享年	62歲		
字	文 正	號	滌 生	墓葬	湖南長沙郊外		
家庭關係	(父親) 曾麟書		(母親) 不詳		(子女) 不詳		
婚姻狀況	初婚：不詳			配偶：不詳			
人生最得意		中興名臣		人生最失意		天津教案	
人生最不幸		身背賣國賊罵名		人生最痛苦		國家落後被宰割	

從「中興名臣」到「賣國賊」
——備受蔣介石推崇的曾國藩

　　傳統中國人的理想有兩條：一是做官，二是成名。做官實惠，成名可以不朽。 而曾國藩是中國歷史上最後一位實踐這種理想人生模式的人。

　　曾國藩所處的時代，是清王朝由盛世轉而為沒落、衰敗，內憂外患接踵而來的動盪年代，由於一批堪稱人傑的才俊的力挽狂瀾，一度出現「同治中興」的局面，而曾國藩正是這一過渡時期的中心人物，在政治、軍事、文化、經濟諸多方面產生了令人注目的影響。這種影響不僅僅作用於當時，而且一直延至今日，從而使之成為近代中國最顯赫和最有爭議的歷史人物。

贈太傅原任武英殿大學士兩江總督一等毅勇侯諡文正曾國藩

《清代名人像冊・曾國藩像》

清人繪，紙本，設色，現藏於故宮博物館。

銳意功名鯁直敢諫

　　傳說曾國藩出生的前一天晚上，曾祖父曾竟希公做了一個夢：一條巨蟒，盤旋空中，旋繞於宅之左右，接著入室庭，蹲踞良久。老人第二天早晨百思不得其解，隨即有人告訴他：「恭喜公公，今早添了一個曾孫子。」老

人一聽，恍然大悟，認爲這新出生的曾孫就是那條蟒蛇投的胎。他聯想起唐朝名將郭子儀出生時其祖父也夢見大蟒蛇進門，據此認爲曾家將來也要出一個大貴人。很快曾國藩是蟒蛇投胎之說就在當地傳開了。隨著曾國藩的名氣越來越大，這個說法也就越傳越遠。

曾國藩，原名子城，字伯涵，號滌生。1811年12月26日，出生於湖南湘鄉縣南的白楊坪村（今屬雙峰縣）的一個中等地主家庭。祖父曾玉屏，爲鄉村的土財主。父曾麟書，是個多年不第的老童生，直到43歲才考中秀才。在家庭的嚴格督促下，曾國藩從小勤奮讀書，熟悉了封建禮教綱常等一套儒家倫理道德，成爲他以後立身處世的基本準則。道光十年（1830），他20歲時外出求學，先在衡陽唐氏家塾畢業，翌年改進湘鄉漣濱書院。道光十三年考中秀才，進入長沙嶽麓書院學習。在這裡，他系統地接受了封建思想教育和湖南學風的薰陶，對他日後的治學產生了很大的影響。

曾國藩於道光十四年考中舉人。在以後的兩三年間，他連續兩次前往北京參加會試，結果都名落孫山。但是這兩次北京之行，對促使他努力向學大有幫助。回到湖南家鄉後，他閉門在家，發憤攻讀，對歷史和古文潛心研究，因而較大地提高了學識素養。道光十八年（1838）正月，曾國藩第三次赴京參加會試，以第38名中試。四月，殿試三甲42名，賜同進士出身。朝考一等三名，以庶起士入翰林院庶常館。道光二十年散館，列二等19名，授翰林院檢討，秩從七品。

時值中英鴉片戰爭正在緊張地進行著。對於這一引起中國「數千年來大變局」的大事，曾國藩是很注意的。他當時對於英國資本主義勢力之入侵持憎惡和反對態度，譴責他們「逆性同犬羊，貪求無厭」。讚揚姚瑩、達洪阿率領臺灣軍民擊退侵台英國兵艦，俘獲英國士兵多人的正義反抗是「大快人心」的舉動。

道光二十九年（1849），曾國藩已升任禮部右侍郎。當時，經過鴉片戰爭之後，西方資本主義經濟侵略自沿海向內地而逐步深入，國內原有的階級矛盾與民族矛盾進一步激化。面對著山雨欲來風滿樓的動盪形勢，曾國藩

白虹刀款
白虹刀尾部一面刻「道光年製」，另一面刻「白虹」。

感到憂心如焚，於是在咸豐帝即位後連續上奏，提出不少建議。《應詔陳言疏》中關於人才的培養與使用對咸豐帝有所震動，批示「切中情事，深堪嘉納」，令有關部門「評議以聞」，但經「部議格不行」；《議汰兵疏》進呈後獲「召見，嘉其切中時弊，諭以俟廣西事定再行辦理」。

　　太平天國起義爆發後，曾國藩在極其焦急之中又向咸豐帝陳奏《敬陳聖德三端預防流弊疏》，直接提出三條尖銳的批評意見。一是「防瑣碎之風」，批評咸豐帝「自去歲以來」只注重諸臣之「細節」，而疏於國家大計，表現在「發往廣西人員，位置之際未盡妥善」；二是「杜文飾之風」，批評咸豐帝「徒尚文飾」，不講實際，不能採納好的建議，「自去歲求言以來」，對一些「嘉謨至計，究其歸宿，大抵皆以『無庸議』三字了之」；

243

三是消「驕矜之氣」，批評咸豐帝去歲以來既下詔求言，結果卻拒諫自專，無視百僚的意見。指出「目今警報運籌於一人，取決於俄頃，皇上獨任其勞，而臣等莫分其憂，使廣西而不遽平，固中外所同慮也」。實際上就是指責咸豐皇專橫獨斷，致使太平天國起義不能很快鎮壓下去。他上奏此折是想效仿古忠臣之耿直敢諫，自以為不失為忠心耿耿之諍言，但卻差一點引起大禍，咸豐帝閱奏後大為震怒，「立召見軍機大臣，欲罪之」。由於周圍大臣的勸說才作罷。這次事件對曾國藩教訓很深，此後他再也不敢憑一片赤誠去「冒犯天顏」了。

以楊秀清名義所行的《太平救世歌》書影

剿平太平而封侯拜相

1851年1月，太平天國農民起義在廣西桂平縣金田村樹起了反抗清朝封建統治的大旗。經過兩年餘奮戰，自廣西入湖南、進湖北，順長江而下，經江西、安徽、江蘇，於咸豐三年（1853）二月攻下江寧府城，隨即定為國都，改名天京。

這時清皇朝的八旗兵早已腐敗，繼起的綠營兵也日趨衰敗。清廷先後調集大批軍隊前往廣西、湖南鎮壓，結果紛紛敗潰，只好尋求地方武裝力量進

行阻擋。當太平軍進入湖南後，清廷便命令兩湖督撫等地方官員勸諭士紳，舉辦團練。此時，曾國藩正因母喪在原籍守制。他接到湖南巡撫張亮基轉來軍機大臣轉達咸豐帝的上諭，要他以在籍侍郎的身分協助張亮基「辦理本省團練鄉民」。曾國藩接旨後四天即前往長沙，著手籌辦團練武裝。

鑒於清朝原有軍隊已不足以維護封建統治秩序的實際狀況，曾國藩認為必須從根本上著手，建立與培訓起一支有嚴密組織並有頑強戰鬥意識和實戰能力的新軍。為此，他擬定了他的建軍原則，竭盡全力組織起一支新的地主階級武裝湘軍。

在湘軍興起前，湖南已有新寧舉人江忠源兄弟等在本籍自募的楚勇和湘鄉儒生羅澤南、湘勇，在鎮壓地方農民起義上都取得相當的成效。曾國藩與他們這些人有著師生或同鄉的情誼，便在他們原有的基礎上，吸收其經驗並大加發展。他的湘軍與舊軍隊比較，在兵源、選將、營制以至訓練辦法上都是「改弦更張」的。

曾國藩利用封建宗法關係作為維繫湘軍的紐帶，使全軍上下歸他一人調度指揮，湘軍成為以他為首領的私人武裝。這是中國近代最早出現的軍閥集團。湘軍的骨幹多是以各種封建關係糾集在一起的中下層封建知識分子。他們出身於一般中小地主家庭，功名不高，或是諸生、文童，也沒有顯赫的政治地位。但這些人都浸透了封建正統思想，都以堅決維護封建名教和統治秩序為己任。這些人比腐朽的封建官僚有才幹，他們兢兢業業，有一股拼命向上爬以取得功名利祿的頑強精神和野心。曾國藩帶領這樣一批儒生，結成「誓不相棄之死黨」，而成為太平軍的死敵。

在曾國藩組織湘軍的過程中，即在咸豐三年間，尚未與太平軍正式作戰前，他就已指揮這些未成軍的練勇在湖南境內多次鎮壓過會黨起義，也曾派遣他們到江西支援過當地團練與太平軍作戰。在對待起義軍上，他採取極為殘忍的手段。早在咸豐三年二月他在給咸豐帝的奏摺中就提出：對起義軍「非嚴刑峻法痛加誅戮必無以折其不遜之志，而銷其逆亂之萌」，主張「欲純用重典以鋤強暴」，並聲言：「但得良民有安生之日，即臣身得殘忍嚴酷

之名亦不敢辭。」他的主張得到咸豐帝的積極支持，批示他「必須從嚴，務期根株淨盡」，因而他更加放手大幹。這年上半年，他在長沙設審案局，依靠地方紳耆，大批捕殺，立三等法：重則處以斬梟；輕亦立死杖下；又輕則鞭之千百。他不「拘泥常例」，借用巡撫令旗，捕人多，殺人快，「案至即時訊供，即時正法」，心狠手辣，在百十天內，就屠殺了200多人。他這樣大肆殺戮的暴行，遭到社會輿論的嚴正譴責，人們給他起了「曾剃頭」和「曾屠戶」的綽號。

曾國藩於出師時，發布《討粵匪檄》，竭力維護封建專制制度和孔孟之道，同時也抓住了太平天國的某些弱點加以渲染。它充分反映了曾國藩對農民反封建鬥爭的仇恨，表明了他作為封建地主階級利益的維護者鎮壓農民起義的頑固立場。

當他率領湘軍大舉「東征」時，太平軍水師已據有長江天險，陸上則佔有皖、贛、鄂三省的大部分。而這時安慶、九江早已在太平軍手裡，武昌也正處在太平軍包圍中，太平軍顯然佔有絕對優勢。曾國藩的東征，戰略目的是在爭奪武漢、九江、安慶這長江中游的三大據點，然後進軍東南，包圍天京。因此，此後七八年間，湘軍便同太平軍對這三大據點進行了激烈的反復的爭奪。

曾國藩面對太平軍強大的兵力及其所佔有的優勢，認為必須逐步推進，步步為營，而不能急於冒進。他首先著眼於兩湖地區，與太平軍展開了拼死的戰鬥。戰鬥最早於咸豐四年（1854）三月上、中旬在岳州府周圍進行，老湘營王兵敗退守嶽州，又繞城逃跑，大部分被殲，太平軍乘勝進佔湘潭，鉗制長沙。曾國藩以湘軍主力力爭湘潭，並自率水師攻打長沙北之靖港，結果湘軍水勇潰敗，戰船1/3被焚毀或為太平軍所獲。他羞憤交加，投水自殺，被隨從救出。湘潭方面雙方激戰7日，太平軍傷亡重大，被迫退出，長沙週邊緩解。他利用三月時間休整，於六月中重新出動，在七月初奪回嶽州府城。

這年八月，曾國藩督率湘軍水陸師分三路進攻武漢。10月14日，攻陷武昌、漢陽，太平軍停泊漢水的千餘艘船隻擬衝至長江，被截毀殆盡，湘軍水

曾國藩像舊照

陸東下，進攻江西。12月初，湘軍水師在彭玉麟、楊載福帶領下又攻斷湖北田家鎮至半壁山的攔江鐵鏈，焚毀太平軍船隻4500餘艘。湘軍大爲得勢。

　　然而，風雲突變，太平天國派石達開率軍在江西湖口、九江焚湘軍水師

船隻。特別是1855年2月在九江夜襲湘軍水師，焚戰船多艘，獲曾國藩座船，盡得其文卷冊牘，曾國藩走投無路，再次投水尋死，被人救起送羅澤南營中。緊接著，太平軍第四次攻佔漢陽，並第三次攻克武昌城，曾國藩率部龜縮南昌城內不敢出來。石達開回師江西，在短短三個月裡，贛中、贛北盡為太平軍所得。

到咸豐六年上半年，曾國藩率湘軍東征與太平軍進行了將近三年的爭奪戰，彼此各有勝負，但總的形勢對湘軍是不利的，不僅長江中游三大據點都在太平軍手裡，而且太平軍還控制了從武昌到鎮江之間所有沿岸的城鎮；安徽、江西、湖北東部以及江蘇部分地區也都為太平天國所有。

然而不久，「天京事變」爆發，形勢急轉直下。曾國藩帶領湘軍趁機反攻。咸豐六年十一月二十二日（1856年12月19日），湖北湘軍胡林翼、楊載福等攻陷武昌。咸豐七年九月初九日（1857年10月26日），湘軍攻陷湖口，被阻隔三年之湘軍水師彭玉麟部與楊載福部在外江會合。

在此期間，曾國藩因丁父憂回原籍守制。他與清廷的矛盾，也透過三四年來戰事的進展而有所增長。以咸豐帝為首的清朝統治集團對於曾國藩本來就懷有疑慮，始終只賜給他空頭銜而不予以實權，使他感到處處都有阻力。他曾向咸豐帝提出至少授給他以巡撫職務以便於辦理軍務，調動糧餉等，但沒有獲得同意，而讓他繼續「在籍守制」。到咸豐八年元月，由於胡林翼、駱秉章先後奏請他統兵援浙，他才再度出山。

經過幾年來與地方官吏和清廷的交涉折衝，又經過一年多來在原籍守制期間的反思，再度出山的曾國藩變得老練圓滑了。他與清廷及與地方官吏的關係漸趨於合拍，職權地位也隨著形勢變化發展而不斷有所提高。

太平天國的實力由於領導集團的內訌而大為削弱，使總的形勢大有利於清廷，但就湘軍與太平軍的較量來看，則仍有起伏。咸豐八年四月，湘軍李續賓等會同水師聯合攻下九江，太平軍一萬七千餘人死難，長江中游第二據點又為湘軍所得。但同年十月，三河鎮之戰，李續賓所部湘軍精銳6000為陳玉成、李秀成聯軍全殲，湘軍悍將李續賓等被擊斃，給曾國藩及其湘軍集團

《太平軍進軍金陵圖》
1853年，太平軍水陸並進，攻占金陵（今江蘇南京）。

打擊之大，不亞於咸豐四年多湖口、九江曾國藩座船被俘獲之役，「不特大局頓壞，而吾邑士氣亦爲不揚」。

咸豐九年（1859），石達開部太平軍擬行入川，駱秉章與胡林翼計議，透過湖廣總督官文奏請清廷派曾國藩入川布置，以確保湖北餉源，而乘機爲曾謀得川督。咸豐帝雖下令調派他率軍入川，卻無意授他以四川地方實權，因而胡林翼等又合計將曾國藩留駐湖北，共謀進軍安徽。此後曾國藩便以攻取安慶作爲湘軍的戰略重點和當務之急，把安慶之戰看作是「目前關係淮南之全局，將來即爲克復金陵之張本」來考慮。

曾國藩進攻安慶採取圍城打援的策略。他以穩紮穩打、步步爲營的戰術，實行力取上游，逐漸及於下游，也就是先取安徽，再及於江、浙的方針，始終堅定不移。即使是咸豐十年春夏之間江南大營再次解圍，和春、張

249

國樑兵敗身死，蘇常危急，咸豐帝一再催促曾國藩率湘軍東下支援，他都拒不從命，安然不動。咸豐帝萬不得已，只好賜他以兵部尚書署理兩江總督，並連下諭旨，令他撤安慶之圍，馳援蘇常。他也還是奏稱「自古平江南之賊，必踞上游之勢，建瓴而下乃能成功」，堅持原來的觀點。最後清廷不得不同意他的意見。由於堅持先打安慶再及於江南的戰略方針，在此後安慶攻陷後，湘軍在圍攻天京上擁有更加有利的形勢。

但是，太平天國晚期洪秀全重用洪仁玕，輔以陳玉成、李秀成二人的善於帶兵和富於實戰經驗，使曾國藩的戰略意圖不可能輕易實現，反而經常陷於困境。咸豐十年夏至十一年初夏，曾國藩坐鎮祁門，調兵遣將與太平軍爭奪皖南。還先後兩次因太平軍李秀成和李世賢分別率部逼近而驚慌萬狀，兩次都寫了遺囑安排後事，只是因為太平軍沒有進一步進攻而使之度過了危機。事後他還心有餘悸，再不敢身臨前線指揮作戰了。

安慶經過長期的圍困，於1861年9月15日終於被湘軍曾國荃部攻陷。在曾國藩支持下，曾國荃縱兵殺掠，乘機大發橫財。安慶的失陷，使天京失去重要的屏障。太平軍從此居於守勢，湘軍與太平軍的主要戰場也由安徽轉移到江蘇。

咸豐十一年七月，咸豐帝死於熱河避暑山莊。這年十月，慈禧太后依靠帝國主義的支持，與恭親王奕訢發動了「辛酉政變」，奪取了政權。為了儘快鎮壓太平天國等農民起義，慈禧太后任命曾國藩管轄蘇、贛、皖、浙四省軍事，自巡撫、提、鎮以下文武各官皆歸節制；同治元年（1862）更加以兩江總督、協辦大學士官銜。這時曾國藩渴望多年的宿願得以實現，軍、政、財大權一手在握，積極性也大為提高，從而加緊對蘇南、浙江進兵，為最終攻取天京作好布防。在他的支持下，曾國荃部湘軍包攬了對天京的圍攻。

1864年7月19日，天京淪陷，曾國荃部搶得了鎮壓太平天國的頭功，並縱兵對天京大肆擄掠燒殺。清廷論功行賞，曾國藩賞加太子太保銜，賜一等侯爵，世襲罔替，賞戴雙眼花翎。曾國荃賞加太子少保銜，賜一等伯爵，其餘湘軍將領也都賞賜有加。

東王楊秀清、西王蕭朝貴—安撫四民誥諭
現藏於倫敦不列顛博物館

在慈禧太后把持下的清廷，對曾國藩雖然委以重任並給予實權，但實際上還是很不放心的。特別是在曾國荃進兵雨花臺以後，湘軍自數萬增至十餘萬人，曾氏兄弟手握重兵，對清廷不能不是一大威脅，因而清廷對曾國藩的態度便有所改變，不像以前那樣支持了。曾國藩憑其多年的政治經驗，意識到要保存性命，只有退讓。於是在攻陷天京後便主動提出裁撤湘軍和為曾國荃代請回籍養病，以消除清廷的疑慮。具體辦法是裁撤他所直接統率的湘軍主力二萬五千名，但保留後建的淮軍以「禦寇」；曾國荃辭去浙江巡撫的職務。對於他的自釋兵權和曾國荃引疾自請開缺，清廷很快便予以批准。

辦理洋務以圖自強

舉辦洋務是封建統治階級中的實權人物被迫學習西方科技以鞏固其政權的活動，曾國藩是當仁不讓的主要倡導者。在當時聲勢浩大的農民大起義的衝擊下，為了對付太平天國和撚軍等，洋務活動必然首先是從興辦軍事工業

251

開始。因而在咸豐十年提出借洋兵「助剿」和委洋商運米糧問題時，曾國藩就表示「目前資夷力以助剿、濟運以紓一時之憂，將來師夷智以造炮製船尤可期永遠之利」。

咸豐十一年，他就在安慶軍營裡設內軍械所，招募科技人士開始製造洋槍洋炮。第二年，「試造洋器，全用漢人，未雇洋匠」，在徐壽、華□芳等中國科技人員努力下造成第一艘木質輪船「黃鵠」號，他計畫「以次放大續造多隻」。為此，同治二年冬，他派遣早期留美學生容閎到美國購置機器，進行擴充。兩年後機器運到，在上海創建江南製造總局，「始以攻剿方殷，專造槍炮，亦因經費支絀，難興船工」。至同治六年（1867）曾國藩奏留海關洋稅二成，以其中一成充作造船費用，至第二年建造成一艘較「黃鵠」號大五六倍的木殼輪船，取名「恬吉」，時速也較前大有進步。此後，直到曾國藩去世前，江南製造總局又陸續推出「操江」、「測海」、「威靖」三艘輪船，體積、吃水馬力與載重，一艘超過一艘。同治十二年又製造成一艘「海安」輪，馬力達1800匹，載重達2800噸。「在外國為二等，在國內為巨擘。」但是曾國藩死後，製造局全由李鴻章管轄，改變了以自製輪船的方針為以買船為主，致使江南製造局在培養本國技術力量和技術設備上的發展受到相當的影響。

除了制槍炮、造船，曾國藩在江南製造局還設置了翻譯機構，「另立學館，以習翻譯」。他對於主持編輯翻譯的徐壽大加讚許，認為「此舉較辦製造局為尤要」，強調「翻譯一事，系製造之根本」，只有透過翻譯，才能「明夫用器與制器之所以然」。並聘請英、美傳教士偉烈亞力、傅蘭雅、瑪高溫等人專事翻譯製造的科技書籍多種。此外，他還接受容閎的建議，在江南製造局兵工廠旁建立了一所兵工學校，以培養機械製造方面的工程技術人才。

曾國藩還接受容閎的建議，與李鴻章聯名奏請派遣幼童赴美留學。1871年8月18日，他與直隸總督李鴻章聯銜會奏，委派陳蘭彬、容閎為正副委員選帶聰穎子弟赴美國肄習自然科學技術，具體辦法為：「派員在滬設局，訪

位於東交民巷的日本使館遺址

選沿海各省聰穎幼童，每年以三十名爲率，四年計一百二十名，分年搭船赴洋，去外國肄習十五年後按年分起，挨次回國。」120名青少年後來雖因封建頑固勢力的阻撓破壞，未能按預定15年的期限學完，而於光緒七年（1881）便全部提前撤回，但透過這6～9年的學習，還是培養出一批中國近代早期的外交、海軍、航運、電報、路礦、教育等方面的新式人才，包括鐵路總工程師詹天佑等優秀科技工程人員，並且對以後中國派遣留學生產生了積極的影響。

　　曾國藩辦理「洋務」的時間不長，所辦的洋務內容比起李鴻章、左宗棠和後起的張之洞等，要少得多。但他起了創始者與帶頭人的作用，在近代中國洋務運動史上佔有重要地位。

「中興名臣」與「賣國賊」

　　同治九年（1870）五月天津發生了重大教案，愛國民眾憤怒懲罰欺壓中國人民、無視中國主權的法國駐天津領事豐大業等侵略分子，焚毀教堂和外

國駐津機構多處。事件發生後，清廷派遣曾國藩前往處理。他到天津後，明知這次教案「曲在洋人」，但爲了討好侵略者以維持「中外和好」，他不惜違心地大肆懲辦中國人民，將「啓釁」的罪名硬加到天津老百姓頭上。

當時，在中法代表交涉期間，法國公使羅淑亞聲勢洶洶，以武力進行威脅，企圖迫使清廷完全接受其極爲苛刻的條件，連清廷都感到事態嚴重，「有詔備兵以待」，而曾國藩卻說：「百姓小忿，不足肇邊釁」。他的對外既定方針是「即令審得確情，實系曲在洋人」，「吾輩亦宜含渾出之，使彼有轉圜之地，庶在我不失柔遠之道」；「如其曲不在洋人，憑謠言以煽亂，尤須從重懲辦」。在他主持下，完全滿足了法國侵略者的要求，任意逮捕了80餘名無辜群眾，重刑逼供。「先後兩次共得正法之犯二十人，軍徒各犯二十五人，天津知府、知縣發配邊疆，賠款四十九萬七千餘兩」，還由清廷派三口通商大臣崇厚爲專使到法國賠禮道歉。曾國藩這種視人民如草芥、曲意討好外國侵略者的卑劣行爲，不能不引起全國輿論的強烈反對，甚至連旅居北京的湖南士大夫也氣憤地砸掉他懸在湖南會館上的匾額，聲言開除他出同鄉會。在社會輿論的共同譴責下，他不得不承認對於這一事件「辦理過柔，寸心抱疚」，「內疚神明，外慚清議，爲一生憾事」。以後還再三寫信對人表示「神明內疚，至今耿耿」。但實際上他又認爲從維護清朝統治利益上講，是做得對的。他在向清廷奏報對天津教案一事的處理時說，「中國目前之力斷難遽啓兵端，惟有委曲求全之一法」，認爲「兵端一開，不特法國構難，各國亦皆約從同仇。能禦之一口，不能禦之於七省各海口；能持之於一二年，不能持之於數十百年，而彼族則累世尋仇，不勝不休」。他進而提出「皇上（同治帝）登極以來，外圍強盛如故，惟賴守定和議，絕無改更，用能中外相安，十年無事」。他認爲爲了維護清朝封建統治階級的既得利益，惟有採取對外屈辱乞和的妥協方針。也就是在這個奏摺中所說的，今後「仍當堅持一心曲全鄰好，兵端不可自我而開，以爲保民之道」。

此後，他更與郭嵩燾、李鴻章往復討論。李鴻章說：「洋人所圖我者，利也，勢也，非真欲奪我土地也。自周秦以後，馭外之法，征戰者後必不

繼，羈縻者事必長久。今之各國，又豈有異。」曾國藩答復道：「承示馭夷之法，以羈縻爲上，誠爲至理名言。自宋以來君子好詆和局，而輕言戰爭，至今清議未改此態。」他們總結出的「馭夷之法，以羈縻爲上」，作爲他們對外行動指南，並成爲清廷對外關係的總方針。

曾國藩按以上指導思想辦理天津教案是完全得到清廷同意的，但由於興論的指責集中在曾國藩一人身上，使他一下子由「中興名臣」變成「賣國賊」。爲了緩和「清議」，減少自己所受壓力，他上疏請求另派大臣到天津協同辦理。清廷接受他的請求，派遣工部尚書毛昶熙、江蘇巡撫丁日昌赴津會辦教案。這時正好兩江總督馬新貽被刺身亡，便下令調曾國藩回任兩江總督，而派李鴻章接替他爲直隸總督，復查天津教案。這實際上等於宣布曾國藩沒有處理好天津教案。清廷把曾國藩推出來當替罪羔羊，使他深感難堪，並爲之寒心。

曾國藩於同治九年（1870）九月下旬離津入京，然後由京南行，閏十月抵江寧。此後他曾乘船到江蘇長江南北諸城鎮巡視軍營，並到上海視察江南製造總局所屬各廠。1872年3月12日，由於重病纏身，加上長期的精神抑鬱，曾國藩病逝於兩江總督衙門，終年62歲。曾國藩死後，清廷給他以最高嘉獎，在專發的上諭和祭文中對他大加讚揚，稱他「公忠體國」，追贈太傅，諡以「文正」，入祀京師昭忠祠、賢良祠，並於湖南原籍、江寧省城建立專祠，將其生平政績宣付國史館立傳。

「譽之則爲聖相，讞之則爲元兇」。　近百年來仁者見仁，智者見智，對曾國藩褒揚者有之，斥罵者也不乏其人。早在他鎮壓太平天國時，即有人責其殺人過多，送其綽號「曾剃頭」。到了1870年「天津教案」，不少人罵他是賣國賊，以致他自己也覺得「內疚神明，外慚清議」，甚至有四面楚歌之慮。

辛亥革命後，一些革命黨人說他「開就地正法之先河」，是遺臭萬年的漢奸，建國後的史學界對他更是一罵到底，斥爲封建地主階級的衛道士、地主買辦階級的精神偶像、漢奸、賣國賊、殺人不眨眼劊子手，予以全面否

定。歷史是各種複雜因素的有機組合體，歷史從物也是如此，對複雜的歷史人物予以簡單、片面的肯定或否定，都是不客觀的，都不符合唯物史觀和實事求是的要求。

近年來，學術界對曾國藩的研究逐步深入，對他的評價也相對客觀。隨著有關曾國藩的小說和傳奇故事的出版，越來越多的人對其產生興趣，他們希望能透過作家描述的人物形象更多地瞭解曾國藩的學識、見解和主張，更直接、更清晰、更深入地窺見他的內心世界。

曾國藩的用人爲官之道

毛澤東年輕時，對曾國藩十分傾服，現藏韶山紀念館的光緒年間版《曾國藩家書》中，數卷扉頁上都有毛手書的「詠之珍藏」。他說：曾國藩建立的功業和文章思想都可以爲後世取法，認爲曾編纂的《經史百家雜鈔》「孕群籍而抱方有」，是國學的入門書。曾國藩治軍最重視精神教育，毛一生很注意這一點。曾「愛民爲治兵第一要義」，毛建立紅軍之初便制定了《三大紀律，八項注意》。

蔣介石也多次告誡他的子弟、僚屬：「應多看曾文正，胡林翼等書版及書禮」，「曾文正　家書及書禮，爲任何政治家所必讀。」他審訂《曾胡治兵語錄注釋》時說：　曾氏已足爲吾人之師資矣。在黃浦軍校，他以曾國藩的《愛民歌》訓導學生。他說，我認爲曾、左能打敗洪、楊，是他們的道德學問、精神與信心勝過敵人。

「清代三傑」之一的曾國藩一生歷盡坎坷，幾度生死。他還是儒學大師，用筆記錄自己的人生智慧和經驗，留下了《曾國藩家書》。學者南懷瑾說，「曾國藩一生共有十三套學問，但流傳後世的只有一套，即《曾國藩家書》。」他的用人爲官之道，概括起來主要有以下幾點：

1.用人

曾國藩說，選將才必求智士、嚴士、勞士。也就是說，挑選將才，必求

咸豐帝「如意洲」
行樂本，絹本，設色，現藏於故宮博物館。

智略深遠之人，而且必須號令嚴明，能耐勞苦。他又說，人品和學品結合起來，才能成大事。

　　現在招聘員工，往往注重個人簡歷的長短、等級的高低，以及過去的頭銜，這似乎比他們明天能做什麼貢獻重要得多。實際上，培養一個聰明的、心甘情願的新手，比培養具有正直的品德、有判斷力、精力充沛、能平衡自我，並且有一股不達目的誓不甘休的幹勁的人，要容易得多。

曾國藩認為，人才靠獎勵而出，即便中等之才，若獎勵得法，亦可望成大器；若一味貶斥，則往往停滯於庸碌不能自拔。

曾國藩又說，有能力者可自立門戶。在創辦湘軍之初，他為維護內部完整統一，對另立門戶者堅決抵制，但等他做大了，天下人才趨之若□時，他倒對「另謀發展」者予以支持了。

曾國藩還說，要交諍友、交益友，不能交狐朋狗友。他主張對己要嚴，對友要寬，尤其主張交友要有雅量。這樣如果一時有意見相左，也會最終不傷和氣。

2. 修身

曾國藩說，正人先正己，「以己所向，轉移習俗」。他恨官氣，因此摒棄官府排場，禁止部下迎送虛文；他恨懶惰，自己首先做到放醒炮即起。

曾國藩充滿了東方智慧。他常說，自立立人，自達達人。也就是說，自己想建功立業，則先讓別人建功立業；自己想興旺發達，則先讓別人興旺發達。這樣的說法太過世俗，卻是真理。他說，一定要自我反省所走的每一步。他強調「四知」，四知包括《論語》所說的知命、知禮、知言，他在最後加上了「知仁」成為「四知」，「仁」的意思就是寬恕。

曾國藩的領導之道大多目光向內，是中國傳統的「修身治國平天下」的順序，修身放在首位。修身的道理顯得簡單、淺薄，甚至有些陳腐，但真正實行起來，它遠比戰略困難得多。

3. 教育

管理學者諾爾‧蒂奇總結道：「領導即教育。」他認為，他遇到的成功的領導者，譬如韋爾奇和格羅夫，無不把教育當成他們的主要工作，並投入大量的時間從事這項工作。

在教育上，曾國藩無疑是個傑出的領導者。他的幕府就是培養人才的學校，他既是軍政長官，又是業師；幕僚既是工作人員，又是學子。他給旗下江南製造局的丁日昌寫信道：「局中各員譬猶弟子，閣下及藩司譬猶塾師，勉之以學，教之以身，試之以文，考之以事。」毛澤東高度稱讚他是中國歷

太子少保頭品頂戴兩江總督一等威毅伯曾國荃

曾國荃像

曾國荃（1824～1890），字沅甫，號叔純，湖南湘鄉人。曾國藩的弟弟，凶狠異常，屢立戰功。

史上屈指可數的「辦事而兼傳教之人」。

在曾國藩這所學校中，後來傑出者有左宗棠、李鴻章。李鴻章後來回憶道：「在營中時，我老師總是要和我輩同時吃飯；飯罷後，即圍坐談論，證經論史，娓娓不倦，都是於學問經濟有益實用的話。」

除爲數不多的老朋友和儒宿之外，一般幕僚都尊曾國藩爲師，從道德修養、爲人處事到學術觀點、文學理論，以至政治、軍事、經濟、外交的實務方面，他們都不同程度地受到曾國藩的影響。按照曾國藩的幕僚薛福成的說法，他們雖專屬一行，卻能讓他們的智慧彙聚一點。

曾國藩特別注重「借人之才爲才，用人之力爲力」。他說，知道古今人們的著述非常豐富，而自己的見識非常淺陋，那麼就不敢以一己之見而自喜，應當擇善而從；知道自己所辦的事情非常少，那麼就不敢以功名自居，應當思考推舉賢才一起去完成偉大的功業。他自認爲自己屬於「中材」或接近於「笨」的一類，因而注意吸取他人之長，以補一己之短。他的幕府就像一個智囊團，他常以各種形式徵求幕僚們的意見。

作爲湘軍領袖的曾國藩更是嚴字當頭，他治軍嚴明，對隊伍嚴加約束，在這方面可謂「六親不認」。湘軍諸將在他的嚴格領導下，「雖離曾國藩遠去，皆遵守約束不變」。

作爲領導者有三項關鍵任務：戰略、人和組織。戰略，決定一個團體要做什麼，如何做；組織，決定團體的內外部組織架構；人，具體實施戰略。現在，有相當一部分領導者醉心於戰略，而忽視了人，而實際上，「人」才是領導者最重要的工作。這就是曾國藩之道的核心。

4.曾國藩治人之術

（1）治人原則：不治人，難以成大事正人先正己；將他人的能力轉化爲自己的能力；心思用在大事情上。

（2）治人謀略：善治者，乃是強者能說能做，說了便做，不說也做；有過先由己當、有功先讓人享；做事要有章法。

（3）治人方圓：最可怕的是受治於人自立立人，自達達人；自己要及時給自己「上課」；戒傲是不敗人生之法。

（4）治人之術：在最關鍵的時刻治住對手在適當之時，必須交難交之人；敢於下手擊垮人心；該放權就放權；把對手變成朋友。

（5）治人秘道：用智慧治順人人品和學品結合起來，才能成大事；在勢盛之時，頭腦越要清醒。

（6）治人心計：可以大治，也可以小治治人三法：防瑣碎、去虛文、戒驕矜；該舉薦的人要舉薦。

（7）治人盤算：用幾個人治一大批人用慧眼打量周圍俊才；以幕府為強大後盾；借人之才為己才，用人之力為己力。

（8）治人決斷：採用軟硬結合的治法不管在什麼時候，都敢說硬話；給人不斷磨煉的機會。

（9）治人本領：敢於治所有不可治之人把用人之道琢磨得更加老到；提防性格乖僻的人；有大欲望的人最難處。

（10）治人要訣：用手治、用心治、用腦治選人以操守為大要；必求智士、嚴士、勞士；不善治心，就會惹出禍端。

（11）治人功夫：治住要害，就能解決所有問題找到最能替你排憂解難的惡人；讓有能力的人挑大樑；剷除名利的根。

（12）治人效果：讓被治之人心服口服摸透人的精、氣、神；聯手打天下。

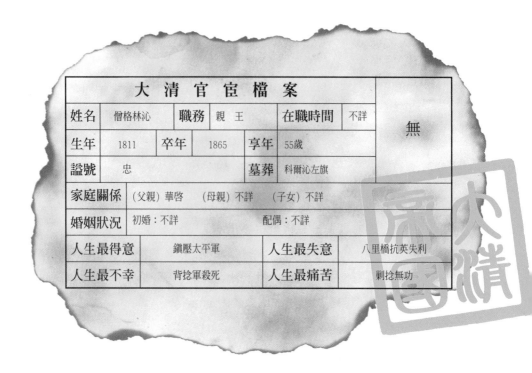

大　清　官　宦　檔　案						
姓名	僧格林沁	職務	親　王	在職時間	不詳	無
生年	1811	卒年	1865	享年	55歲	
諡號	忠			墓葬	科爾沁左旗	
家庭關係	(父親) 華啓	(母親) 不詳	(子女) 不詳			
婚姻狀況	初婚：不詳		配偶：不詳			
人生最得意	鎮壓太平軍			人生最失意	八里橋抗英失利	
人生最不幸	背捻軍殺死			人生最痛苦	剿捻無功	

從抗夷名將到橫屍荒野

——被晚清「倚爲長城」的親王僧格林沁

從內蒙古科爾沁左翼法庫縣往西北行，大約四十里遠的地方，有一個叫做「公主陵」的村莊。在公主陵村北面的山坡上，坐落著一個小小的院子，院子裡面孤零零地矗立著一塊馱石碑，這裡就是僧王墳晚清名將僧格林沁的最後歸宿。

不遺餘力鎮壓太平軍

僧格林沁（1811～1865），姓博爾濟吉特氏，蒙古科爾沁旗人。他的生身父親是畢啓，四等台吉，因爲僧格林沁的功勞，追封爲貝勒。

當初，科爾沁多羅貝勒新吉倫，在順治七年（1650）晉封爲紮薩克羅

多郡王，世襲無替。世襲八次，到索特納木多布齊，死時無子。道光五年（1825）七月，索特納木多布齊的族侄僧格林沁，作爲索特納木多布齊的兒子，承襲了科爾沁紮薩克多羅郡王爵，命在御前行走。十二月，賞戴三眼花翎。道光六年（1826），賞用紫韁。九年賞穿黃馬褂。十四年授御前大臣，不久，補正白旗領侍衛內大臣。正藍旗蒙古都統。十五年命總理行營。授鑲白旗滿洲都統。二十四年爲右翼監督。

　　道光三十年（1850）九月，密雲縣穆家峪有人持械造反，僧格林沁奏請查辦，事後，授僧格林沁左翼都督。

　　咸豐三年（1853）五月，洪秀全太平天國起義軍分頭攻打河南，咸豐皇帝認爲京城是根本重地，防範稽察，均關重要，遂命僧格林沁同左都禦史花沙納等辦理京城各旗營防事務。僧格林泌制定了稽察章程十二條。八月，太平軍從直隸永年縣的臨洺關攻入正定府。咸豐皇帝授惠親王綿愉爲奉命大將軍，僧格林沁爲參贊大臣，並設宴於乾清宮，親自頒發關防給他們，還賜給他們訥庫尼素光刀。九月，他奔赴紫荊關防守。十月，太平軍從滄州攻入靜海等地，打算攻打天津。他向永清縣的王慶坨進軍，防止太平軍北上。咸豐皇帝稱讚僧格林沁籌備防範，一切布置都很合機宜。

　　咸豐四年（1854）正月，僧格林沁移兵王家口，正逢上太平軍從靜海趕來，見到這裡有防備，於是轉向西南。清兵跟隨追擊了幾十里，直追到子牙鎮南，殺死和俘虜了若干太平軍，咸豐皇帝賞賜給僧格林沁「端多巴圖魯」的名號。不久，太平軍佔領了河間縣的束城村，他派兵分五路進攻，太平軍失敗後向南轉移，清兵追趕到獻縣的單家橋、交河、富慶驛等地。太平軍攻入阜城縣城，城周圍的各個村莊都駐有太平軍，以便互相接應。他分兵駐紮在城東北，而自己親率馬隊繞到阜城以南，攻下了高家莊、宋家莊，又根據地勢，定期輪番攻城。他派副都統達洪阿從堆村一帶攻城西南，侍郎瑞麟等從連村一帶攻城東北，將軍善祿等進軍杜家場以南。他自己親率中軍往來策應。於是，平堆村、連村、杜家場的太平軍敗走，清兵大炮把太平軍的丞相吉汶沅擊中，丞相陣亡，餘下的太平軍堅守不出。僧格林沁將太平軍誘出

城，在塔頭、紅葉屯把他們打敗，轉向東南進攻，佔領了連鎮。

連鎮是河間府東光縣的大鎮，河水從中間穿過，河水東西兩岸村莊錯落，太平軍都佔領了。清兵連攻累月，太平軍堅守，攻不進去。當時正值陰雨連綿，河水猛漲，清軍無能爲力，形勢緊張。僧格林沁上奏說：自從六月以來，陰雨浹旬，河水日漲。敵兵聚住在高阜，我軍地處低窪。敵兵堅守不出，欲趁水勢，另生詭謀，極力籌渡。擬挖壕築堤，以水爲兵，設法浸灌。

不久，清兵堤壩築好，太平軍便多次衝擊清兵，但都被清兵攔回。九

《八里橋激戰圖》

月，東西連鎮的太平軍各有幾千人向南轉移，清兵早有準備，加以扼制，太平軍大敗。到十一月，太平軍形勢困窘。清兵攻下了附近的各個村莊，終於攻下西連鎮。但東連鎮的太平軍仍堅守。十二月，僧格林沁派投降清軍的鄉勇分別駐紮西連鎮以及附近的陳莊，然後合力攻打東連鎮。當時，太平軍的首領林鳳祥準備化裝突圍，清兵得知後就大舉進攻。僧格林沁派都統西凌阿、瑞麟等督帶馬步兵隊攻其北邊，侍郎宗室、慶祺等攻其南邊，杭州將軍瑞昌等在河西攔截，將村周圍的木柵燒毀。於是東連鎮也被清軍攻下。林鳳

祥及檢點將軍等被擒，士兵多被殺害。捷報上奏，僧格林沁加恩封為博多勒噶台親王，其子乾清門三等侍衛伯彥訥謨祜著在御前大臣上行走。此時，京畿附近的太平軍全被肅清了。命得勝之師由僧格林沁帶往高唐州督辦軍務。

原來，在這之前，連鎮的太平軍分出一部向南進攻，佔領了山東高唐州城。欽差大臣勝保督軍多次攻城，都攻不下來。這時咸豐下令逮捕勝保進京受審，並下令軍營領兵大員都歸僧格林沁節制。

咸豐五年（1855）正月，僧格林沁率清兵抵達高唐，高唐州守衛堅固，難以硬攻，他便想出奇兵制勝。他讓城南防軍故意裝出疏漏的狀態，引誘太平軍。太平軍果然懷疑這裡防衛疏漏，於是乘夜間偷偷出城，全部向南轉移，於是清兵佔領了高唐。太平軍轉移到茌平，佔

1857年太平天國刊行的《天父詩》扉頁

領了茌平縣的馮官屯，清兵立即追來，先奪取了馮官屯西面的兩個村莊。太平軍集聚在東南隅，依靠糧食充足，堅守陣地。同時暗中挖掘地道，想奪取清兵的炮臺，但因清兵守備森嚴，沒有能夠成功。雙方相持了很久。僧格林沁下令偷偷挖開運河大堤，用運河水倒灌太平軍的大營。土墊之中，泥水沒過髁骨，行動十分困難，清兵趁機逼近土墊，抓住了太平軍首領李開芳，其餘太平軍也被清兵全部殘殺或抓獲，馮官屯失守。捷報上奏，咸豐皇帝下旨

李秀成佩劍
中國革命博物館藏

稱讚僧格林沁「督師剿賊，均合機宜。忠勇之成，深堪嘉尚。前賞給親王，著加恩世襲罔替。」並加賞僧格林沁坐肩輿，其兄三品頂戴台吉郎布林沁封爲輔國公，其弟台吉崇格林沁賞給二品頂戴，並賞戴花翎。

僧格林沁隨即挑選精銳官兵，分起南下，自己則馳驛進京陛見。僧格林沁五月抵達京城舉行凱旋禮，繳回參贊大臣關防與訥庫尼素光刀。八月，任崇文門監督。九月，他上奏請求酌添外滿洲火器營官兵操演陣勢，被批准了。十二月，調任鑲藍旗滿洲都統。

勇武親王力敵英夷入侵

僧格林沁崛起於鎮壓太平軍，但眞正成爲一代名將並被後人所欽佩的，卻是他抗擊外國侵略者的表現。咸豐八年（1858），直隸總督譚廷祥防守天津大沽口戰敗，清廷主和派與英國代表簽署《天津條約》。僧格林沁得知後，向咸豐帝奏請，堅決要求撤回談判代表，主張調用全國兵力，傾全國之經濟，把外國侵略者趕出去。但因主和派占上風，他的意見未被採納。

咸豐九年（1859），咸豐帝命他至天津督辦大沽口和京東防務。他積極籌建大沽口和雙港的防禦工事，整肅軍隊，做好反侵略的各項準備。英法新任駐華公使普魯士、布林布隆率領所謂換約艦隊從上海沿水路北上。艦隊由一艘巡洋艦和13只炮艇組成，行至天津大沽口時，不聽中國軍隊的勸阻和

警告，明目張膽地闖入大沽口，激起了中國官兵的極大憤慨。僧格林沁下達堅決反擊入侵者的戰鬥命令，督軍力戰，擊毀英軍戰艦3艘，使英軍死傷464人，英海軍司令賀布受重傷。相持數日，敵艦撤走。這次大沽口保衛戰，是自1840年西方列強入侵以來，中國軍隊抵抗外國入侵所取得的第一次重大勝利。

1860年7月，遭受重創的英法聯軍捲土重來，英軍約18000人、法軍約7000人始達上海。至7月中下旬，聯軍分別佔領煙臺、大連，完成了對渤海灣的封鎖。8月初，英法各種艦隊船隻173艘，陸續向天津大沽口逼近。因為英法聯軍的武器裝備比清軍先進不知多少倍，雖經誓死抵抗，大沽口還是失守了。被失敗激怒的僧格林沁又集合了自己最精銳的蒙古騎兵，在通往北京的最後一道關口八里橋設防，準備與侵略者決一死戰。

9月21日凌晨，清軍由通州和張家灣、郭家墳一帶向八里橋推進。上午7時許，英法聯軍分東、西、南三路對八里橋守軍發起攻擊。僧格林沁命令蒙古騎兵衝殺，一部分騎兵一度衝到敵軍指揮部附近，短兵相接，斃傷敵軍

《中英天津條約》簽字圖

咸豐八年（1858），清廷被迫簽署《中英天津條約》。

268

位於北京通州，橫跨通惠河的八里橋
咸豐十年（1860），清軍在此為英法聯軍激戰。

千餘人。隨後，由於南路法軍將大炮炮彈傾瀉在八里橋上，清軍遭到重大傷亡。但守軍與法軍第二旅在橋邊進行肉搏戰，僧格林沁親臨前線，指揮蒙古馬隊穿插於敵人的南路與西路之間，試圖分割敵軍的陣勢。然而，由於清軍另一將領敗退，他的計畫未能實現。但他仍然騎馬在前，揮舞著黃旗繼續指揮戰鬥。

　　在英法聯軍威力巨大的火炮面前，驍勇的蒙古騎兵損失慘重，僧格林沁只得率部撤退。隨後英法聯軍侵入北京，圓明園也在衝天大火中化為灰燼。北京失守後，他遭到了嚴厲的處罰，被褫官革爵，幾乎貶為庶民。

馬革裹屍，死後極盡哀榮

　　咸豐十年（1860），直隸、山東一帶撚軍四起。此時清廷能夠打仗的將領基本都在南方與太平天國作戰，無暇北上，在家閒居的僧格林沁，又有了重新出山的機會。九月，清廷恢復他的郡王爵，命其率一萬餘清軍赴山東與

撚軍作戰。

同治元年（1862），僧格林沁乘太平軍失守壽州、撚軍在皖北陷於孤立無援之機，率部由豫東入皖，與苗沛霖部團練一起對撚軍前後夾擊，次年春攻陷撚軍根據地雉河集，捕殺了撚軍首領張樂行，在鄂東霍山收降撚軍十幾萬人，並打散十幾萬人。

張樂行死後，撚軍餘部活動於河南、湖北、陝西邊區。1863年5月，張宗

圓明園銅版畫，遠瀛觀正面。

禹等在安徽桐城與李秀成相會後，回至皖北。經過整編的新撚軍，爲反擊僧格林沁的騎兵，「易步爲騎」，已經發展成一支以騎兵爲主的正規化部隊。而僧格林沁屢勝而驕，繼續採用窮追不捨的戰術，最後被新撚軍引誘，在河南、江蘇、山東等省千里平原上賓士三個多月，軍需不濟，將士饑疲，作戰屢屢失利。

1865年5月，僧格林沁被撚軍誘至山東曹州（今荷澤地區）高樓寨，隨後陷入重圍。18日晚，他率少數隨從冒死突圍，當逃至菏澤西北的吳家店時，被一撚軍戰士殺死在麥田，終年55歲。

僧格林沁戰死疆場，令清廷上下一片震驚，皆以失去「國之柱石」而惋惜。清政府以親王規格爲他舉行了葬禮，同治帝和慈禧親臨祭奠，賜諡號「忠」，配享太廟，在北京、山東、河南、盛京等地建「昭忠祠」，並繪像紫光閣。

1865年7月，清政府派員護送僧格林沁的靈柩北上，安葬在科爾沁左翼世襲旗陵今內蒙古法庫縣四家子鄉公主陵村。

僧格林沁的死，標誌著滿蒙旗人將領輝煌時代的逝去，從此大清的軍事舞臺上，湘、淮將領成爲主角。

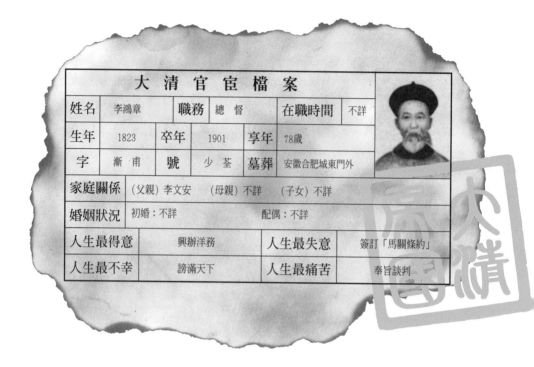

大　清　官　宦　檔　案						
姓名	李鴻章	職務	總督	在職時間	不詳	
生年	1823	卒年	1901	享年	78歲	
字	漸甫	號	少荃	墓葬	安徽合肥城東門外	
家庭關係	(父親) 李文安		(母親) 不詳		(子女) 不詳	
婚姻狀況	初婚：不詳			配偶：不詳		
人生最得意		興辦洋務		人生最失意		簽訂「馬關條約」
人生最不幸		謗滿天下		人生最痛苦		奉旨談判

從權傾一時到謗滿天下

——毀譽不一的晚清重臣李鴻章

　　1901年，李鴻章在屈辱中辭世。這位晚清顯赫一時的人物，身前和身後都遭詬病。在他死後一百多年的今天，人們對他的評價仍是毀譽不一。毀之者往往把李鴻章和中國近代歷史上一些屈辱性的事件聯繫在一起，諸如甲午海戰的失利，《馬關條約》和《辛丑和約》的簽訂等，由於對這些事件負有直接責任，他不可避免地成為口誅筆伐的對象，進而成了某種國家落後的象徵，是「投降派」和「賣國賊」的典型代表；譽之者認為，李鴻章是近代中國的一位「愛國者」，是「晚清近代化事業的主要開創者」，是「一代先進知識分子的凝聚中心」。那麼，李鴻章究竟是「愛國者」還是「賣國賊」？究竟是「好人」還是「壞人」？其實，對於李鴻章既不能簡單做出判定，也不能用現代人的眼光去衡量他當年的所作所為，更不能一罵了事。

疆場建功的翰林京官

李鴻章，本名銅章，字漸甫（一字子黻），號少荃（泉），晚年自號儀叟，別號省心，諡文忠。安徽合肥東鄉（今肥東縣）磨店人。因行二，故民間又稱「李二先生」。道光三年正月出生於封建官僚地主家庭。父李文安曾官刑部郎中，記名禦史。

李鴻章於道光二十四年（1844）考中舉人。翌年，藉由父親與曾國藩同年的關係，師事曾氏，「日夕過從，講求義理經世之學」。過了兩年，考中進士。道光三十年（1850），授翰林院編修。太平天國革命爆發後，李鴻章多次率領團勇協助安徽地方官員對抗太平軍。咸豐八年（1852），他奔

《李鴻章克復蘇州戰圖・李鴻章像》

江西晉謁曾國藩，入其營幕。次年十月，被任命爲福建延建邵遺缺道，未曾到任。在曾幕期間，李鴻章鬱鬱不得志，師徒之間微有齟齬，曾一度拂袖他去，「閒居一年」。咸豐十一年（1861）秋，湘軍攻陷安慶，他又回到老師的營幕，這時，曾國藩對他另眼相看，舉凡「軍國要務，皆與籌商」。李鴻章受到重用，從此成爲曾國藩鎮壓太平天國農民起義的左右手。

咸豐十年（1860），太平軍進軍蘇、杭，威脅上海。李鴻章奉命回安徽招募淮勇，皖籍地主武裝張樹聲、周盛波、潘鼎新、劉銘傳等人紛紛回應，不久，一支擁有6500餘人的淮軍正式編成。淮軍建立之初，「營伍之法，器

淮軍舊照
淮軍以淮南地主團練為基礎，兵將多為安徽人。

械之用，薪糧之數，悉仿湘軍章程」。曾國藩調撥湘軍數營併入該軍，又以
湘軍悍將程學啓、郭松林等人充當軍中頭目。同治元年（1862）夏，李鴻章
統率淮軍由安慶乘英輪來到滬上，旋奉命署江蘇巡撫。李鴻章從曾國藩手下
的一個幕僚，一變成為清朝統治集團重要的一員，並在軍事上取得獨當一面
的指揮權。

淮軍抵滬後，曾國藩諄諄告誡李鴻章對待侵略者要恪守「忠信篤敬」信
條。李鴻章又看到外國軍隊擁有新式槍炮，歎為「神技」，「日誠諭將士
虛心忍辱，學得西人一二秘法」。他一面以重金聘請洋教官到各營教習；
一面向侵略者購買新式武器。此外，他還「全神籠絡」華爾，企圖透過他向
外國聘請「鐵匠制炸彈，代購洋槍」，並以他「一人之心」去「聯絡各國之
好」。

爲了認眞訓練淮軍，並與外國侵略者協同作戰，李鴻章與何伯以及英國陸軍提督士迪佛立訂立會商攻打太平軍協議，規定：（1）李鴻章派出淮軍6000人與侵略軍「共維大局」，其中3000人進駐南橋，3000人由英國軍官負責嚴加訓練；（2）作戰中奪取的軍需品應歸淮軍所有；（3）雙方軍事調動必須互相通知，並互相供給軍事情報。這樣，他與西方列強正式建立了共同鎭壓太平軍的軍事合作。

　　常勝軍整頓後，的確幫了李鴻章的大忙。同治二年（1863）三月，太倉陷落，太平軍被「追斬殆盡」，李鴻章讚揚戈登「堅忍鎭定」。不久，昆山失守，太平軍7000餘人被俘，3萬人遭殺害，他對戈登的「奮勇」表示「殊堪嘉尙」。十月（12月），蘇州被攻佔，他率軍大肆搶劫財物，並發給常勝軍7萬元，後奉旨另犒賞戈登銀1萬兩，以資鼓勵。次年四月，攻陷常州，常勝軍宣告解散，留洋槍隊300人、炮隊600人併入淮軍。

　　攻陷蘇、常後，清軍加緊進攻天京。同治三年六月十六日（1864年7月19日），攻陷天京。李鴻章又調派淮軍追殺太平軍餘部。由於平定「粵寇」有功，清廷賜封他「一等肅毅伯」。他的淮軍由原來的6000餘人逐漸擴充到六七萬人，逐步取代湘軍成爲清廷所倚重的一支兇惡軍隊。在劫掠人民財富方面，他也並不比曾國藩兄弟遜色，李家兄弟數人在絞殺太平軍期間，就兼併土地約60萬畝。

　　太平天國起義被扼殺後，清廷集中兵力圍剿撚軍。同治五年（1866）秋，李鴻章吸取了曾國藩失敗的教訓，認爲要撲滅「倏忽無定」的撚軍，必須增添馬隊，馬步配合，左右夾擊，前後堵截，才能扭轉尾隨追逐，勞而無功的局面。在戰略上，他堅守曾國藩「畫河圈地」的主張，實行「扼地兜剿」，驅逐撚軍到「山深水複之處」，重重圍困，加以殲滅。與此同時，還「陰招其饑疲裏脅之眾，使其內亂殘殺」。同治六年十二月，賴文光被俘就義，東撚軍爲李鴻章所撲滅。同治七年正月，西撚軍進入直隸，「京師大震」，清廷急調李鴻章、左宗棠進行鎭壓。七月，西撚軍進入山東境內黃河、運河和徒駭河之間的狹窄地帶，被清軍圍困，無法突圍失敗。

李鴻章在鎮壓撚軍中立下汗馬功勞，於同治六年（1867）被清廷實授為湖廣總督，西撚軍覆滅，又賞加「太子太保銜」，成為當時一個握有軍政實權的封疆大吏，也是為清廷所倚重的一個「中興名臣」。

自強求富的洋務領袖

李鴻章在鎮壓農民起義的同時，還開始積極推行洋務運動。所謂洋務運動，是清廷在同治年間興起的「求強」、「求富」活動。從事這一活動的官員被稱為洋務派，李鴻章就是洋務派的首領之一。

在鎮壓農民起義和同西方列強的接觸中，李鴻章深感當時清皇朝存在的

位於東交民巷的法國使館舊址

不僅是「內憂」，而且還有「外患」。他認為外國侵略者「陽託和好之名，陰懷吞噬之計」，「實為數千年來未有之變局」；他又目睹歐美各國「輪船電報之速，瞬息千里；軍器機事之精，工力百倍；炮彈所到，無堅不摧，水陸關隘，不足限制，又為數千年未有之強敵」。為了鞏固清朝統治，李鴻章提出變「成法」、立「奇業」的主張，即是在不變更封建制度的前提下，學習西方，略事變革，發展軍事工業和民用工業，加強內部統治，對付新的「變局」和「強敵」。

李鴻章到達上海之初，「深以中國軍器遠遜外洋為恥」，為了學到洋人「長技」，屠殺人民，開始向外國購買洋槍炮。繼購置之後，他提出：「中國欲自強，則莫如學習外國利器，欲學習外國利器，則莫如覓制器之器」，決定自己設廠製造。

最早創辦的軍事工業，是同治元年到同治二年在上海、蘇州設立的洋炮局，規模不大，卻給淮軍提供了一部分槍炮彈藥。同治四年（1865），李鴻章又創辦江南製造總局和金陵機器局，前者是當時規模最大的一個軍火工廠。他調任直隸總督兼北洋通商大臣後，接辦了崇厚創辦的天津機器局。這時捻軍和少數民族起義已相繼被鎮壓，但他認為：「北省伏莽甚多，匪徒乘機思逞，時需分頭防剿，設軍火無措，必致貽誤大局」，因而對該廠進行整頓，擴大生產。

籌建北洋海軍是李鴻章「求強」事業的重要內容。同治末、光緒初，資本主義侵略者加緊窺伺中國，出現了邊疆危機，當時，加強海防，保衛邊疆，刻不容緩。

同治十三年（1874），他在《籌議海防折》中分析了這一危險形勢，並向清廷提出建設新式海軍的建議。從光緒元年（1875）開始，他先向英國訂購一批炮船，但他認爲一支像樣的新式海軍，「非有鐵甲船數隻，認眞操練，不足以控制重洋」，於是向德國訂製定遠、鎭遠兩隻鐵甲船和一艘鋼甲船。中法戰爭後，李鴻章以中國海軍實力單薄爲理由，又向英、德等國訂購船艦快艇，加強海軍實力。光緒十一年（1885），清廷設立海軍衙門，以醇親王奕枻總理海軍事務、慶親王奕劻及李鴻章爲會辦。經過陸續添購船隻，到光緒十四年，北洋海軍正式建立，擁有大小軍艦雷艇等25艘。這期間，他還籌措鉅款修建旅大、威海衛軍港和旅順船塢。

李鴻章在舉辦軍事工業過程中，時常感到經費不足，使局務難以維持和發展；原料燃料不能自給，不得不向外國購買；缺乏新式交通工具，在運輸上碰到很多困難。爲此，他決定創辦民用企業，以「求富」促進「求強」。

李鴻章創辦的第一個「求富」企業是輪船招商局。同治十一年（1872），他招集商股，借用官款，採用官督商辦形式經營航運業，辦起了輪船招商局，這是一個規模較大的民用工業。光緒三年（1877），他舉辦的開平礦務局，成爲中國第一個採用機器生産的大型煤礦企業。由於煤的蘊藏豐富，質量較好，產量日增，被李鴻章稱爲「成效確有可觀」的一個企業。光緒六年，李鴻章在天津創辦電報總局。光緒八年，又奏准創辦上海機器織布局。光緒十九年（1893），該局遭火焚，李鴻章派盛宣懷設立華盛紡織總廠，並擬另設10個分廠於上海、寧波、鎭江等地。李鴻章在《妥議鐵路事宜折》中，向清廷提出鋪設鐵路有利於國計、民生、軍務、漕務、通訊、交通

浙江太平天國侍王府紀念館所藏的「長毛殺妖多多殺」標語

《重學》

本書是由西方傳入中國的力學著作，首次將牛頓三大定律介紹給國人。

等九大好處，並強調指出：「西洋諸國所以勃焉興起者，罔不慎操此術。」他還擬定一個修築鐵路的計畫，由於當時清廷財力竭蹶和頑固派的阻撓，未能實現。到光緒七年，才修成一條由唐山到胥各莊、全長11公里的短程鐵路。光緒二十年，唐山至山海關鐵路建成，全長128公里。此外，光緒十四年（1888），李鴻章成立漠河礦務局，開採黑龍江漠河金礦，成績卓著，是一個經營比較成功的新式礦業。

在「民用」企業中，採用官督商辦和官商合辦等形式，廠內設有總辦、會辦、幫辦等大小官員，「一切唯總辦之言是聽」，其他商股無權過問。正如梁啟超批評的：「李鴻章所辦商務，亦無一成效可睹者，無他，官督商辦一語累之而已，今每舉一商務，輒為之奏請焉，為之派大臣督辦焉，即使所用得人，而代大匠斲者，固未有不傷其手矣。況乃奸吏舞文，視為利藪，憑挾狐威，把持局務。其已入股者，安得不寒心，其未來者，安得不裹足耶，故中國商務之不興，雖謂李鴻章官督商辦主義之屬階可也。」他和他的親信唐廷樞、盛宣懷等人，依靠政治特權操縱局務，貪污中飽，一個個成為擁有

巨大財富的暴發戶。

李鴻章從事軍火生產時，說是「為今日禦侮之資」，他籌辦海軍，明確指出「大半為制馭日本起見」，但是他在大談軍事對外的同時，卻又宣稱「以剿內寇尚屬可用，以禦外患實未可信」。他也準備與來犯之敵交戰，卻又說不能「自我開釁」，要等到對方「萬分無禮相加」時，才不得已與之一戰。這種消極態度，導致了每戰必敗，所謂「禦侮」實際上成了一句空話。至於興辦民用企業，他也標榜「杜外人覬覦之漸」，創辦輪船招商局，聲稱「此舉為收回中國利權起見」；設立開平礦務局，他說「亦可免利源之外泄」；集資興建煤鐵礦，又說有「堵塞漏巵」的好處。當然，在這一方面雖然也多少起了一些作用，但在當時國家不能獨立自主的情況下，是不可能真正去挽回洋商專擅之利權的。實際情況是，只能在承認外國侵略者控制中國海關、航運、市場以及洋貨大量湧入內地的前提下，透過微弱的競爭，與外商共分一部分利潤。

節節退讓的外交策略

19世紀晚期，世界資本主義列強相繼進窺我國沿邊和鄰邦，造成嚴重的邊疆危機。對於兇惡貪婪的資本主義侵略者，李鴻章缺乏足夠的認識，堅守「力保和局」宗旨，奉行「外須和戎」外交方針。

同治九年（1870）五月，天津教案發生。清廷命直隸總督曾國藩主持辦案，判處20人正法，25人充軍，賠款49.7萬餘兩。這一舉措，受到輿論的譴責。八月，李鴻章奉命接任直隸總督兼任北洋通商大臣，集軍事、外交大權於一身，權勢顯赫、舉足輕重。他在天津設立的衙門，號稱「第二中央政府」。到任後，他完全支持曾國藩的原判，正式議結天津教案，先將判處正法20人中的16人處死，另4人由於天津群眾的堅決要求，他不得不從輕判決。在辦理天津教案中，他與曾國藩忠實執行清廷媚外政策，天津人民恨之入骨。

《李鴻章與伊藤博文談判圖》

　　同治十三年（1874），日本藉口出兵大舉進犯臺灣，遭到高山族人民的頑強抵抗。李鴻章唯恐擴大事件，說什麼「臺灣系海外偏隅」，不值得大動干戈，主張與日本簽約息事。九月二十一日（10月30日），總理衙門與日本簽訂《台事專約》三條，賠款50萬兩，承認日本出兵侵台是「保民義舉」。中日談判期間，英國提出臺灣對外通商，他竟說：「與其聽一國（日本）久踞，莫若令各國（西方列強）均沾。」意欲透過開放臺灣，利用其他國家的力量，阻止日本獨佔，這就是他的「以夷制夷」外交的首次運用。總理衙門讓步訂約後，日本得寸進尺，意圖併吞琉球。他認為琉球是個「黑子彈丸之地」，抱著無所謂的態度。光緒五年（1879），日本正式吞併琉球，改為沖繩縣。

　　在日本出兵侵犯臺灣的同時，英國軍官柏郎率領武裝探路隊由緬甸闖入

281

雲南，意在開闢入侵西南各省通道。英國駐京公使館派翻譯馬嘉理前往迎接，在騰越西南蠻允地方，武裝隊伍悍然開槍擊斃群眾多名，當地人民立即將馬嘉理打死，這就是所謂「馬嘉理事件」。英國侵略者乘機進行訛詐，清廷派李鴻章與英國進行談判。開始時，他認為英國武裝隊伍擅自入境，「不獨有違條約，亦顯悖萬國公法」。及後，在英國公使威妥瑪的恫嚇威脅下，他怕「和局」破裂，便改變了態度，於1876年9月13日與威妥瑪簽訂了《中英煙臺條約》，規定賠款20萬兩；清廷派大臣赴英「謝罪」；允許英人前往雲南、青海、甘肅、西藏等省「調查」、「遊歷」；開闢印藏交通：增開宜昌、蕪湖、溫州、北海為通商口岸；外貨運入內地免納各項內地稅以及擴大領事裁判權等，為英國入侵雲南、西藏等地提供了有利條件。

在紛至沓來的邊疆危機中，李鴻章對俄國於同治十年（1871）悍然出兵強占新疆伊犁這一嚴重事件，也表現得十分怯懦。俄國軍隊侵佔伊犁後，清朝統治集團內部，以左宗棠為代表的部分官員紛紛要求進兵新疆，收回失地。然而，他卻大唱反調，理由是：第一，新疆是一塊曠僻無用之地，「即無事時，歲需兵費尚三百餘萬，徒收數千里之曠地，而增千百年之漏卮，已為不值」。出師遠征，竭盡財力，勢必影響東南海防建設。第二，英、俄久思染指新疆，他們已扶植阿古柏作為傀儡，中國貿然出兵，必定禍不旋踵，「別生他變」。第三，中國「兵將皆單，軍器不精」，「實不及專顧西域」，而且統兵主帥「左公已老」，將士率皆疲弱。在軍需給養方面，由於路途遙遠，無法源源運濟，縱然克服了重重困難，恢復失地，「勢必旋得旋失」。他主張對已出關或準備出關的清軍，「可撤則撤，可停則停，其停撤之餉，即勻作海防之餉」。

李鴻章力主放棄新疆的言論，受到朝野的強烈譴責，清廷最後採納了左宗棠等人的意見。光緒四年（1878），左宗棠率軍收復了除伊犁地區以外的全部領土。但俄國賴在伊犁不走，清廷派崇厚赴俄交涉，並於光緒五年簽訂《伊犁條約》，雖然索回了伊犁，卻割讓霍爾果斯河以西以及伊犁南境的特克斯河流域的大片領土給俄國，另賠款500萬盧布，俄國還獲得蒙古、新疆貿

易免稅以及由西北經天津到漢口進行貿易等特權。消息傳來,輿論譁然,紛紛要求改約。清廷表示不承認這個條約,並將崇厚革職問罪。俄國立即擺出不惜訴諸武力的架勢。李鴻章被嚇壞了,堅主崇厚不可問罪,俄約不能推翻,勸告清廷速予批准。

在「邊務迭興」中,李鴻章忠實執行了清廷「保全和局」這個既定方針。對外交涉時,總是藉口中國的軍事力量大不如人,決非西方國家的對手,因此,抱定逆來順受,忍辱息事的宗旨。退讓的結果是接受無理要求,簽訂屈辱條約,一步步加深了中國半殖民地的程度。

主持晚清內政外交近三十餘年的李鴻章舊照

同治、光緒之際,法國多次進犯越南。其時,法國金融資本發展迅速,積極對外擴張,叫囂「必須征服那個巨大的中華帝國」,顯然,法國是企圖以越南爲基地,侵略中國。光緒八年(1882),法軍進攻越南北圻,清軍出境援越。但清朝統治者害怕由此危及自身的安全,授權李鴻章與法國駐華公使寶海在天津談判。雙方議定:清軍撤出越境;以紅河中間之地劃界,中法兩國分別保護;開放保勝爲商埠。

李鴻章的退讓,「招引法國以爲中國將不會反抗」。法國內閣總理茹費理撕毀了協議,大舉進攻越南,同時,派駐日公使脫利古來華向李鴻章施加外交訛詐,爲了保存軍事力量和淮系地盤,他主張繼續執行「永保和局」的外交方針。他認爲中國「各省海防兵單餉匱,水師又未練成,未可與歐洲強

283

國輕言戰事」，聲稱在敵強我弱的形勢下，「一時戰勝未必曆久不敗，一處戰勝未必各口皆守」，開戰後，「兵連禍結」，「一發難收」。李鴻章的宜和不宜戰的論調，在中法戰爭期間發揮得淋漓盡致。

光緒十年（1884），法軍向北越發動進攻。法國水師總兵福祿諾透過粵海關稅務司德璀琳向李鴻章誘和。李鴻章函告總理衙門，務必含忍與議，同時強調指出：「與其兵連禍結，日久不解，待至中國餉源匱絕，兵心民心搖動，或更生他變，似不若隨機因應，早圖收束之有裨全局矣」。清廷接受了李鴻章「兵心民心搖動」的警告，命他與福祿諾在天津舉行談判。5月11日，雙方簽訂《天津簡明條約》，規定：法國「保護」越南；滇桂邊境通商；中國撤回軍隊。

條約簽訂後，法國又以清軍未能及時撤退、雙方發生衝突為藉口，蓄意擴大事端。7月14日，法艦開入福建閩江口，李鴻章「自度兵船不敵」，一面拒絕清廷調撥北洋船艦增援福建；一面致函會辦海防大臣張佩綸，要他勿向法船開炮。8月23日，法艦進攻福建海軍，福建船政大臣何如璋在李鴻章的

《清軍北寧抗法戰圖》
「朝鮮」朴進繪

284

影響下，也「嚴諭各艦，不得妄動」，致使馬尾海戰失敗，福建海軍覆沒。

法國的侵略暴行，激起全國軍民極大的憤慨，前線廣大將士鬥志昂揚。1885年3月，老將馮子材率領清軍在廣西鎮南關（今友誼關）大敗法軍，扭轉了整個中法戰局，法國茹費理內閣倒臺。當時的局勢對中國極為有利，但清廷缺乏勝利信心，李鴻章則認為鎮南關大捷不過是「偏隅偶勝」，應該知足罷兵，趁勝求和。6月9日，他與法國駐華公使巴德諾在天津正式訂立《中法新

《抗法功碑》

約》，承認法國對越南的保護權；允許法國在我國西南開埠通商；中國興辦鐵路應與法人「商辦」等，使法國得以插足中國滇、桂等省，西南邊疆危機日益嚴重。

身敗名裂於甲午之戰

日本從同治年間開始，多次入侵朝鮮，蓄謀大規模進攻中國。光緒二十年（1894），朝鮮爆發東學黨領導的農民起義，李鴻章調撥部分淮軍赴朝，日本也派兵前往。朝鮮局勢穩定後，清廷向日本提出雙方同時撤兵，日軍拒不撤走，陰謀挑起戰爭。

在中日關係惡化、戰爭大有一觸即發的緊要關頭，李鴻章為了保住他的權位和軍事力量，外交上，他玩弄「以夷制夷」伎倆，先後乞求英、俄等

國出面斡旋，阻止日本發動侵略戰爭，把希望寄託在歐美各國的「干涉」和「調停」上，結果一一落空。軍事上，他一面命令駐朝清軍「鎮靜勿妄動」，「我不先與開仗，彼諒不動手，此萬國公例，誰先開戰，即誰理詘，切記勿忘」，想以「萬國公例」去制止日本的軍事行動；一面表示不派兵增援朝鮮，說什麼：「我若添兵厚積，適啓其狡逞之謀」，企圖以中國停止派兵的行動遏制日本增兵朝鮮。李鴻章在外交上的畏葸怯懦和軍事上的按兵不動，必然導致中國陷入被動挨打的地位。

　　然而，這時清廷內部主戰派堅主對日採取強硬態度，人民群眾要求抵抗的呼聲也很強烈，李鴻章不得不派兵往援牙山中國駐軍。運兵輪系用重金租雇的高升號等三艘英國商船。7日25日，高升號在牙山口外豐島附近遭到日本海軍的突然襲擊。

日軍旅順大屠殺舊照

286

牙山戰役後，李鴻章唯恐北洋海軍與日作戰遭到損失，丟掉個人政治資本，因此，只是「令遊弋渤海內外，做猛虎在山之勢」，9月中旬，日軍在平壤大敗清軍。接著，又挑起黃海海戰。這次海戰，中日雙方各有損失，勝負未定。李鴻章卻故意誇大敗績。藉口船艦陳舊，武器落後，不能與日繼續作戰，命令北洋艦隊全部躲藏在威海衛軍港，造成了中國海軍坐以待斃的局面。

10月下旬，日軍在遼東半島花園口登陸，金州告急，旅順守將徐邦道力主派兵增援，李鴻章斥之爲「糊塗膽小」。11月，日軍攻陷大連，進犯旅順，海軍提督丁汝昌「自赴天津請以海軍全力援旅順」，他又訓斥說：「汝善在威海守汝數隻船勿失，餘非汝事也。」於是，號稱東方第一要塞的旅順軍港落入日軍手裡。1895年1月，日本海軍進攻威海衛。這時，北洋艦隊尚有戰艦炮艇等20餘艘，重整旗鼓，仍可與日一決雌雄，但李鴻章不敢一試，終於在次年初，北洋海軍連同威海衛軍事要地全部落入敵手。

甲午海戰中以身殉國的民族英雄鄧世昌舊照

1895年3月19日，李鴻章作爲清朝的「全權大臣」到達日本馬關。翌日開始談判，日本提出許多苛刻條件，只准李鴻章說「允、不允兩句話而已」。他力爭「請讓少許」，但沒有結果。4月17日，他與日本簽《馬關條約》，規定中國割讓遼東半島、臺灣全島及附屬島嶼和澎湖列島，賠款銀二萬萬兩，開放沙市、重慶、蘇州、杭州爲商埠；允許日本在通商口岸設廠製造。這是繼《南京條約》後又一個嚴重損害中國利益的不平等條約，從此中國進一步陷入半殖民地的深淵。

日本透過《馬關條約》佔有遼東半島，俄、德、法三國表示反對。在「干涉還遼」事件中，李鴻章又被迫對日讓步。九月（11月），他與日本代表在北京簽訂《中日遼南條約》，訂明中國「報酬」日本3000萬兩，收回遼東失地。

中法戰爭和中日甲午戰爭期間，李鴻章在民族危機極端嚴重的緊要關頭，避戰自保，消極應戰，屈辱妥協，忠實奉行清廷的投降路線，造成中國慘敗，簽訂犧牲民族利益的條約。戰敗投降固然是清朝最高統治者的決策，但李鴻章也應負重大的罪責。

退居兩廣後的群議指摘

光緒二十二年（1896）春，清廷擬派湖北布政使王之春赴俄國參加俄皇尼古拉二世的加冕禮，俄國想借此機會迫使清廷派能訂立條約的使臣，實現久已垂涎中國東北的侵略野心，因而指名要「李中堂」親自出馬，清廷只好任命李鴻章為「欽差頭等出使大臣」，前往俄國。6月3日，他在莫斯科與俄國簽訂了《中俄密約》，主要內容有兩國共同防日，一旦有事，雙方派兵互相「援助」，俄方軍艦可以進出中國一切港灣；中國允許俄國穿過黑龍江、吉林直達符拉迪沃斯托克修造鐵路，並在該路運送軍隊糧食。不久，根據密約，清廷又與俄國簽訂一個《中俄合辦東省鐵路公司合同》。這樣，俄國在攫取中東鐵路修築權的同時，還掠奪了鐵路沿線的採礦、伐木、行政、派駐員警、駐軍及減免稅厘的特權。俄國在「共同防日」幌子下面，將侵略魔爪伸入我國東北地區。10月3日，李鴻章返回天津，大肆宣揚中俄關係已是「如膠似漆」，「中國二十年無事，總可得也」。

辦完「聯俄」外交後，李鴻章奉命在總理衙門行走。1897冬，德國出動軍艦，強占膠州灣。次年春，李鴻章會同翁同龢與德國駐華公使訂立《膠澳租界條約》，德國以「租借」名義強占膠州灣，並取得在山東境內開礦築路等權利。不久，俄國海陸軍紛紛出動，擺出劍拔弩張的架勢，要求清廷將旅

大「租借」與俄國。3月27日，他在慈禧太后的庇護下，會同張蔭桓與俄國駐華代辦巴甫洛夫簽訂《旅大租地條約》。俄國不僅「租借」旅大，而且取得修築中東鐵路支線直達旅大以及鐵路沿線權益不得讓與他國等權利，其勢力從東北北部伸展到南部，整個東北成為俄國的勢力範圍。

帝國主義在中國掀起瓜分狂潮，民族危機嚴重。以康有為為代表的資產階級維新派，提出「救亡圖存」口號，要求實行自上而下的改革，使中國走上發展資本主義的道路。在這場新與舊的鬥爭中，李鴻章採取了先是反對、繼而暗中迴護的態度。

長期以來，李鴻章堅認現行的封建專制統治是「唯一可行的制度」，並緊緊依靠慈禧太后，受其驅使。因此，當康有為等人抨擊他與日本簽訂《馬關條約》和拒絕他加入強學會時，忿恨不已，與維新派之間一度形同水火。他向慈禧太后進讒說：「此曹皆書院經生，市井訟師之流。」光緒二十四年初，總理衙門邀請康有為徵詢改革大端，李鴻章也出席問話，他竭力反對改革法律官制。

然而，到百日維新前後，李鴻章的態度卻起了變化，原因有三。一來，在「變法」的途徑和方法問題上，洋務派同維新派是有根本區別的，但在要求「改革」這一點上，卻是相互一致的，這就成為他一度支持維新派的思想基礎。二來，在頑固勢力的阻撓下，維新派的「變法」要求不得不略作修改，提出「君權變法」，「乾綱獨斷」以及「開制度局於宮中」等「溫和」主張。這些倒退的政見，意味著他們與洋務派的距離縮短了，他與維新派之間的隔閡也就隨之逐漸消除了。三來，簽訂《中俄密約》後，李鴻章在總理衙門僅僅做個「伴食之宰相」。為了改變這個處境，在戊戌變法後期，他一面繼續依附慈禧太后，一面又或明或暗地給維新派一定的支持，希冀事成之日，提高自己的政治地位，並借助維新派力量，實現其洋務抱負。

基於上述原因，百日維新期間頒布的詔令，李鴻章並不反對，或保持緘默，或表示贊同。關於加強軍事建設、發展農工商業，以及廢除八股、興辦學校等項改革措施，他均抱支持態度。尤其對於設立京師大學堂，他更認為

「最關重要，贊助甚力」，還推薦康有為出任總教習，難怪後來康有為向別人說：李鴻章「助吾革政」。戊戌政變發生後，他一面不敢違抗慈禧太后捕殺維新派的通緝令，一面派人慰問康有為等人。康有為出走時，他「遣人慰行」；梁啟超逃亡日本，他託人轉言相慰。光緒二十五年（1899），他南下就任兩廣總督。到任後，他採取嚴厲鎮壓「盜匪」、會黨起義的措施，「募巡警」，「辦團練」，「晝夜梭巡，隨時員警」，在街道「遇有身帶火器刀械，立即擒捕」。

光緒二十六年（1900），義和團反帝運動爆發後，李鴻章電奏清廷，要求迅速剿辦團民，保護使館，以免中外失和。6月16日，清廷諭令他到京主持大計，他藉口「粵人呼籲攀留」，暫難北上。實際上他是要等待帝國主義軍隊開抵北京城下，經過「一二惡戰」，清廷改變態度時，再決定自己的行動。

6月21日，清廷頒布了「宣戰」上諭，命令各省督撫集義民成團，「借禦外侮」。但李鴻章拒不執行，宣稱「廿五（陽曆21日）矯詔，粵斷不奉」，並與兩江總督劉坤一、湖廣總督張之洞共同宣稱：長江一帶只有「會匪鹽梟」，「並無拳會之黨可招」。可見，他是東南督撫違抗「宣戰」命令的首倡者。他還積極參與了劉坤一、張之洞發起的「東南互保」，以破壞義和團在南方的發展。

李鴻章在廣東如此賣力保護洋人，英國就提出廣東「需要這位總督坐鎮」，並認為他是建立「華南獨立政權」的理想人物，因而千方百計不讓他北上，要他與孫中山「合作」，在粵「宣告獨立」。他則認為此事必以「清帝後存亡為斷」，在聯軍未攻陷北京、慈禧太后和光緒帝尚未「遇難」之前，不能貿然行事。因此，他一面坐觀局勢的發展，一面假意邀請孫中山前來與他「合作」，陰謀一舉搞垮資產階級民主革命力量。這時，孫中山已應邀來港，抵岸後，得到革命黨人密告，獲「知李督尚無決心，其幕僚且有設阱誘捕」之意，急乘原船轉赴越南。

《明定國是詔》
現藏於中國第一歷史檔案館

風燭殘年歎息而逝

　　義和團反帝運動爆發後，李鴻章在兩廣總督任上，一面壓制和破壞群眾反帝愛國鬥爭，一面觀望形勢，等待時機北上，撲滅義和團鬥爭烈火，同帝國主義妥協議和。

　　1900年7月，慈禧太后授命李鴻章回任直隸總督兼北洋通商大臣，催他迅速兼程北上。可他仍是躊躇不定。天津陷落後，可他在清廷的催促下才動身赴滬。但到上海後，藉口「感冒腹瀉」，寸步難行，盤桓申江，繼續觀望。8月7日，清廷授予李鴻章「議和全權大臣」，他還是沒有立即動身赴京。八國聯軍攻陷北京後，慈禧太后和光緒帝狼狽西逃。很快，清廷授給他「便宜行事」、「不為遙制」的更大權力。9月7日，清廷又發布「剿匪」。於是，「養屙」滬上的李鴻章欣然出發赴京。

9月16日，李鴻章離開上海，抵達塘沽後，由俄國軍隊護送到天津。下車伊始，他便命令直隸官員認真剿滅「拳匪」。半個月後，他在俄軍的保護下來到北京，連日「拜會」各國公使，急謀議款訂約。但帝國主義在擬訂議和條件問題上分歧較大，八國聯軍統帥瓦德西還準備擴大軍事侵略，因此，各國駐京公使「不甚與全權見面，亦不與議公事」。

為了迫使清廷接受苛刻條件，八國聯軍佔領北京後，四出攻略，擴大侵略範圍。李鴻章唯恐清軍進行還擊，影響和議進行，有負清廷對他的重託和期望，因此，他命令各地駐軍「在一切場合只要碰到外國軍隊就撤退」。不僅如此，他還「將中國兵隊之防線形勢，製成報告給瓦德西」，使侵略軍對清軍的布置瞭若指掌。

八國聯軍的軍事壓力嚇壞了逃到西安的慈禧太后，她授意榮祿電告李鴻章「早安大局」。在慈禧太后催促下，李鴻章加緊進行議和活動。12月24日，北京公使團提出議和大綱後，他立即電奏西安，要慈禧太后「迅速乾斷，電示遵行」。1901年1月15日，他與奕劻奉命在議和大綱上簽字。

議和大綱簽訂後，接著與西方列強議訂條款細目。李鴻章害怕「和局中敗」，因此處處讓步。1901年9月7日，李鴻章、奕劻代表清廷與11國駐華公使在北京簽訂《辛丑和約》。主要內容有：賠款銀45000萬兩；各國在北京東交民巷設立使館；拆除大沽炮臺和從大沽到北京沿線全部炮臺，准許各國軍隊駐紮在北京至山海關鐵路沿線的12個戰略重地；清廷要嚴防和鎮壓人民群眾的反帝行動。從此，帝國主義又在中國人民身上套上一付沉重的鎖鏈，清廷墮落成為列強的馴服工具，中國完全淪為半殖民地半封建社會。

《辛丑和約》簽訂後不久， 1901年11月7日，李鴻章走完了他78歲的人生歷程，沒有人聽見他離去時的歎息。

李鴻章死訊傳到大清國皇太后慈禧的時候，她正在回鑾路上，黃河岸邊的輝縣。和也議了，款也賠了，畢竟要回北京城了，這就是好。他本人說得不錯，「每有一次構釁，必多一次吃虧。」可洋人總是等著尋釁，如何處處躲得過！是該再好好獎賞一下李鴻章，洋人只認得他，下次，下次的下次，

《英法入侵被迫迎戰上諭》
現藏於中國第一歷史檔案館

不還要靠他嗎？可是，李鴻章卻死了，「太后及帝哭失聲」，他們說大清國猶如「梁傾棟折，驟失倚恃」。他們哭大清失去了唯一能夠與洋人周旋的人。

此時，洋務運動已經過去40年，戊戌變法過去了3年。而中國大地，殘陽正如血。

李鴻章後歸葬合肥，晉封一等侯，諡文忠，有《李文忠公全集》傳世。諡號，是中國君主政治時代的朝廷對死後的帝王、諸侯、重臣的一個終生評語。「文」諡號，是經緯天地的褒揚；「忠」諡號，是一生品德高尚的褒揚。

蓋棺難以論定的爭議

梁啟超說：「吾敬李鴻章之才，吾惜李鴻章之識，吾悲李鴻章之遇。」又說他「不識國民之原理，不通世界之大勢，不知政治之本原。」

293

德國人說：他長期主持外交政策，是中國現代化的先驅者。

日本人說：李鴻章知西來大勢，識外國文明，想效法自強，有卓越的眼光和敏捷的手腕。

美國人說：以文人來說，他是卓越的；以軍人來說，他在重要的戰役中為國家作了有價值的貢獻；以從政來說，他為這個地球上最古老、人口最多的國家的人民提供了公認的優良設施；以一個外交家來說，他的成就使他成為外交史上名列前茅的人。

這些，李鴻章都聽不到，他無法同意也無法爭辯。他成了一個歷史的標本，註定在當時的秋雨之時。

李鴻章的生前身後都遭到詬病，這或許對他有一些不公平。在他為官期間，主張向外國引時先進的技術，由於他的主持和參與，洋務派創辦了中國近代許許多多的近代工業，他為中國近代化所奠基的事業，使國人受益，至於，在此後簽訂的一系列不平等條約，都將過錯推到他身上，或許是不公平的。古代有一句話「君要臣死，臣不得不死」，他所簽訂的一系列喪權辱國的條約，並不完全就是他所願意的，難道有誰情願被萬人唾罵嗎？要是李鴻章不去簽那些條約，那些條約就不用簽了嗎？不可能的，打了敗仗，人為刀俎，我為魚肉，總是要受人擺佈。或許是李鴻章生不逢時，不但不能一展抱負，還讓別人誤解一輩子。

李鴻章去世前曾留下這樣的遺詩：「秋風寶劍孤臣淚，落日旌旗大將壇。海外塵氛猶未息，諸君莫作等閒看。」他去世後，當時有人用「權傾一時，謗滿天下」來形容他。梁啟超在《李鴻章傳》中對他的評價是：「敬李之才」、「惜李之識」、「悲李之遇」。他雖然已去世一百餘年，但仍是百年沉浮，蓋棺難以論定。而對他的評價爭議最大的，集中在兩個方面：一是在國內戰爭中鎮壓農民起義，用鮮血染紅自己的頂戴花翎。這當然是歷史上任何一個像李鴻章這樣的封建統治者都抹煞不掉的污點。值得探討的是，在內戰烽火中發跡起來的這部分地主階級經世派官僚，在面對強敵環伺、外侮日亟的形勢下，從軍事近代化做起，開始了「自強應變」的洋務運動，這是

294

時代潮流的使然。借用恩格斯的話說，就是革命的鎮壓者變成了它的遺囑執行人。二是如何看待李鴻章在主持洋務活動中的「賣國」，洋務又分經濟建設和外交活動兩大類，隨著近年來海內外研究的進展，學術界對他在洋務近代化建設方面作出的努力和取得的成效基本予以肯定；而對於外交活動、尤其是代表清政府對外簽訂一系列不平等條約，則眾說紛紜，褒貶不一。疑點最大的，一是他在簽訂《中俄密約》和中東鐵路交涉時，是否收受過俄方的賄賂問題。二是馬關簽約，「四萬萬人齊下淚，天涯何處是神州？」李鴻章從此背上賣國的罵名。不過，李鴻章在談判中無論大事小事，都用電報向國內最高當局請示，所謂「商讓土地」即割地，也是早經授權的；至於賠款數額，據說因我方密電碼早在戰前就被日方破譯，因而二萬萬兩賠款的底線早被日方掌握，李鴻章無論如何在談判桌上辯爭也無濟於事，這只是科技不如人，落後必然挨打的鐵證。

「權傾一時，謗滿天下」，這八個字的評價很形象。因為李鴻章掌握了相當一部分的權力，而中國又是一個弱國，常言說弱國無外交，在外交上他無論如何絞盡腦汁，總逃不脫受制於列強的命運。當然，李鴻章本人在如何建設的指導思想和用人舉措上，也有不可克服的缺點，講裙帶關係，任人唯親，不敢越封建體制的雷池一步。歸根結底，因為他畢竟只是封建王朝的一名忠臣。但不管怎麼說，李鴻章總是他那個時代處於朝野內外各種矛盾和漩渦中心的一個關鍵人物。他所做的那些事情的重要性，以及他們對近代社會發展的影響，都十分明顯地擺在那裡。

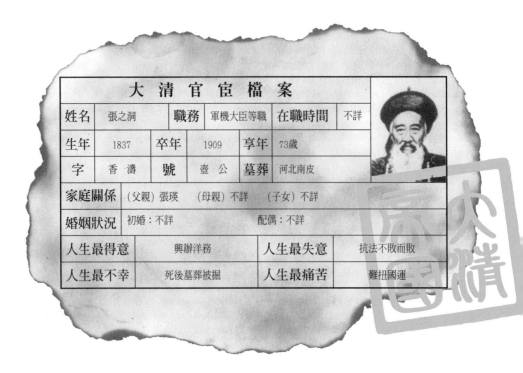

大 清 官 宦 檔 案					
姓名	張之洞	職務	軍機大臣等職	在職時間	不詳
生年	1837	卒年	1909	享年	73歲
字	香濤	號	壺公	墓葬	河北南皮
家庭關係	(父親) 張瑛		(母親) 不詳	(子女) 不詳	
婚姻狀況	初婚：不詳			配偶：不詳	
人生最得意	興辦洋務		人生最失意	抗法不敗而敗	
人生最不幸	死後墓葬被掘		人生最痛苦	難扭國運	

從飽學碩儒到中樞重臣

——亦方亦圓的晚清重臣張之洞

　　張之洞是清朝末年的高級官員，他從學政做到巡撫、總督，直到軍機大臣，在晚清政局中是一個舉足輕重的人物。過去他只被看作是一名封建官僚，否定意見居多，近幾年史學家開始注意對他的研究，並給予了很高的評價。

飽學碩儒的清流派領袖

　　張之洞（1837～1909），號香濤，直隸南皮（今屬河北）人，同治進士。他從步入仕途之始，就對朝中諸多問題持獨到見解。早年在主持浙江鄉試和任湖北學政、四川學政期間，取捨考生的標準便超越世俗，開風氣之

先，他重品行，重實學，志
在扭轉空疏學風，爲國家培養
人才。他不拘文字格式，考生
考卷不合舊清規戒律而被錄取
者甚多，唯義理悖謬者，雖只
一兩句話，必予黜退。根據這
一標準，大批有用人才脫穎而
出。

　　光緒五年（1879），張之
洞補國子監司業，補授詹事府
左春坊中允，轉司經局洗馬。
同年，清廷因俄國侵佔新疆伊
犁，派左都禦史崇厚赴俄國交
涉索還伊犁。崇厚昏庸無知，
與俄國簽訂了喪權辱國的《裡
瓦幾亞條約》。這一條約名
義上收回伊犁，但西境、南

晚清張之洞舊照

境被沙俄宰割，伊犁處於俄國包圍的危險境地。消息傳來，輿論大嘩。群臣
上疏，張之洞上《熟權俄約利害折》、《籌議交涉伊犁事宜折》，分析俄約
有十不可許，堅持必改此議，宜修武備，緩立約，並要求治崇厚罪。折上，
被慈禧、慈安太后召見，特許其隨時赴總理衙門以備諮詢。他同張佩綸、陳
寶琛共同起草奏摺19件，提出了籌兵籌餉、籌防邊備的積極建議。光緒六年
（1880），清廷派曾紀澤赴俄，重訂伊犁條約。

　　當時，張之洞、陳寶琛、張佩綸、黃體芳稱翰林四諫，號爲清流派。他
們擁戴軍機大臣、大學士李鴻藻爲領袖，而實際上張之洞是清流派的首領。
在中俄交涉事件中，張之洞的政治聲望提高了，並且得到了慈禧太后的賞
識。

大清官官沉浮

大
清
宮
宦
沉
浮

慈禧皇太后六聖旬壽禧照

《點石齋畫報・鎮南關大捷圖》
光緒末年上海東亞社石印本

　　光緒七年，張之洞受任山西巡撫，當時山西地方貧瘠，吏治腐敗，災荒連年，民生凋敝，但他沒有沮喪，到任後從整肅吏治入手，採取多項措施，決心改變山西面貌，並開始涉足洋務，但因任期短暫，一切只處於初創階段，但已可看出他破除陳規、銳意進取的愛國熱忱，看出他不是一個尸位素餐的人。

力主抗法興辦洋務

　　光緒九年（1883）底，中法戰爭爆發，張之洞奉調赴粵，任兩廣總督，當時抗法形勢嚴峻，張之洞到任後，爲籌備戰守事宜，可謂竭智盡慮。他制

定總體防務規劃，協調內部關係，借款措置軍需，尤其難能可貴的是，他破除地域之見，在自身財力窘迫的情況下，多方援助福建、臺灣和雲南的軍事行動，並反復陳奏收編原天地會愛國武裝黑旗軍，黑旗軍得以屢立戰功，擊潰西線法軍；又啓用老將馮子材，取得鎮南關大捷，擊潰東線法軍，從而扭轉整個戰局。

中法戰爭使張之洞飽嘗物力財力匱乏、軍械不利不足之苦，因而更加堅定了他興辦洋務的決心。戰後他開始建造軍艦、籌辦水師、創立軍火工業、建立新式陸軍廣勝軍，開設學校、建鑄幣廠，洋務運動全面鋪開。

光緒十二年，張之洞在廣州創辦廣雅書局和廣雅書院。廣東原有端溪書院，在肇慶，他聘請梁鼎芬主持端溪書院，後來梁鼎芬率師生來到廣雅書院。張之洞又聘朱一新到廣雅書院主講。當時梁鼎芬因彈劾李鴻章主和而獲罪，朱一新因彈劾太監李蓮英而降職。張之洞不怕非議，敢於延聘他們，顯示了他的不凡氣度。

光緒十五年（1889），張之洞上奏朝廷，建議修築一條蘆漢鐵路，自蘆溝橋至漢口，以貫通南北。他認為鐵路之利，以通土貨厚民生為最大，徵兵、轉餉次之。他提出蘆漢鐵路是「乾路之樞紐，枝路之始基，而中國大利之萃也」。朝廷准奏，計畫北段由直隸總督主持，南段由湖廣總督主持，南北分段修築。於是，清廷調張之洞任湖廣總督。

光緒十五年冬，張之洞到了湖北。他花了很大的精力辦起軍用工業和民用工業，首先是籌建漢陽鐵廠。張之洞辦企業，也曾鬧過一些笑話。他電駐英公使薛福成購煉鋼廠機爐，英國梯賽特工廠廠主回答說：「欲辦鋼廠，必先將所有之鐵、石、煤、焦寄廠化驗，然後知煤鐵之質地如何，可以煉何種之鋼，即以何樣之爐，差之毫釐，謬以千里，未可冒昧從事。」張之洞大言曰：「以中國之大，何所不有，豈必先覓煤鐵而後購機爐？但照英國所用者購辦一分可耳。」英國廠主只得從命。結果，機爐設在漢陽，鐵用大冶的，煤用馬鞍山的。馬鞍山的煤，灰礦並重，不能煉焦，不得已只好從德國購焦炭數千噸。1890～1896年，耗資560萬兩，還沒有煉成鋼。後改用江西萍鄉的

《點石齋畫報・基隆大捷》
光緒末年上海東亞社石印本

煤，製成的鋼太脆易裂。張之洞才知道他所購的機爐採用酸性配置，不能去磷，鋼含磷太多，便易脆裂。於是又向日本借款300萬元，將原來的機爐改用鹼性配置的機爐，才製出優質的馬丁鋼。宣統元年（1909），漢冶萍公司的經理葉景葵評論道：「假使張之洞創辦之時，先遣人出洋詳細考察，或者成功可以較速，糜費可以較省。然當時風氣錮蔽，昏庸在朝，苟無張之洞鹵莽為之，恐冶鐵萍煤，至今尚蘊諸岩壑，亦未可知，甚矣功罪之難言也。」

漢陽鐵廠是一個鋼鐵聯合企業。光緒十九年（1893）建成，包括煉鋼廠、煉鐵廠、鑄鐵廠大小工廠10個、煉爐2座，工人3000，採煤工人1000。這是近代中國第一個大規模的資本主義機器生產的鋼鐵工業，而且在亞洲也

301

是首創的最大的鋼鐵廠，日本的鋼廠建設還比這晚幾年。張之洞還辦了湖北織布局。光緒十八年（1892）在武昌開車，紗錠3萬枚，布機1000張，工人2000。織布局是盈利的。但是張之洞卻將織布局的盈利去彌補鐵廠、槍炮廠的虧損，使織布局一直處在高利貸的壓迫下，無從發展。

張之洞看到棉紗銷路很廣，便決定開設兩個紗廠。他致電駐英國公使薛福成向英商訂購機器。光緒二十三年（1897）建成北廠，紗錠5萬多枚，為湖北紡紗局。南廠一直沒有建成，機器停放在上海碼頭任憑風吹雨打，後來張騫領去辦了南通大生紗廠。湖北紡紗局、織布局、繅絲局、製麻局到了光緒二十八年（1902）轉租給廣東資本家組織的應昌公司承辦。

張之洞還創辦了製磚、製革、造紙、印刷等工廠，還有湖北槍炮廠。他在湖北還注重興修水利，光緒二十五年（1899）前後修了三條堤。一條是武

楊柳青年畫《京都紫禁城》
縱58公分，橫105公分。

昌武勝門外紅關至青山江堤30里，一條是省城之南的堤壩，自白沙州至金口江堤52里和一條從鯰魚套起至上新河爲止的10餘里堤岸。這三條堤的修築使常受洪水威脅的地區成爲良田、市鎮。

張之洞到了湖北，光緒二十年（1894）調署兩江總督，任期一年多。他十分重視湖北、江蘇的教育，創辦和整頓了許多書院和學堂。在湖北，有兩湖書院、經心書院，又設立農務學堂、工藝學堂、武備自強學堂、商務學堂等；在南京，設儲才學堂、鐵路學堂、陸軍學堂、水師學堂等。他派遣留學生到日本留學。在學堂、書院的學習科目方面，他針對社會需要有所改革，添增了一些新的學科。他也注意訓練軍隊，在兩江總督任職期內，他編練過江南自強軍，人數逾萬，地點在徐州，軍官全部用德國人擔任，採用西法操練。光緒二十二年（1896），他回任湖廣總督，將自強軍交給兩江總督劉坤一。

湖北由此成爲全國經濟文化中心之一，而且後來成爲辛亥革命的搖籃。武昌起義中的領導人物很多都是張之洞培養的學生，正如孫中山所說，他可謂「不言革命的大革命家」。

襄助維新卻又守舊

中日甲午戰爭期間，張之洞調署兩江總督，雖然也籌餉籌軍械，但他練的軍隊沒有發揮什麼實際作用。朝廷旨調四艘兵艦，他致李鴻章電說：「旨調南洋兵輪四艘，查此四輪既系木殼，且管帶皆不得力，炮手水勇皆不精練，毫無用處，不過徒供一擊，全歸糜爛而已。甚至故意鑿沉、擱淺皆難預料。」

甲午戰爭失敗後，張之洞上《籲請修備儲才折》，希望朝廷總結失敗教訓，變法圖治。由於他慷慨激昂討

論國家振作，主張反抗侵略，又辦洋務企業，因此維新派首領康有爲在「公車上書」中稱張之洞「有天下之望」，對這位封疆大吏抱有很大的希望和崇敬。譚嗣同也說：「今之袞袞諸公，尤能力顧大局，不分畛域，又能通權達變，講求實濟者，要惟香帥一人。」這是當時維新派的共同看法。康有爲組織強學會，張之洞表示贊助和同情，捐5000兩以充會費。帝師翁同龢也加入了強學會，當時有「內有常熟（翁同龢），外有南皮（張之洞）」之稱，翁、張成了強學會的兩大支柱。光緒二十一年（1895）十一月，康有爲南下到了南京，去拜謁張之洞，受到他的熱情歡迎和接待。康有爲準備在上海設強學會，推張之洞爲會長，並代他起草《上海強學會序》。張之洞當時答應了。後來上海強學會成立時，請他列名，張復電說：「群才會集，不煩我，請除名，捐費必寄。」他以會外贊助人的身分，捐款500兩，撥公款1000兩，表示贊同。上海強學會成員中有汪康年、梁鼎芬、黃體芳、屠仁守、黃紹箕，都和張之洞關係相當密切。但是，後來他看到慈禧太后採取了行動，逼令光緒帝封閉了北京的強學會和《中外紀聞》，便藉口康有爲談今文經學、主張孔子改制說和他平素的學術主旨不合，停止捐款。

1896～1897年，維新派在上海創刊《時務報》，梁啓超主筆，汪康年爲經理。張之洞以總督的名義，要湖北全省各州縣購閱《時務報》，捐款千元，給予報紙以經濟上的支援。後來，《時務報》發表了關於中國應爭取民權的文章，使張之洞大不高興。他授意屠仁守寫了《辯辟韓書》，批判嚴複的《辟韓》一文，在.《時務報》上發表。

陳寶箴任湖南巡撫後，湖南掀起了維新運動。他在湖南的新政，包括開工廠、改革教育等，得到張之洞贊同。在張之洞的影響下，陳寶箴也命令全省各州縣書院的學子閱讀《時務報》。湖南成立南學會，創辦《湘學報》、《湘報》，張之洞利用政治力量，推銷《湘學報》於湖北各州縣。自第十冊起，《湘學報》刊載了關於孔子改制和鼓吹民權思想的文章，這使張之洞大爲不滿。他致電陳寶箴，說《湘學報》議論悖謬，飭局停發。他還告誡陳寶箴說，這件事「關係學術人心，遠近傳播，將爲亂階，必宜救正」，對湖南

宣統帝端坐舊照

光緒三十四年（1908）十月初二日，溥儀登基大典舉行。

維新運動施加壓力。

　　光緒二十四年三月，張之洞刊行《勸學篇》。翰林院編修黃紹箕以《勸學篇》進呈。光緒帝發布上諭稱是書：「持論平正通達，於學術人心大有裨益，著將所備副本四十部由軍機處頒發各督撫學政各一部，俾得廣爲刊佈，實力勸導，以重名教，而杜卮言。」由於清廷的贊許，這本書風行海內。張之洞自言其書主旨在「正人心，開風氣」。所謂正人心，就是提倡三綱五常，維護君主專制制度，批判維新派的民權觀。所謂開風氣，就是學習西方辦鐵路、商務、礦務、學堂等，並沒有超出洋務運動的範圍，仍然是「中學爲體，西學爲用」的思想。

　　《勸學篇》的出版，受到守舊派的讚揚，遭到維新派的嚴厲駁斥。頑固

305

派蘇輿所編《翼教叢編》，收入了《勸學篇》中的幾篇文章，並讚歎說：「疆臣佼佼厥南皮，勸學數篇挽瀾作柱。」章太炎則毫不客氣地批評《勸學篇》上篇，「多效忠清室語」，宣揚封建的忠君思想。維新派梁啓超評論此書道：「挾朝廷之力以行之，不脛而遍於海內，何足道？不三十年將化爲灰燼，爲塵埃野馬，其灰其塵，偶因風揚起，聞者猶將掩鼻而過之。」

在戊戌變法運動中，張之洞和維新派有較多的聯繫。他自己也是相當活躍的人物。張之洞曾讓陳寶箴推薦楊銳和劉光第。楊銳是張之洞的弟子和幕僚，到京後，與張之洞保持密切聯繫。後來楊銳、劉光第以四品卿銜任軍機章京，參與要政。光緒二十四年閏三月，張之洞奉調晉京，因湖北沙市發生焚燒洋房事件，中途折回。八月，在慈禧太后發動政變前夕，陳寶箴奏請光緒帝速調張之洞入京「贊助新政」，但未成。日本伊藤博文遊歷到北京，對總署說：「變法不從遠大始，內亂外患將至，中國辦事大臣，唯張香帥一人耳。」不久，慈禧太后發動政變，殺害了「六君子」，百日維新失敗。張之洞急電挽救他的得意門生楊銳而不得，爲此，他深感痛惜。

難扭國運的中樞重臣

清廷在經過了八國聯軍侵略北京的戰爭以後，不得不「變通政治」，於光緒二十七年（1901）三月成立督辦政務處，湖廣總督張之洞和兩江總督劉坤一「遙爲參預」。五月、六月，張之洞會同劉坤一連續上了三道奏摺：《變通政治人才爲先遵旨籌議折》、《遵旨籌議變法謹擬整頓中法十二條折》、《遵旨籌議變法謹擬採用西法十一條折》。這就是有名的《江楚三折》。第一折，是關於辦學堂、廢科舉事，提出設文武學堂，酌改文科，停罷武科，獎勵遊學等建議。第二折，言整頓中法，提出了崇節儉、破常格、停捐納、課官重祿、去書吏、去差役、恤刑獄、改選法、籌八旗生計、裁屯衛、裁綠營、簡文法等建議。在這個奏摺中說：「近日民情，已非三十年前之舊，羨外國之富而鄙中土之貧，見外兵之強而疾官軍之懦，樂海關之平

允而怨釐金之刁難，誇租界之整肅而苦吏胥之騷擾，於是民從洋教，亂民漸起，邪說乘之，邦基所關，不勝憂懼。」這裡反映了西方列強入侵中國的深度和毒害，也反映了中國人民痛恨清朝政治腐敗的程度和心理。第三折言採用西法，提出了廣派遊歷，練外國操，廣軍實，修農政，勸工藝，定礦律、路律、商律、交涉刑律，用銀元，行印花稅，推行郵政，官收洋藥，多譯東西各國書等建議。在這個奏摺裡，他說：「施之實政則不至於病民，至若康有為之邪說謬論，但以傳康教為宗旨，亂紀綱為詭謀，其實與西政、西學之精要，全未通曉，茲所擬各條皆與之判然不同。」他還特地申明他採用的西法內容和實質同康有為維新派的毫不相同。

《江楚三折》仍是張之洞「中學為體，西學為用」思想的具體化，在不變更君主專制制度的前提下，學習西方的一些先進的管理方法。雖則如此，但改革的一些項目，如廢科舉、興學堂、獎勵留學、設商部、學部、興辦實業等是有利於資本主義發展和新文化傳播的。

光緒二十七年（1901）十月，張之洞被賞加太子少保銜。次年十月，他上《籌定學堂規模次第興辦折》，提出興辦各類學堂，包括師範、小學、文普通中學、武普通中學、文高等學堂、武高等學堂、方言學堂、忠學堂、工學堂、勤成學堂、仕學院、省外中小學、蒙學等。兩年後，張之洞奉旨入京，清廷批准張之洞等《奏定學堂章程》，這是中國近代第一個以法令形式公布的在全國範圍推行的學制。當時稱為「癸卯學制」。內容是把普通教育分為初等、中學、高等三級，修業期長達25年；與此並行的還有師範教育和實業教育。光緒三十一年（1905）九月，張之洞奏請停止科舉，以興學校。清廷詔准，自翌年始，所有鄉試、會試及各省歲考一律停止，一切士子皆由學堂出身，結束了1300多年的科舉制度。

廢科舉、興學校是中國近代教育史上的一件大事，張之洞在這方面的提倡和努力，在客觀上是有利於資產階級新文化的傳播的。

清廷眼看資產階級革命派勢力愈來愈大，為了維護其統治，拉攏資產階級，欺騙全國人民，便聲稱「預備立憲」。光緒三十一年（1905）派出五大

臣出國考察各國憲政。第二年宣布官制改革，編纂憲法大綱。對於「預備立憲」，一開始，張之洞聽到一些風聲，感到驚訝，等到五大臣回國到上海，徵求他意見時，他回電說：「立憲事關重大，如將來奉旨命各省議奏，自當竭其管蠡之知，詳晰上陳，此時實不敢妄參末議。」態度曖昧。他對外官改制更持反對態度，認爲「若果行之，天下立時大亂」，還說：「事關二百餘年典章，二十一省治理，豈可不詳愼參酌，何以急不能待，必欲草草爾定案耶？」

清廷透過官制改革，欲加強皇權，削弱地方官吏的權力，便把當時地方督撫中權力最大的袁世凱和張之洞調到北京。光緒三十三年（1907）六月，張之洞由協辦大學士充體仁閣大學士，七月入京，補授軍機大臣，

《同盟會十六字宣言》
光緒三十一年（1905），中國同盟會在上海成立。

兼管學部，這時，張之洞年已七十一。清廷四面楚歌，處境危急。張之洞到了北京，竭力爲清朝的腐敗政治補苴罅漏。爲了應付日益高漲的「革命排滿」的形勢，他再次向慈禧太后提出「化除滿漢畛域」，說：「欲禦外侮，先靖內亂，探原扼要，唯有請頒諭旨佈告天下，化除滿漢畛域。」這一建議被採納。

光緒三十四年（1908）十月，光緒帝、慈禧太后相繼死去，溥儀繼位，改年號宣統。醇親王載灃以攝政王監國，滿族親貴乘機集權，排斥漢官。袁世凱是當時權勢顯赫的漢族大官僚，加上戊戌變法時出賣光緒帝，為載灃等皇族親貴所忌恨。於是，載灃等密謀殺袁。對此，張之洞表示反對，認為「主少國疑，不可輕於誅戮大臣」。宣統元年（1909）正月，清廷以袁世凱患「足疾」為名，讓他回河南養病。

六月，張之洞病重。八月，奏請開去各項差額，攝政王載灃親臨探視。旋即，張之洞在哀歎「國運盡矣」聲中去世。清廷諡以「文襄」。

張之洞既是一個具有深厚國學功底的學者，又是一個幹練的實幹家和改革者。他的一生是為富國強兵奮鬥的一生。他主張洋務的最終目的當然是為了維護清王朝的統治，但同時也是為了挽救中華民族的危亡。他在古今中西大交匯的關口，能隨著時代前進，能正視時代提出的新課題，從而在一定程度上推進了中國向近代化轉變的進程。他雖然不可避免地帶有歷史局限性，所興辦的事業也有諸多缺陷，但他對國家和民族作出的卓越貢獻，仍應予以充分的肯定。

大清官宦沉浮

作　　者	上官雲飛
發 行 人	林敬彬
主　　編	楊安瑜
編　　輯	蔡穎如
內頁編排	翔美堂設計
封面構成	翔美堂設計

出　　版	大旗出版　行政院新聞局北市業字第1688號
發　　行	大都會文化事業有限公司
	110台北市信義區基隆路一段432號4樓之9
	讀者服務專線：（02）27235216
	讀者服務傳真：（02）27235220
	電子郵件信箱：metro@ms21.hinet.net
	網　　　　址：www.metrobook.com.tw

郵政劃撥	14050529　大都會文化事業有限公司
出版日期	2006年10月初版一刷
定　　價	250元

ISBN 10	957-8219-58-X
ISBN 13	978-957-8219-58-8
書　　號	大旗藏史館　History 03

Metropolitan Culture Enterprise Co., Ltd.
4F-9, Double Hero Bldg., 432, Keelung Rd., Sec. 1,
Taipei 110, Taiwan
Tel:+886-2-2723-5216　Fax:+886-2-2723-5220
E-mail:metro@ms21.hinet.net
Web-site:www.metrobook.com.tw

國家圖書館出版品預行編目資料

大清官宦沉浮 / 上官雲飛著. — 初版. — 臺北
市 : 大旗出版 : 大都會文化發行, 2006[民95]
面 ;　公分. —（大旗藏史館 ; 3）
ISBN 978-957-8219-58-8（平裝）
1.中國—傳記　清(1644-1912)

782.217　　　　　　　　　　　95017406

大都會文化　總書目

■度小月系列

路邊攤賺大錢【搶錢篇】	280元	路邊攤賺大錢2【奇蹟篇】	280元
路邊攤賺大錢3【致富篇】	280元	路邊攤賺大錢4【飾品配件篇】	280元
路邊攤賺大錢5【清涼美食篇】	280元	路邊攤賺大錢6【異國美食篇】	280元
路邊攤賺大錢7【元氣早餐篇】	280元	路邊攤賺大錢8【養生進補篇】	280元
路邊攤賺大錢9【加盟篇】	280元	路邊攤賺大錢10【中部搶錢篇】	280元
路邊攤賺大錢11【賺翻篇】	280元	路邊攤賺大錢12【大排長龍篇】	280元

■DIY系列

路邊攤美食DIY	220元	嚴選台灣小吃DIY	220元
路邊攤超人氣小吃DIY	220元	路邊攤紅不讓美食DIY	220元
路邊攤流行冰品DIY	220元		

■流行瘋系列

跟著偶像FUN韓假	260元	女人百分百：男人心中的最愛	180元
哈利波特魔法學院	160元	韓式愛美大作戰	240元
下一個偶像就是你	180元	芙蓉美人泡澡術	220元
Men力四射：型男教戰手冊	250元	男體使用手冊：35歲+♂保健之道	250元

■生活大師系列

遠離過敏：打造健康的居家環境	280元	這樣泡澡最健康：紓壓、排毒、瘦身三部曲	220元
兩岸用語快譯通	220元	台灣珍奇廟：發財開運祈福路	280元
魅力野溪溫泉大發見	260元	寵愛你的肌膚：從手工香皂開始	260元
舞動燭光：手工蠟燭的綺麗世界	280元	空間也需要好味道：打造天然香氛的68個妙招	260元
雞尾酒的微醺世界：調出你的私房Lounge Bar風情	250元	野外泡湯趣：魅力野溪溫泉大發見	260元
肌膚也需要放輕鬆：徜徉天然風的43項舒壓體驗	260元	辦公室也能做瑜珈：上班族的紓壓活力操	220元
別再說妳不懂車：男人不教的Know How	249元	一國兩字：兩岸用語快譯通	200元

■寵物當家系列

Smart養狗寶典	380元	Smart養貓寶典	380元
貓咪玩具魔法DIY：讓牠快樂起舞的55種方法	220元	愛犬造型魔法書：讓你的寶貝漂亮一下	260元
漂亮寶貝在你家：寵物流行精品DIY	220元	我的陽光‧我的寶貝：寵物真情物語	220元
我家有隻麝香豬：養豬完全攻略	220元	SMART養狗寶典（平裝版）	250元
生肖星座招財狗	200元	SMART養貓寶典（平裝版）	250元

■人物誌系列

現代灰姑娘	199元	黛安娜傳	360元
船上的365天	360元	優雅與狂野：威廉王子	260元
走出城堡的王子	160元	殞逝的英格蘭玫瑰	260元
貝克漢與維多利亞：新皇族的真實人生	280元	幸運的孩子：布希王朝的真實故事	250元
瑪丹娜：流行天后的真實畫像	280元	紅塵歲月：三毛的生命戀歌	250元
風華再現：金庸傳	260元	俠骨柔情：古龍的今生今世	250元
她從海上來：張愛玲情愛傳奇	250元	從間諜到總統：普丁傳奇	250元
脫下斗篷的哈利：丹尼爾‧雷德克里夫	220元	蛻變：章子怡的成長紀實	260元
強尼戴普：可以狂放叛逆，也可以柔情感性	280元	棋聖 吳清源	280元

■心靈特區系列

每一片刻都是重生	220元	給大腦洗個澡	220元
成功方與圓：改變一生的處世智慧	220元	轉個彎路更寬	199元
課本上學不到的33條人生經驗	149元	絕對管用的38條職場致勝法則	149元
從窮人進化到富人的29條處事智慧	149元	成長三部曲	299元
心態：成功的人就是和你不一樣	180元	當成功遇見你：迎向陽光的信心與勇氣	180元
改變，做對的事	180元	智慧沙	199元

■SUCCESS系列

七大狂銷戰略	220元	打造一整年的好業績	200元
超級記憶術：改變一生的學習方式	199元	管理的鋼盔：商戰存活與突圍的25個必勝錦囊	200元
搞什麼行銷：152個商戰關鍵報告	220元	精明人總明人明白人：態度決定你的成敗	200元
人脈=錢脈：改變一生的人際關係經營術	180元	週一清晨的領導課	160元
搶救貧窮大作戰の48條絕對法則	220元	搜驚‧搜精‧搜金：從Google的致富傳奇中，你學到了什麼？	199元
絕對中國製造的58個管理智慧	200元	客人在哪裡？：決定你業績倍增的關鍵細節	200元

殺出紅海：漂亮勝出的104個商戰奇謀	220元	商戰奇謀36計：現代企業生存寶典 I	180元
商戰奇謀36計：現代企業生存寶典 II	180元	商戰奇謀36計：現代企業生存寶典 III	180元
幸福家庭的理財計畫	250元	巨賈定律：商戰奇謀36計	498元
有錢真好：輕鬆理財的十種態度	200元		

■都會健康館系列

秋養生：二十四節氣養生經	220元	春養生：二十四節氣養生經	220元
夏養生：二十四節氣養生經	220元	冬養生：二十四節氣養生經	220元
春夏秋冬養生套書	699元	寒天：０卡路里的健康瘦身新主張	200元
地中海纖體美人湯飲	220元		

■CHOICE系列

入侵鹿耳門	280元	蒲公英與我：聽我說說畫	220元
入侵鹿耳門（新版）	199元	舊時月色（上輯＋下輯）	各180元
清塘荷韻	280元		

■FORTH系列

印度流浪記：滌盡塵俗的心之旅	220元	胡同面孔：古都北京的人文旅行地圖	280元
尋訪失落的香格里拉	240元	今天不飛：空姐的私旅圖	220元
紐西蘭奇異國	200元	從古都到香格里拉	399元

■大旗藏史館

大清皇權遊戲	250元	大清后妃傳奇	250元
大清官宦沉浮	250元		

■大都會運動館

野外求生寶典：活命的必要裝備與技能	260元	攀岩寶典： 安全攀登的入門技巧與實用裝備	260元

■大都會休閒館

賭城大贏家：逢賭必勝祕訣大揭露	240元	旅遊達人：行遍天下的109個Do&Don't	250元

■FOCUS系列

中國誠信報告	250元	中國誠信的背後	250元

■禮物書系列

印象花園 梵谷	160元	印象花園 莫內	160元
印象花園 高更	160元	印象花園 寶加	160元
印象花園 雷諾瓦	160元	印象花園 大衛	160元
印象花園 畢卡索	160元	印象花園 達文西	160元
印象花園 米開朗基羅	160元	印象花園 拉斐爾	160元
印象花園 林布蘭特	160元	印象花園 米勒	160元
絮語說相思 情有獨鍾	200元		

■工商管理系列

二十一世紀新工作浪潮	200元	化危機為轉機	200元
美術工作者設計生涯轉轉彎	200元	攝影工作者快門生涯轉轉彎	200元
企劃工作者動腦生涯轉轉彎	220元	電腦工作者滑鼠生涯轉轉彎	200元
打開視窗說亮話	200元	文字工作者撰錢生活轉轉彎	220元
挑戰極限	320元	30分鐘行動管理百科（九本盒裝套書）	799元
30分鐘教你自我腦內革命	110元	30分鐘教你樹立優質形象	110元
30分鐘教你錢多事少離家近	110元	30分鐘教你創造自我價值	110元
30分鐘教你Smart解決難題	110元	30分鐘教你如何激勵部屬	110元
30分鐘教你掌握優勢談判	110元	30分鐘教你如何快速致富	110元
30分鐘教你提昇溝通技巧	110元		

■精緻生活系列

女人窺心事	120元	另類費洛蒙	180元
花落	180元		

■CITY MALL系列

別懷疑！我就是馬克大夫	200元	愛情詭話	170元
唉呀！真尷尬	200元	就是要賴在演藝圈	180元

■親子教養系列

孩童完全自救寶盒（五書+五卡+四卷錄影帶）	3,490元（特價2,490元）
孩童完全自救手冊：這時候你該怎麼辦（合訂本）	299元
我家小孩愛看書:Happy 學習 easy go!	220元
天才少年的5種能力	280元
哇塞！你身上有蟲！：學校沒買、老師沒教，史上最髒的教科書	250元

■新觀念美語

NEC新觀念美語教室12,450元（八本書+48卷卡帶）

您可以採用下列簡便的訂購方式：
◎請向全國鄰近之各大書局或上大都會文化網站www.metrobook.com.tw選購。
◎劃撥訂購：請直接至郵局劃撥付款。
　帳號：14050529
　戶名：大都會文化事業有限公司
（請於劃撥單背面通訊欄註明欲購書名及數量）

大旗出版
BANNER PUBLISHING

大清官宦沉浮

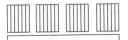

北 區 郵 政 管 理 局
登記證北台字第9125號
免 貼 郵 票

大都會文化事業有限公司
讀者服務部收

110 台北市基隆路一段432號4樓之9

寄回這張服務卡 (免貼郵票)
您可以：
◎不定期收到最新出版訊息
◎參加各項回饋優惠活動

大都會文化 讀者服務卡

書名：大清官宦沉浮

謝謝您選擇了這本書！期待您的支持與建議，讓我們能有更多聯繫與互動的機會。
日後您將可不定期收到本公司的新書資訊及特惠活動訊息。

A. 您在何時購得本書：＿＿＿年＿＿＿月＿＿＿日

B. 您在何處購得本書：＿＿＿＿＿＿書店，位於＿＿＿＿＿＿(市、縣)

C. 您從哪裡得知本書的消息：1.□書店 2.□報章雜誌 3.□電台活動 4.□網路資訊
   5.□書籤宣傳品等 6.□親友介紹 7.□書評 8.□其他

D. 您購買本書的動機：（可複選）1.□對主題或內容感興趣 2.□工作需要 3.□生活需要
   4.□自我進修 5.□內容為流行熱門話題 6.□其他＿＿＿＿＿＿＿＿＿＿＿＿＿＿＿

E. 您最喜歡本書的（可複選）：1.□內容題材 2.□字體大小 3.□翻譯文筆 4.□ 封面
   5.□編排方式 6.□其他

F. 您認為本書的封面：1.□非常出色 2.□普通 3.□毫不起眼 4.□其他＿＿＿＿＿＿＿＿

G. 您認為本書的編排：1.□非常出色 2.□普通 3.□毫不起眼 4.□其他＿＿＿＿＿＿＿＿

H. 您通常以哪些方式購書：(可複選)1.□逛書店 2.□書展 3.□劃撥郵購 4.□團體訂購
   5.□網路購書 6.□其他＿＿＿＿＿＿＿＿

I. 您希望我們出版哪類書籍：（可複選）
   1.□旅遊 2.□流行文化 3.□生活休閒 4.□美容保養 5.□散文小品
   6.□科學新知 7.□藝術音樂 8.□致富理財 9.□工商企管 10.□科幻推理
   11.□史哲類 12.□勵志傳記 13.□電影小說 14.□語言學習（ 語）
   15.□幽默諧趣 16.□其他＿＿＿＿＿＿＿＿＿＿＿＿＿＿＿＿＿＿＿＿

J. 您對本書(系)的建議：＿＿＿＿＿＿＿＿＿＿＿＿＿＿＿＿＿＿＿＿＿＿＿＿＿＿
＿＿＿＿＿＿＿＿＿＿＿＿＿＿＿＿＿＿＿＿＿＿＿＿＿＿＿＿＿＿＿＿＿＿＿＿＿

K. 您對本出版社的建議：＿＿＿＿＿＿＿＿＿＿＿＿＿＿＿＿＿＿＿＿＿＿＿＿＿＿
＿＿＿＿＿＿＿＿＿＿＿＿＿＿＿＿＿＿＿＿＿＿＿＿＿＿＿＿＿＿＿＿＿＿＿＿＿

讀者小檔案

姓名：＿＿＿＿＿＿＿＿＿ 性別：□男 □女 生日：＿＿＿年＿＿＿月＿＿＿日

年齡：□20歲以下□21～30歲□31～40歲□41～50歲□51歲以上

職業：1.□學生 2.□軍公教 3.□大眾傳播 4.□ 服務業 5.□金融業 6.□製造業
   7.□資訊業 8.□自由業 9.□家管 10.□退休 11.□其他 ＿＿＿＿＿＿＿＿＿

學歷：□ 國小或以下 □ 國中 □ 高中／高職 □ 大學／大專 □ 研究所以上

通訊地址 ＿＿＿＿＿＿＿＿＿＿＿＿＿＿＿＿＿＿＿＿＿＿＿＿＿＿＿＿＿＿

電話：（H）＿＿＿＿＿＿＿ （O）＿＿＿＿＿＿＿ 傳真：＿＿＿＿＿＿＿＿

行動電話：＿＿＿＿＿＿＿＿ E-Mail：＿＿＿＿＿＿＿＿＿＿＿＿＿＿＿

❖謝謝您購買本書，也歡迎您加入我們的會員，請上大都會網站www.metrobook.com.tw 登
錄您的資料。您將不定期收到最新圖書優惠資訊和電子報。

大旗出版
BANNER PUBLISHING

大旗出版
BANNER PUBLISHING

大旗出版
BANNER PUBLISHING